陳福成著

陳福成著作全編

第八冊 中國歷代戰爭新詮

文史哲出版社印行

國家圖書館出版品預行編目資料

陳福成著作全編 / 陳福成著. -- 初版. --臺北
市：文史哲,民 104.08
　頁：　公分
　ISBN 978-986-314-266-9（全套：平裝）

848.6　　　　　　　　　　104013035

陳福成著作全編

第八冊　中國歷代戰爭新詮

著　　者：陳　　　　福　　　　成
出 版 者：文　史　哲　出　版　社
http://www.lapen.com.tw
登記證字號：行政院新聞局版臺業字五三三七號
發 行 人：彭　　　正　　　雄
發 行 所：文　史　哲　出　版　社
印 刷 者：文　史　哲　出　版　社
臺北市羅斯福路一段七十二巷四號
郵政劃撥帳號：一六一八〇一七五
電話886-2-23511028・傳真886-2-23965656

全 80 冊定價新臺幣 36,800 元
二〇一五年（民一〇四）八月初版

ISBN 978-986-314-266-9　　08981

陳福成著作全編 總目

總　序

陳福成的一部文史哲政兵千秋事業

　　陳福成先生，祖籍四川成都，一九五二年出生在台灣省台中縣。筆名古晟、藍天、司馬千、鄉下人等，皈依法名：本肇居士。一生除軍職外，以絕大多數時間投入寫作，範圍包括詩歌、小說、政治（兩岸關係、國際關係）、歷史、文化、宗教、哲學、兵學（國防、軍事、戰爭、兵法），及教育部審定之大學、專科（三專、五專）、高中（職）等各級學校國防通識（軍訓課本）十二冊。以上總計近百部著作，目前尚未出版者尚約二十部。

　　我的戶籍資料上寫著祖籍四川成都，小時候也在軍眷長大，初中畢業（民 57 年 6 月），投考陸軍官校預備班十三期，三年後（民 60）直升陸軍官校正期班四十四期，民國六十四年八月畢業，隨即分發野戰部隊服役，到民國八十三年四月轉台灣大學軍訓教官。到民國八十八年二月，我以台大夜間部（兼文學院）主任教官退休（伍），進入全職寫作高峰期。

　　我年青時代也曾好奇問老爸：「我們家到底有沒有家譜？」

　　他說：「當然有。」他肯定說，停一下又說：「三十

八年逃命都來不及了，現在有個鬼啦！」

　　兩岸開放前他老人家就走了，開放後經很多連繫和尋找，真的連鬼都沒有了，茫茫無垠的「四川北門」，早已人事全非了。

　　但我的母系家譜卻很清楚，母親陳蕊是台中縣龍井鄉人。她的先祖其實來台不算太久，按家譜記載，到我陳福成才不過第五代，大陸原籍福建省泉州府同安縣六都施盤鄉馬巷。

　　第一代祖陳添丁、妣黃媽名申氏。從原籍移居台灣島台中州大甲郡龍井庄龍目井字水裡社三十六番地，移台時間不詳。陳添丁生於清道光二十年（庚子，一八四〇年）六月十二日，卒於民國四年（一九一五年），葬於水裡社共同墓地，坐北向南，他有二個兒子，長子昌，次子標。

　　第二代祖陳昌（我外曾祖父），生於清同治五年（丙寅，一八六六年）九月十四日，卒於民國廿六年（昭和十二年）四月二十二日，葬在水裡社共同墓地，坐東南向西北。陳昌娶蔡匏，育有四子，長子平、次子豬、三子波、四子萬芳。

　　第三代祖陳平（我外祖父），生於清光緒十七年（辛卯，一八九一年）九月二十五日，卒於（年略記）二月十三日。陳平娶彭宜（我外祖母），生光緒二十二年（丙申，一八九六年）六月十二日，卒於民國五十六年十二月十六日。他們育有一子五女，長子陳火、長女陳變、次女陳燕、三女陳蕊、四女陳品、五女陳鶯。

　　以上到我母親陳蕊是第四代，到筆者陳福成是第五代，與我同是第五代的表兄弟姊妹共三十二人，目前大約半數仍在就職中，半數已退休。

　　寫作是我一輩子的興趣，一個職業軍人怎會變成以寫

作為一生志業，在我的幾本著作都詳述（如《迷航記》、《台大教官興衰錄》、《五十不惑》等」。我從軍校大學時代開始寫，從台大主任教官退休後，全力排除無謂應酬，更全力全心的寫（不含為教育部編著的大學、高中職《國防通識》十餘冊）。我把《陳福成著作全編》略為分類暨編目如下：

壹、兩岸關係

　　①《決戰閏八月》　②《防衛大台灣》　③《解開兩岸十大弔詭》④《大陸政策與兩岸關係》。

貳、國家安全

　　⑤《國家安全與情治機關的弔詭》　⑥《國家安全與戰略關係》　⑦《國家安全論壇》。

參、中國學四部曲

　　⑧《中國歷代戰爭新詮》　⑨《中國近代黨派發展研究新詮》　⑩《中國政治思想新詮》　⑪《中國四大兵法家新詮：孫子、吳起、孫臏、孔明》。

肆、歷史、人類、文化、宗教、會黨

　　⑫《神劍與屠刀》　⑬《中國神譜》　⑭《天帝教的中華文化意涵》⑮《奴婢妾匪到革命家之路：復興廣播電台謝雪紅訪講錄》　⑯《洪門、青幫與哥老會研究》。

伍、詩〈現代詩、傳統詩〉、文學

　　⑰《幻夢花開一江山》　⑱《赤縣行腳·神州心旅》　⑲《「外公」與「外婆」的詩》、⑳《尋找一座山》　㉑《春秋記實》　㉒《性情世界》　㉓《春秋詩選》　㉔《八方風雲性情世界》　㉕《古晟的誕生》　㉖《把腳印典藏在雲端》㉗《從魯迅文學醫人魂救國魂說起》　㉘《六十後詩雜記詩集》。

陸、現代詩（詩人、詩社）研究

㉙《三月詩會研究》 ㉚《我們的春秋大業：三月詩會二十年別集》 ㉛《中國當代平民詩人王學忠》 ㉜《讀詩稗記》 ㉝《嚴謹與浪漫之間》 ㉞《一信詩學研究：解剖一隻九頭詩鵠》 ㉟《囚徒》 ㊱胡爾泰現代詩臆說 ㊲王學忠籲天詩錄。

柒、春秋典型人物研究、遊記

㊳《山西芮城劉焦智「鳳梅人」報研究》 ㊴《在「鳳梅人」小橋上》 ㊵《我所知道的孫大公》 ㊶《孫大公思想主張手稿》 ㊷《金秋六人行》㊸《漸凍勇士陳宏》。

捌、小說、翻譯小說

㊹《迷情・奇謀・輪迴》 ㊺《愛倫坡恐怖推理小說》。

玖、散文、論文、雜記、詩遊記、人生小品

㊻《一個軍校生的台大閒情》 ㊼《古道・秋風・瘦筆》 ㊽《頓悟學習》 ㊾《春秋正義》 ㊿《公主與王子的夢幻》 (51)《洄游的鮭魚》 (52)《男人和女人的情話真話》 (53)《台灣邊陲之美》 (54)《最自在的彩霞》 (55)《梁又平事件後》。

拾、回憶錄體

(56)《五十不惑》 (57)《我的革命檔案》 (58)《台大教官興衰錄》 (59)《迷航記》 (60)《最後一代書寫的身影》 (61)《我這輩子幹了什麼好事》 (62)《那些年我們是這樣寫情書的》 (63)《那些年我們是這樣談戀愛的》 (64)《台灣大學退休人員聯誼會第九屆理事長記實》。

拾壹、兵學、戰爭

(65)《孫子實戰經驗研究》 (66)《第四波戰爭開山鼻祖賓拉登》。

拾貳、政治研究

⑥《政治學方法論概說》　⑧《西洋政治思想史概述》
⑥《中國全民民主統一會北京行》、⑦《尋找理想國：中國式民主政治研究要綱》。

拾參、中國命運、喚醒國魂

⑦《大浩劫後：日本 311 天譴說》、《日本問題的終極處理》　⑦《台大逸仙學會》。

拾肆、地方誌、地區研究

⑦《台北公館台大地區考古‧導覽》　⑦《台中開發史》
⑦《台北的前世今生》　⑦《台北公館地區開發史》。

拾伍、其他

⑦《英文單字研究》　⑦《與君賞玩天地寬》（別人評論）　⑦《非常傳銷學》　⑧《新領導與管理實務》。

　　我這樣的分類並非很確定，如《謝雪紅訪講錄》，是人物誌，但也是政治，更是歷史，說的更白，是兩岸永恆不變又難分難解的「本質性」問題。

　　以上這些作品大約可以概括在「中國學」範圍，如我在每本書扉頁所述，以「生長在台灣的中國人為榮」，以創作、鑽研「中國學」，貢獻所能和所學為自我實現的途徑，以宣揚中國春秋大義、中華文化和促進中國和平統一為今生志業，直到生命結束。我這樣的人生，似乎滿懷「文天祥、岳飛式的血性」。

　　抗戰時期，胡宗南將軍曾主持陸軍官校第七分校（在王曲），校中有兩幅對聯，一是「升官發財請走別路、貪生怕死莫入此門」，二是「鐵肩擔主義、血手寫文章」。前聯原在廣州黃埔，後聯乃胡將軍胸懷，「鐵肩擔主義」我沒機會，但「血手寫文章」的「血性」俱在我各類著作詩文中。

　　人生無常，我到六十三歲之年，以對自己人生進行「總清算」的心態出版這套書。

　　回首前塵，我的人生大致分成兩個「生死」階段，第一個階段是「理想走向毀滅」，年齡從十五歲進軍校到四十三歲，離開野戰部隊前往台灣大學任職中校教官。第二個階段是「毀滅到救贖」，四十三歲以後的寫作人生。

　　「理想到毀滅」，我的人生全面瓦解、變質，險些遭到軍法審判，就算軍法不判我，我也幾乎要「自我毀滅」；而「毀滅到救贖」是到台大才得到的「新生命」，我積極寫作是從台大開始的，我常說「台大是我啟蒙的道場」有原因的。均可見《五十不惑》、《迷航記》等書。

　　我從年青立志要當一個「偉大的軍人」，為國家復興、統一做出貢獻，為中華民族的繁榮綿延盡個人最大之力，卻才起步就「死」在起跑點上，這是個人的悲劇和不智，正好也給讀者一個警示。人生絕不能在起跑點就走入「死巷」，切記！切記！讀者以我為鑒！在軍人以外的文學、史政有這套書的出版，也算是對國家民族社會有點貢獻，對自己的人生有了交待，這致少也算「起死回生」了！

　　順要一說的，我全部的著作都放棄個人著作權，成為兩岸中國人的共同文化財，而台北的文史哲出版有優先使用權和發行權。

　　這套書能順利出版，最大的功臣是我老友，文史哲出版社老闆彭正雄先生和他的夥伴們。彭先生對中華文化的傳播，對兩岸文化交流都有崇高的使命感，向他和夥伴致上最高謝意。（台北公館蟾蜍山萬盛草堂主人　陳福成　誌於二〇一四年五月榮獲第五十五屆中國文藝獎章文學創作獎前夕）

談談陳福成先生《中國學》四部曲

明 揚

「中國春秋雜誌社」創刊人，老友陳福成先生以自修自學之力，一頭栽進深不可測的五千年文化與文明海洋中浸淫華夏之古今及未來，鑽研「中國學」數十年如一日，精神可佩。陳君不僅有琬琰之德，且琳瑯之章，著作等身。

如今中國學鑽研有了「四部曲」成果，並計畫由時英出版社及中國春秋雜誌社出版《中國學四部曲》，陳先生邀我寫一篇介紹性文字，向各界推薦。我勸說，「找一個學術界巨擘」較適宜，陳先生淡淡的丟給我一句「你是我第一位讀者最適宜。」我確實是陳先生的第一個讀者，他每寫完一個篇章，總要拿給我先讀，或討論文中的問題。我只好提筆上陣，談談陳福成先生即將出版的《中國學四部曲》。

所謂《中國學四部曲》，包括下列四本書，乃陳先生二十多年來鑽研中國學術的精心大作。四本書總字數約百餘萬言：

《中國歷代戰爭新詮》：約三十萬字。

《中國近代黨派發展研究新詮》：約二十七萬字。

《中國政治思想新詮》：約三十七萬字。

《中國四大兵法家新詮》：約二十萬字。

其實有關這些「中國學」的研究，論作家可謂「多如牛毛」，論作品也是汗牛充棟，陳先生何苦再傾半生之時力，有甚麼價值呢？在長期討論與了解，陳先生多次把重點放在「新詮」上，若無突破性的新詮，見人之所未見，言人所未言，則這些研究沒有太多意義。

陳先生的看法，古今以來研究中國之政治、思想、戰爭、兵法等雖眾，包含晚清康梁，乃至當代學者，他們的作品有深度、有廣度，大多「四平八穩、面面俱到」，不夠貼近歷史發展的「真相」；對上下五千年的普遍民意和民心，理解的不夠透徹，還是一個「真相」的問題。總的來說，是對中國歷史的詮釋不夠「真」。

唯一被陳先生認為對中國歷史發展詮釋比較接近「真」，是唐朝韓愈在「原道」一文中的「道統論」，史謂「發先儒所未發，為後學之階梯。」劉海峰亦曰：「老蘇稱愈文如長江大河，渾瀚流轉，魚鯨蛟龍，萬怪惶惑，惟此文足以當之。」確實，韓愈道統論之「筆力」，已近孔子著《春秋》，而亂臣賊子懼之威勢。不過，陳先生認為還是不夠「貼近真相」，話說的不夠明白和直接。

換言之，陳先生是以「重建中國史觀」的膽識和魄力。以銳利與清楚的科學精神，觀察中國歷史發展中人、事、時、地、物（歷史場景、政治人物、思想家、政治黨派、戰爭和兵法家，及相關著作、出土文物等），歸納出歷史與社會發展的普遍性法則，甚至是一種「準定律」。

這個「準定律」是甚麼？不外「統獨」二字。中國歷史上下五千年，自黃帝以降，國家施政，國防軍事上的考量，乃至無數的戰爭，都是為「統一」。在中國歷史上，普遍的民意和民心，認為統一是「和平、繁榮」的同意詞，只有統一狀態下，人民才能過好日子，在國際上才有尊嚴。因此，國家統一承平時期，政府的重心放在維持統一局面，防止分裂、分離因素的產生。

反之，國家處於分裂狀態時期，各分裂政權的施政目的即在追求國家統一。而戰爭之目的，也在消滅割據政權，完成國家統一和復興。

統獨是敏感問題，但陳兄提其「董狐之筆」，以無畏的精神，春秋秉筆直書，持筆如劍，一劍剖開統獨。從這個觀點，陳先生深入淺出的談中國政治思想、政治黨派、歷史發展、戰爭與兵法家，其觀點前所未有，其言論人所未言，故曰「新詮」。

難能可貴的，四部曲中有三本「新詮」，陳先生以數年時間在復興廣播電台，以對話方式講完。三本新詮也是對話體的作品，更方便於解疑的作用。

草略數言，敬佈大眾，並賀「中國春秋雜誌社」創刊及「中國學四部曲」的出版。「它」們的出現，不僅存有「蝴蝶效應」的機會，且如馬漢（Alfred Thayer Mahan, 1840-1914）所言，「一隻筆勝過一個艦隊」也是可能。草山隱者除向各界介紹陳先生的《中國學四部曲》，更呼籲共同支持這群義工們以布施的心態辦雜誌，讓雜誌可以持久經營，好讓大家有個「舞台」，可以展示自己，影響外界。

自序 ：「中國學」四部曲的第一部
——「中國歷代戰爭新詮」

　　本書是我在民國 93 年 9 月到 94 年 6 月間，於復興廣播電台鍾寧小姐所主持的「兩岸下午茶」，每週一講的對話實錄，經整理修訂後，含緒論、結論，共有四十一講。特別要感謝鍾小姐的配合，在她的主持下，我另外講了「中國四大兵法家新詮」和「中國政治思想新詮」，都分別講了將近一年。

　　本書在復興電台初講稿時，針對中國歷代戰爭詮釋，用現代口語解說，賦予新意。後加以整理修剪而成本書，內容繁複，恐有疏失，未來將繼續修訂補正。

　　感謝名作家、任職於哈佛大學燕京圖書的張鳳（phoebe phong　chang）小姐，同意我全文轉刊她的「南京大屠殺與憂鬱」一文，同意面及文章均收在本書附錄。

　　中國戰史上下五千年，史料如海，還望方家，惠予指正。以期來年修訂，更臻完整無誤。

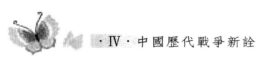

目　錄

圖目錄

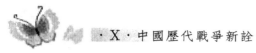

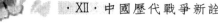
表目錄

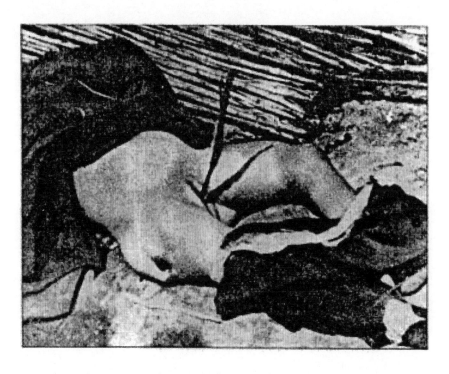

在南京街道上，橫陳的女屍都是雙腿大張，陰道被日軍用異物刺穿。

照片來源：張純如

　　(Iris Chang)著，蕭富元譯，被遺忘的大屠殺－－南京浩劫
　　（台北：天下遠見，二〇〇一年九月十日），下三張同。

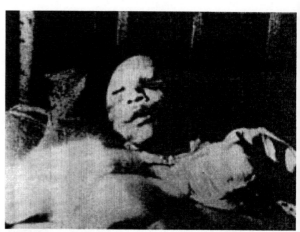

與日本士兵奮戰的女英豪李秀英。

圖為李秀英遭日軍刺殺,在鼓樓醫院接受急救的情形;她臉上重重的刀傷清晰可見。(圖片提供:侵華日軍南京大屠殺遇難同胞紀念館)

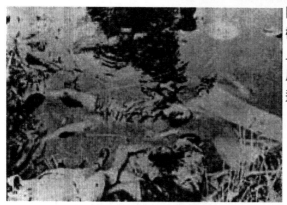

「我記得南京城外有一個池塘,看起來就像血海一般,顏色炫亮⋯⋯。」南京大屠殺慘絕人寰,就連當時日本隨軍攝影記者也驚愕不已。

一名老婦人在慘遭日軍殺害的親屬屍體前悲泣。(圖片提供:侵華日軍南京大屠殺遇難同胞紀念館)

第一篇

緒 論

進入農業文明（河姆
渡遺址的稻遺存）也
同時拉開了戰爭序幕

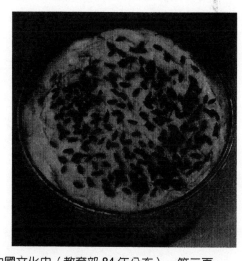

圖片來源：張元，高中中國文化史（教育部 84 年公布），第三頁

為《中國歷代戰爭新詮》拉開戰幕

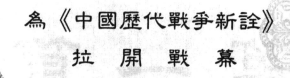

　　那時正是甲子日，天剛剛黎明，王老早到了商都郊外牧的曠野，於是就宣誓了。
摘自：尚書・牧誓語譯

　　武王征商・甲子那天，天剛剛亮，祭祀歲星，貞問成敗，上達天聽，不終朝，代商而有天下。
摘自：「利簋銘文」語譯

　　西周「利簋」（陝西臨潼出土），上有銘文 32 字，記錄武王伐紂事蹟的寶器，腹與方座均以雲雷紋為地，飾獸面紋紋，方座平面四角飾蟬紋。

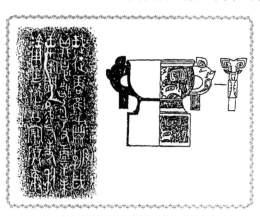

圖片資料來源：張元，高中歷史(上)（台北：龍騰，84 年教育部公布，十五頁）

本書作者２００３年遊杭州於岳王廟前

> 一、陳老師，今天開始我們要在「兩岸下午茶」節目中，
> 漫談《中國歷代戰爭新詮》，是否先談談這個主題
> 的意義，特別是「戰爭」，甚麼是戰爭？「九一一
> 事件」是戰爭嗎？

這是一個範圍很廣的主題，我們常說一部人類生存發展史，便是一部戰爭史，可見「戰爭」在人類發展過程中多麼重要，但每個時代的「戰爭觀」差異又很大。所以戰爭也是一個很複雜的問題。

「九一一事件」不僅是戰爭，而且是新戰爭型態。純從戰爭方法的角度觀之，賓拉登（Osama Bin Laden）和蓋達組織（AI Qaeda）確實創造了新的戰爭型態，建立戰爭新「典範」，把人類的戰爭型態推向「第四波」，這慢慢再說。

先說《中國歷代戰爭新詮》，這個主題有「中國歷代」、「戰爭」和「新詮」三個主要概念，也是三個重要的限制。

首先談到「中國歷代」，這是一個重要的設限，但因中國地大物博，歷代又有分合，領土變異也很大，例如元朝統治地區遠達今伊朗、伊拉克、俄羅斯等地區，那些戰爭算不算？所以「中國歷代」戰爭包含：㈠在中國領土上發生的戰爭；㈡是中國人打的戰爭；㈢中國人在中國的屬國上（如朝鮮、安南等）發生的戰爭；㈣中國人援助友邦的戰爭（如韓戰）。

「歷代」指中國由古至今，每一個朝代，勿論分合，其各個政權或國家（如五胡十六國）都包含在內。

在這裡對「戰爭」、「戰役」或「會戰」，不做嚴謹的界定，畢竟那是專業軍人及戰史學術研究才須要的工夫。對一般人而言，只要理解都是某一階段的武裝衝突已足。

其次是「戰爭」，這是一個比較複雜且不易說清楚講明白的概念。因為涉及戰爭「觀」，一種觀念或看法，各時代、學派、學者差異很大，後面再詳說。

最後是「新詮」，這表示陳老師對「中國歷代戰爭」的詮釋，不同於往昔或當代各家，一言以蔽之，中國歷代戰爭只為「統一」一事，別無大事。

> 二、這麼說我們所談的主題，還是以「戰爭」最為複雜，
> 那麼我們就得花些時間，先把「何謂戰爭」說明白
> 講清楚，讓大家對「戰爭」有初步的認識。

好，從傳統的戰爭觀，認為戰爭是兩個國家依國際法規則所進行的武力鬥爭，其目的在實現國策或擊敗對方。仔細分析此種戰爭觀，有以下數點深值注意。

第一、此種戰爭發生於國家和國家之間。

第二、是兩國武裝部隊的事，不應禍及平民百姓。

第三、以擊敗對方為目的，實現本國國策為目標。

第四、依國際法或一定的國際間規則行之。(註①)

這是十九世紀及以前數千年間的戰爭觀，是對戰爭最傳統的看法。若深究之，也可以發現這種戰爭觀也有許多「灰色地帶」，不清不楚，讓想要發動戰爭者有「混水摸魚」的空間，依序評述上四項。

第一、即是「國與國」之間才算戰爭，則美國南北戰爭，中國近代內戰及歷史上許多政府軍和叛軍之戰，都不算戰爭了。這裡發生了理論不能解釋現象，理論也和經驗脫節的問題。就算是國與國之間，也有宗主國、屬國、保護國、政府、政權、組織等差異，均不能合理解釋。

第二、「兩國武裝部隊鬥爭，不涉平民。」此為保護平民百姓，立意甚佳。但是，自古以來許多戰爭都是兩國傾其全國戰力投入，平民百姓其實是戰爭的背後支持者，軍人只是「代表」人民，依循民意上戰場打仗。所以，要交戰國雙方人民不涉入戰爭，或不參與，是不可能的。

第三、為達成目的，實現目標，勢必運用一定的方法或手段。而其過程是否合法？是否合乎倫理？則已無人可以顧及，也沒有任何公平勢力可以裁決。

第四、所謂依國際法進行，還是陷入「國與國」的阱中，且國際法也沒有最後統裁力量。歷史上的戰爭，通常超強權才是最後的統裁者，而不是國際法規之類的東西。

以上是十九世紀以前的戰爭觀和戰爭定義，可見是語意不清。而且，國際法不禁止戰爭，也有鼓勵戰爭之嫌。進入二十世紀，因武器殺傷力過強，戰爭規模日愈強大，才開始立法限制戰爭或阻止戰爭。

> 三、戰爭縱使不能避免，也須要限制。否則，國際叢林
> 或人類社會任其弱肉強食，想必戰爭將無限制增加，
> 人們將永無寧日。

　　人類一進入二十世紀，一九○七年的海牙和平會議，有一個「白里安條約」（Bryan Treaties）及不久後的國際聯盟（The League of Nations, 1920-1946），都設法限制戰爭，或規定會員國在某些情況下不得從事戰爭。對戰犯、戰俘、戰罪與戰爭行為，開始有比較合理的立法規定，至少這是以比較積極的態度，規範戰爭或限制戰爭。

　　國際聯盟原始本意規定，凡違約發動戰爭之國家，即應受國際聯盟制裁，可惜組織不健全，制裁力不足。成立之初，美國未加入，日本、德國、義大利又先後退盟，且侵略別國而國際聯盟又無力制裁，一九四六年終於「結束營業」。

　　廿世紀初葉的兩次世界大戰，軍民死亡總數約五千餘萬（其中中國人約二千萬），人類似乎有些覺悟了，成立「聯合國」（the United Nations, UN），對限制與防止戰爭有更積極的規定，例如憲章條文：

　　第二條：各會員國必須以和平方法解決國際爭端，避免危及國際和平、安全與正義，禁止用與聯合國宗旨不合的任何方法，侵略任何國家；同時，未加入聯合國之國家也應遵守這些義務。

　　遇有使用武力威脅或破壞和平，或侵略行為發生時，安全理事會即可採取集體安全行動加以制裁（第七章）。

　　聯合國運作至今半個多世紀，戰爭似乎沒有減少，深究其原因可能有如下幾點：

　　第一、仍以主權國家為規範主體。

　　第二、自衛戰爭是天賦權利。

　　第三、「何謂侵略行為？」會員國亦無共識。

　　第四、聯合國判定「非法行為」，會員國仍發動戰爭，如美國在二○○三年對伊拉克戰爭，聯合國亦無力制裁美國。

　　不管怎麼說，二十世紀的一百年，人類對戰爭行為學習到二件算是可貴的共識，㈠有限戰爭（Limited war）；㈡避免核戰（Nuclear war），這是廿世紀重

大收穫。對有限戰爭的戰爭觀，我認爲是最正確的態度，人類接受戰爭是歷史發展中的「常態」現象，即是「常態」則不可能消失，只是在發生時要給予「控管」，使其在一定限度內發生並結束。

雖可把戰爭視爲人類社會發展的常態，卻絕不能視爲「當然」或「應該」，否則各方發動戰爭，都認爲當然或應該，則「何謂侵略？」將永無共識。由此觀之，目前的聯合國憲章也還有很多問題。諸如：

第一、非主權國家，如庫德族、車臣等面臨戰爭（勿論主動或被動），如何規範？

第二、聯合國無力阻止強權的侵略行爲（指聯合國判定爲非法的戰爭行爲如美國第二次打伊拉克）。

第三、自衛戰爭是天賦權利，僅止於會員國（主權國家），亦不合「天賦」之意。

凡此，都說明人類到廿世紀，不僅不能消弭戰爭，無法阻止戰爭，也無力處理各族群面臨的戰爭。從聯合國成立（一九四五年）至今，全球亦戰爭未斷就是明證，只好再期待廿一世紀，看人類能否全面消弭戰爭！

四、前面所談是人類到廿世紀爲止的戰爭觀，及面對戰爭的處理方法，都還沒有找到避戰良方。只好把期望放在廿一世紀，但大家知道一進入廿一世紀便發生「九一一事件」，陳老師說是新戰爭型態的出現，請進一步解釋。

　　「九一一」確實是一場戰爭，而且我在前面已經把它定位成「第四波戰爭型態」，賓拉登和蓋達組織創造了新的戰爭方法和觀念，建立新的戰爭「典範」。理由如下：

　　第一、推翻以往戰爭是主權國家的專利，賓拉登非國家領導人，蓋達也不是國家。

　　第二、開創以一個人（賓拉登）對付一個超級強權（美國）的戰爭，而且打贏，真是空前絕後。

　　第三、打破美國建國兩百多年來，美國人自信全世界沒有任何勢力可以入侵美國，並造成傷害的「神話」。

　　第四、蓋達組織是人類社會發展至今最神奇的組織，它沒有「地方」，沒有人，沒有政府，沒有結構，目前處於「不存在」狀態，而力量正在漫延、壯大。

　　第五、它是有史以來，唯一可以合乎孫子兵法上「形人而我無形」的標準，蓋達目前仍處於「無形」狀態。

　　第六、推翻攻守須有一定比例戰力的戰爭法則，傳統戰爭規則認爲攻勢一方的兵力應爲守勢的五倍，即守勢有一萬兵力，發動攻勢者最少要有五萬兵力。參與「九一一事件」的蓋達成員（指親自上戰場），才不過十多人。

　　第七、開創以最低成本（約四十多萬美金），造成敵方（美國）數千億，乃至更多美元的損失，外加大約四千人命，破除戰爭要「錢、錢、錢」的傳統打「錢」觀。

　　第八、「絕對弱勢」對「絕對強勢」的戰爭，今後只要「複製」九一一事件，便能達成所欲之戰爭目標。一個東西可以複製，就是典範，今後這世界上就沒有了永不受攻擊的「絕對強者」，只有相對強者。

　　第九、賓拉登與蓋達組織目前處於「冬眠」狀態，進行新人甄補，且化整為零成許多小組織。其有形的形體雖存在，依然保持「無形、隱形、處處有分身」。而賓拉登和蓋達則轉換成回教世界的信仰「圖騰」，繼續對美國帝國主義及西方霸權鬥爭。目前的新策略是用信仰和意識型態鬥垮美國，因此，後頭還有好戲。

　　第十、推翻以往不傷平民百姓的戰爭規則，「九一一」不僅造成數千平民死亡，而且把死亡恐懼漫佈在所有美國人身上，就戰爭所欲達成的目的或目標，可謂非常成功的。

　　因以上十點理由，可見「九一一」戰爭改變了戰爭型態（包含史觀、方法、觀念等），九一一戰爭和人類以往千百年來的戰爭沒有相同者，這是「新品種」。所以，九一一不可只當成一個「事件」，也不是「準戰爭」，而是實實在在的戰爭，是「不對稱戰」的最高境界。定位第四波戰爭，當之無愧。

　　原本希望廿一世紀人類可以解決或消弭戰爭，現在一開始就創造了戰爭「新品種」。所以，更複雜、更大型、更殘酷的戰爭，唯一可以樂觀的，廿一世紀還有很長的未來，我們更多的時間和腦力可以用來思考消弭戰爭的方法。

五、陳老師，前面已經概略談到《中國歷代戰爭新詮》、
　　戰爭史觀演進和第四波戰爭型態。那麼，我們也有
　　必要了解一下第一、二、三波戰爭是甚麼？讓大家
　　對戰爭發展史有全盤的初步認識。

　　戰爭史觀的演進有各種分析法，按各個世紀是一種觀察，「未來學」夫妻艾文・托佛勒和海蒂・托佛勒（Alvin and Heidi Toffler），在他們的名著「第三波」和「新戰爭論」中，把戰爭發展史分成一、二、三波。

　　第一波戰爭，是指農業時代的戰爭，時間大約從人類結束游牧進入農耕，到工業革命（十七世紀晚葉），約有將近一萬年時間。農業時代會孕育戰爭有三個原因，其一是農耕須要在固定的地方，可以儲存、累積各種力量（特別是生產力及各種經濟力）。力量大到一定程度（人口、財富等），足以發動戰爭，掠奪更多財貨以壯大自己。其二是當人財大到一定程度，便須要組織、管理，國家組織於焉形成。其三國家組織形成後，從事戰爭成為國家的天職，為防衛或擴張都須要戰爭。故商鞅說：「國之所以興者，農、戰也。」第一波戰爭使用刀、矛等武器，戰爭規模不大，殺傷力也有一定限度。由這個發展史觀之，戰爭之發生或形成，根本是人性使然，一種自然現象。

　　第二波戰爭，因工業革命後的現代化運動而啟動。所謂「工業革命」，是人類開始用蒸汽、電力進行工業化，所有產品在工廠內一貫作業，大量生產，取代了農業時代的手工業，這個過程也常被視為「現代化運動」。軍事上的武器裝備如飛機、大砲、戰車、艦艇、槍彈等便從大兵工廠的生產線不斷產生。

　　而從事戰爭的人（軍人），也在各生產線上（各軍事學校）快速「製造」與訓練出來，如潮水般大批湧現上戰場。軍人不夠，民兵也上戰場，再不夠便全國皆兵，這便是十八世紀以來流行的無限戰爭，兩次世界大戰才因而死了好幾千萬人，就是無限戰爭觀「大量毀滅」的結果。

　　一九七〇到八〇年代間，科技、資訊、社會型態等發達與轉變，第二波開始沒落，到一九九〇年波灣戰爭，是第二波戰爭時代的結束，前後約有三百多年。

　　第三波戰爭從一九九〇年八月二日，伊拉克總統海珊揮軍佔領科威特開始，一九九一年一月十七日美軍率聯軍進攻巴格達，史稱「第一次波灣戰爭」。

這場戰爭正是一個新戰爭型態,正式進入第三波戰爭型態,也是第三波戰爭的「典範」。這個典範的特質就是「拿電腦的兵比拿槍的兵多」。總結檢討第一次波灣戰爭,伊拉克的軍隊只是一部「機器」,屬第二波戰爭時代產物,一部龐大粗拙的機器。而聯軍是一個系統,具備內建回饋和自我調整的功能,實際上是許多次級系統,這就是第三波科技與文明。

第四波戰爭來的如此意外和快速,當人們還在慶祝千禧年的公元二○○○年九月,「九一一」爆發,新的戰爭型態宣告「研發創造」完成。

從第一波到第二波約有萬年之久,第二波到第三波僅三百多年,第三波到第四波剩十年。「波矩」愈來愈短,表示人類創造發明欲望旺盛,想要開創更新、更多元、更詭異的新戰爭型態。

第五波戰爭型態會怎樣?何時會發生……

六、陳老師把戰爭觀、戰爭型態的發展講得很清楚，另
外講《中國歷代戰爭新詮》的目的、動機為何？有
哪些戰爭要講也概略提示一下。

關於《中國歷代戰爭新詮》要先在電台宣講，我是以向大眾「佈道」的心情來講解，並經由對話使內容更生活化。談到目的或動機，此二者綜合起來說，應該可以簡化或以下幾點：

第一、知國家興亡之道理。一場戰爭往往決定國家安全和興亡，如薩爾滸一敗，明朝岌岌可危；甲午戰敗，清廷割台。其中自有興亡之道，不經「新詮」，不能彰顯其理，不足以警示生生世世的炎黃子孫。

第二、知英雄豪傑競逐權力戰場之動機。自黃帝戰蚩尤……劉邦戰項羽、孔明北伐、鄭成功北伐等，除權力與利益爭奪外，還有甚麼？不由「新詮」難知真相。

第三、知勝敗成功之原因。中外歷史上的戰爭，定有勝敗，任何戰爭極少打成「平手」，縱使武力戰平手，甚延伸領域（政治等）也定有得失，非「新詮」不足以知其多方面成功與失敗的原因。

第四、知帶兵、練兵、用兵的智慧。古來兵法家、軍事家及各級軍事指揮官，雖滿腹兵學知識，苦無實戰驗證，又不能刻意發動戰爭。深研歷代戰史，可得許多實戰經驗教訓和智慧。

第五、知主動開啟戰端者的動機。許多戰爭的爆發只知近因不知遠因，知軍事緣由不知有歷史背後的黑手。例如，日本近四百多年來不斷侵略中國，大家只知「田中奏摺」，鮮有人知早在豐臣秀吉時代策訂統一「日中朝」的大陸政策，所以侵略中國是日本人的歷史使命，也是天職，是生生世世日本鬼子的「政治信仰」，炎黃子孫有幾人知道這個「秘密」。

第六、知「驗證理論和建立理論」的全程。在驗證理論方面，是對兵學家或軍事家所提出之理論（學說），經戰爭經驗實證其正確性或可行性；建立理論方面，戰爭活動再多也止於一種經驗，許多經驗可以歸納出理論（戰爭原則、兵學論述）。

小結以上六項，《中國歷代戰爭新詮》的基本史觀，是大一統戰爭史觀，

中國歷代戰爭，自黃帝以降，中國地盤之上只能有一個最高的統治者，所謂「天無二日，地無二王」是也，這便是一個完整統一的基本規格。這也是中國人生生世世的政治思想信仰。但歷史上不免出現割據、分裂，只是當處於分裂分治局面時，便要持續發動一波波的統一戰爭，直到中國重新回到統一狀態。為甚麼各自獨立的分裂分治狀態不能長治久安？為甚麼一定要發動統一戰爭？不發動統一戰爭可不可以？是甚麼動力使統一之戰一定會爆發？

原來，中國政治思想最緊要的，是歷代思想家（如孟子定於一）的大一統理論，「大一統」是中國人千秋萬世的信仰，是理論，也是定律，歷代戰爭不斷印證這個定律。「大一統」成為中國人永恆的「神咒」，不破，不滅。

在大一統定律之下，「偏安」都是非法的，而有能力完成統一，卻不謀求統一，也會受到歷史譴責。因此統獨雙方都有莫大的壓力，統一之戰乃不得不爆發。

《中國歷代戰爭新詮》要講哪些戰爭？五千年間戰爭（會戰、戰役）真是不計其數，我以「重大、決定性、改變歷史」三個標準做選擇。另外，對我國歷史除分代，也參考國內外重要思想家（黃仁宇、薩孟武、蕭公權）的觀點，加以分期，整體結構如次：

第一篇　緒論一為《中國歷代戰爭新詮》拉開戰幕。

第二篇　上古至先秦時期戰爭：
　　　　涿鹿之戰、湯放桀、武王伐紂、宋楚泓之戰、晉楚城濮之戰與邲之戰、鄢陵之戰、「弭兵之會」、吳楚大戰（以上是春秋）。六國抗秦、伊闕之戰、白起伐郢城、秦攻大梁、華陽會戰、長平會戰、秦滅六國（以上戰國）。

第三篇　第一帝國時期戰爭
　　　　統一之戰、北逐匈奴、征南越、鉅鹿之戰、滎陽會戰、垓下會戰、漢匈上谷之戰、漢匈大戰四十年、劉秀復國、竇憲征匈奴、赤壁之戰、桓溫伐秦及伐燕、淝水之戰、南北戰爭、周伐齊、隋伐陳。

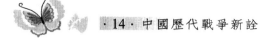

第四篇　第二帝國時期戰爭

　　　　隋征高麗、唐太宗征高麗、滅東突厥、唐征薛延陀和回紇、唐
　　　　征西突厥、征吐蕃、安史之亂、契丹滅後唐、周世宗征南唐。
　　　　宋遼之戰、宋夏百年戰爭、宋金、宋蒙之戰。

第五篇　世界大帝國興亡史：元朝與蒙古帝國

　　　　滅西夏、滅金、滅宋、滅花剌子模、孩兒桑會戰、滅俄羅斯、
　　　　阿富汗及呼拉商、平定裡海和黑海地區、征波蘭和匈牙利、里
　　　　格尼志會戰、賽育河會戰、征木拉夷、圍攻巴格達（滅伊拉
　　　　克）、四大汗國與帖木兒帝國興亡。

第六篇　轉型到衰落時期的帝國戰爭

　　　　漢族復興之戰、明軍北征、燕王篡位及北征、明成祖征蒙古、
　　　　鄭和下西洋、中日朝鮮七年戰爭、鄭成功反清復明與收回台灣。
　　　　薩爾滸之戰、澎湖海戰、俄國侵華、鴉片戰爭、太平天國之
　　　　戰、甲午戰爭、黃海海戰、台灣義軍抗日、八國聯軍、日俄戰
　　　　爭、國民革命。

第七篇　結論：戰幕，暫時落下

註釋：

1. 所謂的「國際法」（International Law），在歷史上有不同稱謂，十六世紀以
　前稱「自然法」（Natural Law），一六二五年荷蘭法學家葛老秀斯（Hugo
　Grotins, 1588-1645）稱「萬民法」（Jus Gentium）。一七八〇年英國哲學家邊
　泌（Jeremy Bentham, 1748-1832）開始稱「國際法」，是法學、政治領域內重
　要的概念。

　　　稱「自然法」時，指自然秩序、宇宙理性、演化或生長的法則，是一種
　普遍理性或普遍性法則。古羅馬斯多亞學派（Roman Stoicism）的思想家中，
　以奴隸思想家愛匹克迪泰斯（Epictetus, 約 50-120），倡導奴隸制度違反自然
　法應予廢除，對後世自然法演進貢獻很大。

　　　葛老秀斯的名著《戰時與平時法》（De June Belli acpacisum），確立國
　際交往與戰爭原則，為各國所接受，現代國際法遂告誕生。目前國際法的內

涵大致是：

　　㈠國際社會各成員公認的法律原則，而不是由一個權力高於國家的團體所
　　　制定的。

　　㈡國際法的範圍是國際關係的全部，包括平時、戰時與中立時期國際法人
　　　之間權利與義務關係。

　　㈢國際間公認「必須」遵守的規則，學者以為「應該」遵守的規則不是國
　　　際法的範圍。

　　關於國際法的主體，向來在自然人與國家間爭論，晚近以來已包括完全主
權國家、部份主權國家、國際組織、自然人等。若以上述標準評量，目前世上
並沒有可以通行各國而能普遍適用的國際法，「九一一事件」後更是沒有了。

2.在國家發展過程中可以得一公式：統獨問題等於和平與戰爭問題，或統一等
　於和平安全。證於古今中外歷史皆然。一九五九年五月十一日，英國外相洛
　依得(Lloyd)、法國外長莫維里(Couve de Murville)、美國國務卿赫特(Herter)及
　俄國外長葛羅米柯(Gromyko)等，在日內瓦召開外長會議（1955 年已先開高
　層會議），主旨就是歐洲安全與德國統一。西方三國認「德國不統一，歐洲
　無和平安全」，當時雙方立場懸殊，會議自然無結果，但歷史發展得到充份
　證明。

　　在亞洲亦然，中國不統一，亞洲無和平安全，甚至世界亦無和平安全可
言。但今之超強美國，卻未盡力促進中國之統一，反而成為分裂中國的幫兇，
企圖使中國永久分裂，實在居心不良。

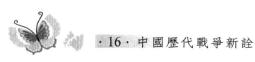
第二篇
上古至先秦
時期戰爭

殷墟新發現

▲考古工作者經過五個多月的發掘，最近在距殷墟宮殿宗廟區西約三千公尺處，一次發掘出7座商代晚期車馬坑，其中有5座一組排列的貴族殉葬車馬坑。並發現一雙面刃青銅短劍，均屬殷墟一百多年考古發掘中的首次發現。（新華社）

圖片來源：94.5.27 中國時報，13版。

◆西周鎬京車馬坑（陝西西安張家坡出土）。
圖片來源：張元著，《高中歷史‧上》頁一三，台北，龍騰文化。

寧夏古長城　出自戰國人

◆這座位於中國大陸寧夏目黃河以東鹽池縣境內的古長城，據原寧夏博物館館長周興華翻閱大量史籍，潛心考證研究後發現，古長城是戰國秦昭王始築的，軍事用途是「拒胡」－抵禦匈奴。

古長城現存遺跡位於寧夏靈武市、鹽池縣境，它西起靈武橫城鄉黃河東岸，東至陝西定邊縣鹽場堡鄉，全長約兩百公里，明清時期稱之為「河東長城」。

圖片來源：93.12.10　人間福報。

輯　一
戰爭的曙光
──黃帝時代的安全情勢

一、我們從小讀書，就知道好幾千年前，中國人的共同祖先黃帝，和蚩尤
打仗，黃帝後來打贏了。但對當時的時空場景、兩軍情況，爲甚麼打
仗，及對以後影響，絕大多數人並不清楚。所以，今天開始，陳老師
要爲我們講中國歷史上的第一場戰爭，黃帝與蚩尤的戰爭。首先請
問，黃帝所處的是怎樣的時代？黃帝是誰？

　　黃帝，少典氏的兒子，出生在一座叫「軒轅山」的地方，所以叫「軒轅
氏」，生長在一條叫「姬水」的河邊，乃以姬爲姓（另說姓公孫），建國於有
熊（河南新鄭縣），又叫「有熊氏」。因中原大地，河水和土色爲黃色，人的
膚色也是黃色，故稱「黃帝」。

　　黃帝生長的年代，按《春秋緯命歷敍說》，在西元前五一四一至五〇四二
年，等於活了百歲。在古代「零汙染」環境，活到百歲相信是可靠的記錄。黃
帝的時代，在我國歷史上叫做「新石器時代」，約當西元前六〇〇〇到一七〇
〇（商代初期）。所以，黃帝生長的年代，正是新石器時代的前期。但比較可
靠的考證，黃帝打敗蚩尤之年，是西元前二六九八年，如此，黃帝生長之年
代，就是新石器時代的晚期。

　　算一算，黃帝打敗蚩尤之年，到現在（西元二〇〇四年），已經是四七〇
二年，黃帝又活了百歲，他的出生年應該是西元前二七〇〇年以前的事。

　　關於黃帝這個人的存在，因有許多古代典籍記載，因此史家認定是「存
在」的。至於生卒事功等，較欠缺詳細時間的記錄，此中西皆然。西方歷史到
了西元一千年以前，也開始列爲「神話」或「傳說」時代。

　　我國在這個「傳說時代」，有五帝之說，他們是黃帝、炎帝、堯、舜和禹。他們是「國家」尚未出現前，人類社會還以部落（Tribe）組織為主要型態時，都是傑出的部落聯盟領袖。

　　漢·司馬遷在《史記》卷一〈五帝本紀第一〉，開章明義說：「黃帝者，少典之子，姓公孫，名曰軒轅，生而神靈，弱而能言，幼而徇齊，長而敦敏，成而聰明。」司馬遷是大史學家，他這段話多少也證明，黃帝的存在不是神話，許多古籍都記載黃帝的故事。

　　黃帝有四妃十嬪。正妃為西陵氏，名嫘祖，她親自栽桑養蠶，教民紡織，人稱她為「先蠶」。次妃為方雷氏，名女節。又次妃為彤魚氏。最次妃名嫫母，長相醜陋，但德行高尚，深受黃帝的敬重。黃帝有二十五個兒子，其中十四人被分封得姓，他們是：「姬、酉、祁、己、滕、蒇（草花頭下面咸，音「真」）、任、荀、僖、佶、儇（音「宣」）、衣。」

　　每個民族都有自己的傳說時代，黃帝就是中國傳說時代的一位代表人物，人們在他的身上集中了古人的各種優點，諸多創造，他帶領中華文明從野蠻向文明發展，從而將他奉為人文始祖。根據《二十五史新篇》：「黃帝可能實有其人，是父系氏族時期中原地區的一位部落聯盟長。他通過戰爭，使中原各部落實現了聯合，並做了許多好事，因而在古人的口傳歷史中佔有重要的位置。」

二、新石器時代，在我們中國這塊大地上，除了住了黃帝領導的一群人，還有住著哪些人？

現在中國這塊黃土大地，在黃帝時代，也就是新石器時代的晚期，已經住著三種族群的人馬。一般稱：夏族、夷族、黎苗族，各自成為不同生活文化的集團。

夏族，分佈在黃河上游、至西南岷江流域。即今之陝西南部、甘肅東部、山西南部、河南中西部、四川北部。傳說神農、黃帝、顓頊、堯、大禹的活動範圍都在這一帶。

依據考古證據，這一帶所出土的土陶器大抵為紅色彩繪，有紅、黑、白紋飾，故稱「彩陶文化」。又因最早在河南省澠池縣仰韶村發現，所以又叫「仰韶文化」，又因分佈地區在中國西北高原，又稱「高原文化」。

注意！這時中國這塊大地上還沒有「中國」二字的稱呼，「中國」二字到春秋時代才有（距離黃帝時代約二〇〇〇年），但此時卻已有「夏」和「夷」之區分。

在我國古代典籍文獻中，常見到「夏」字，如「華夏」、「諸夏」。左傳定公十年有「裔不謀夏，夷不亂華」。句其疏曰：「中國有禮儀之大，故稱夏；有服章之美，謂之華，華夏一也。」單看一個「夏」字，許慎在《說文解字》說，「夏」字作「中國之人也」。

可見，按「夏」的本義「中國之人」，其範圍是很小的，只有黃帝夏族這一體系才能叫「中國人」，千百年不斷融合各族群，中國愈來愈大，而有今天的局面。

按《史記》所記：「軒轅之時，神農氏世衰，諸侯相侵伐，暴虐百姓，而神農氏弗能征，於是軒轅乃習用干戈，以征不享（不來朝者），諸侯咸來賓從，而蚩尤最為暴，莫能伐，炎帝卻侵陵諸侯，諸侯咸歸軒轅。」

這段話也說明，當時「中國」大舞台上的這群人正在相互爭戰，蚩尤無道，黃帝的「民意支持度」最高，正準備統領諸侯，平天下之大亂。

三、夷族、黎苗族活動範圍如何？如何和黃帝的夏族集團發生關係？

夷族的活動範圍，概為渤海沿岸，到淮河、長江下游，很可能是「北京人」和「山頂洞人」的後裔發展出來的，其散佈區域，依考古資料，大概是今天的山東半島，北到韓國北海岸、西到河南、山西及安徽北部一帶。

此時期這些地區，出土的陶器多為黑色，故稱「黑陶文化」，又因最早發現在山東省歷城縣龍山鎮，又叫「龍山文化」，其核心在山東。所以，孔子很可能是夷族人。

夷族的人以風姓、偃姓為主，代表人物如夏代的后羿、寒浞都是。商朝就是夷族建立的政權，商湯時推翻了夏族政權，周朝又滅了商。

所謂「黎苗族」，就是九黎之苗及荊蠻各支系，活動範圍以湖北、湖南、江西三省為中心，北可達河南北部。

也有史家做「四大族群」區分，他們是中原黃帝領導的夏族集團，中原以東的夷族集團，長江中游的黎苗族集團，和東南沿海與嶺南的百越族集團。

從以上黃帝時代，中國大地上的人口分佈，可知在當時的中國大地，從東到西，從北到南，已經住著很多人。打破了以往有個誤解，以為中國古文明是以黃河為先，長江較晚，這似乎有待商榷。

近代考古學發達，在長江的河姆渡文化（在浙江餘姚），約西元前五千年，就大量使用骨耜、魚鏢、木造結構建築，還發現稻穀遺存總量一二○噸以上。是到目前為止，世界上最古老的水稻栽培，這代表中國古文明中，黃河文明和長江文明是兩條「平行線」，只是後來「合流」了。

《山海經》有一段話也可以解釋蚩尤是九黎之長，「黃帝令應龍攻蚩尤，蚩尤請風伯、雨師以從，大風雨。黃帝乃下天女曰魃，以止雨。雨止，遂殺蚩尤。」孔安國曰：「九黎君號蚩尤」是也。

四、夏、夷、黎苗之族，各居住在自己的地盤上，本無
　　關係，甚麼原因使三族有接觸，先說遠因再說近因
　　好了。

　　任何社會發展過程中，族群接觸關係（不論戰爭與和平），必然與經濟、政治有關係，例如早期台灣住民中，漢人未到台灣時，住在海邊、平原、平地等富裕之地者，是現在所稱「原住民」，以前叫「高砂」。漢人來後，爭奪農地，因高砂人勢力弱（經濟力弱、政治力弱），只好退到高山居住，當時他們認為離漢人愈遠愈安全。

　　在新石器時代，有兩股力量，促成夏、夷、黎苗三族開始接觸，即經濟和政治兩種力量。屬經濟性的，在新石器時代，中國舞台上的這群人，開始從遊牧生活轉變成早期農耕定居，我們知道，遊牧生活不需佔領地盤，不需累積財貨及各種生存資源，走到哪裡吃到哪裡，身上攜帶的東西愈少愈好。

　　但到農耕定居生活方式，需要佔領地盤用為耕地，而要累積財貨和資源，不僅為生存保障也為建立武力上的需要。

　　人類從游牧到農耕定居，是文化上很大的進步。隨著生產工具不斷改善，人類也擴大對自然資源的開發利用，乃出現「分工」的必須。如種植、漁獵、養育，以完成共同居住和合作生產的規範，如此，村落便形成了。人住在一起，必然產生「一定的血緣關係」，這就形成了「氏族社會」。

　　另一個是先天的地緣關係所形成，可圖解如圖。當時雖無「中國」之名，但如圖，四極範圍內，是一個完整的天然生活體系，只能存在一個「統治者」，不可能有多位稱「帝」者並存。用現在術語解釋，中國這塊地盤上，天生自然就是統一的，只能一個統治者；不能分裂，而有多位（二個以上）統治者。

黃帝時代「中國」領域上的四極

　　黃帝時代也正是農業經濟時代，黃帝對農業「科學」的發展有重大貢獻，舉其要者：

黃帝時代「中國」領域上的四極

北逐葷粥（匈奴）

隴西崆峒山

東岳泰山
東至海

南至江
今長沙、江漢之地

資料來源：依史記之意繪

㈠物候的觀察和初始的年歲季節概念：也就是通過觀察動植物的生活，活動現象來斷定季節的變化。

㈡天象物候曆：也就是通過天上星象的變化來斷定季節的變化。

㈢記日法的發明：物候曆是一種粗疏不定的曆法。天象物候曆雖然有所進步，但仍然有相當的不固定性。記日法的發明什麼時代已無從知曉。《史記·五帝本記》說：「黃帝……迎日推策」。「策」是一種小竹木片。迎來一次的日出，就移動一根竹木片。記日法的發明中，以天干記日法影響最爲深遠。所謂天干記日法，是用甲、乙、丙、丁、戊、己、庚、辛、壬、癸十個字，逐日依次用一個字來標記一天。這個方法後來和地支結合成爲干支記日法，它一直延續使用到現代，成爲中華文化中一個極有特色的部分。

㈣朔望月的觀測和陰陽合曆：除了太陽之外，月亮是最引起上古前人矚目的天體。有了記日法之後，月亮的圓缺週期（天文學上稱爲朔望月）兩個朔望月是五十九天的概念，十二個朔望月大體上是三百五十四天多，與一個回歸年的長度相近。因此古人很容易就得到了一年有十二個月的概念。

㈤方向確定中的天文知識：也就是依靠對太陽的觀測，起先人們把日出時的方向稱爲「東」，日落時稱爲「西」。

五、政治上的原因，又如何導致三族接觸？

· 政治上的原因，是「氏族社會制度」的形成，這是一種最原始的國家型態，一般稱之「部落國家」。古代國家存在的目的是戰爭（含自衛、擴張勢力範圍，各族群勢必產生戰爭，經由戰爭決定生存權。

· 我們知道，人類社會的演進，是先由圖騰（Totem）開始，再進入氏族社會，再來是封建社會。

· 所謂「氏」是地域觀念，「族」是血統觀念，合氏與族，就成為一個以血緣關係為基礎的部落。同一集團，不同氏族間也會有爭端，兩個或多個氏族間若有仲裁者，便進而形成共主。如黃帝是夏族許多氏族的共主，少皥氏是夷族許多氏族的共主，蚩尤則是黎苗的共主。

· 心理學家至今仍在探究，為甚麼人類社會型態尚未成為國家，或原始國家，並不會有大規模戰爭，形成後就拉開戰爭序幕，幾千年都打不停，打不完。

· 如果當時這三族沒有形成氏族社會制度，也許永遠沒有黃帝與蚩尤之戰。

　　在陝西臨潼，就發現一個「氏族社會制度的基地模型」，是新石器時代最大的村落遺址，保存很完整。它西南臨河，三面有壕溝，考古學家稱「姜寨」。有五個氏族聚居的村落合成，有地穴、半地穴和地上建築三型。

　　整個村落由一個大廣場、五個大建築群和三處墓地。每個建築群又有自己的建築中心，墓地都在村落外圍，這種布局依人類學家的解釋，是為彰顯氏族關係和社會功能。

　　所謂「政治」，並非有了國家才有「政治關係」。在人類進化有了智慧後，人與人之間就有了「政治關係」，而且人際關係是「很政治的」。《史記》說：「蚩尤作亂，不用帝命」，這就是一種「政治行為，叫抗命」。「黃帝乃徵師諸侯，與蚩尤戰於涿鹿之野，遂禽殺蚩尤，而諸侯咸尊軒轅為天子，代神農氏，是為黃帝。」黃帝之下，設有左右大監，監于萬國，一個「原始國家」於焉形成。

　　稱黃帝的政治組織「原始國家」或「部落國家」，也許過於「先進」了。正式史書上的稱謂叫「共主」，黃帝雖被各部落推為共主，就像是國家領導人，上古時代的組織仍極簡略。

　　傳說伏羲氏時官都以龍為名，稱青龍、赤龍、白龍、黑龍、黃龍。後來的

神農氏以火名其官,黃帝以雲名其官。這些情況說明,一直到黃帝時,其政權組織都極為簡陋,實際上是部落頭領議事會。傳說,帝顓頊時設五行之官,以及負責祭天的南正之官和負責治民的北正之官,這才有了政權組織的雛形。帝堯時,傳說已有三公六卿百執事的中朝官制,分管各方諸侯的四岳,以及州、師、都、邑、里、朋、鄉的各級地方組織劃分和州牧、侯伯的地方長官。帝舜時,有司空、司徒、士、共工、虞、秩宗、典樂、納言等中朝職官。顯然,堯、舜時職官體制的傳說,有許多後人附加的內容。但從另一角度來說,堯、舜當時已經有相對成形的職官體制。

經以上分析,我們知道人類進化有兩件事情,使戰爭愈來愈有組織,規模愈來愈大。其一是經濟生活從游牧進步到農耕,其二是政治生活從圖騰社會進步到氏族社會。

黃帝時代的「三族」等於當時中國地盤上的三大割據,「三強」不可能併立。誰是最後且唯一的中原地區領導人,戰爭是唯一的方法。

六、前面講到夏、夷、黎苗三族有經濟和政治上的接觸，
　　才引起戰爭，能否進而說明接觸的過程、方式或時
　　間長短等？

　　古代族群接觸方式，最明顯簡單的是戰爭和同化，不論輸贏任何一方，同化都是必然，即兩個族群的男女，分別會和對方男女發生性關係，產生新品種（混種），便自然達到族群融合目的。而此種良好的情境，若雙方不發生戰爭，各自在自己地盤生活，便沒有機會發生。

　　至於接觸時間長短，可能很難估算的，應該說整個新石器時代都在發生，而以黃帝與蚩尤之戰為最激烈之開端。我們看，夏族人建立夏朝，又被夷族推翻建立商朝，數百年後，夏族又拿回政權建立周朝。我們用現代術語謂三族都在爭奪「中國代表權」，由此觀之，現在兩岸的統獨之爭，是夷夏中國代表權之爭，已經爭了七千年了，以後還會爭下去。

　　以上只是黃帝與蚩尤之戰的曙光，只要曙光出現，炎熱的戰火就很快漫燒起來。

　　說「戰爭有利於族群或文化融合」，似乎是對戰爭的「肯定」，想必也不能如此解釋，否則吾人豈不成了「好戰份子」。合理的解釋應該說，族群融合是戰爭的「副產品」，若產品「欠佳」，便有「負作用」。舉例，近代美國在世界各地發動戰爭，越南、日本、韓國、阿富汗、伊拉克及許多地方的長期駐軍，幾乎是「必然」產生一些美軍與當地婦女的性關係，製造出一批混血兒，有很多孤兒，終其一生都是「父不詳」，這就是負作用。在中國早期歷史上漢族和異族的戰爭，最後都促成民族和文化的大融合，而在當時戰爭的導致的負作用（妻離子散等），確實是很可怕的。

　　不論黃帝時代的三族戰爭或現在世界上仍存在的許多戰爭，勿論正或負作用有多少？就過程看，都出現文化上的「涵化」（Acculturation）作用。涵化是不同文化接觸的過程和結果，通常會遇到三種反應：接受、適應和反抗。最後必然產生文化變遷、同化、融合等結果。在整個過程中，通常「強勢文化」居有主導地位。

　　漢族文化會成為中華文化的主流，黃帝與蚩尤「涿鹿之戰」已打下成為強勢文化的基礎。

輯 二
涿鹿之戰和黃帝的地位

一、黃帝和蚩尤的涿鹿之戰，是我國戰史上的第一場戰爭，意義非凡，首先請陳老師簡介一下戰前雙方情勢。

夏、夷、黎苗三族，以黎苗最強大，夏次之，夷最弱，所以涿鹿之戰是夏族和黎苗族的決戰，夷族並未參戰。

蚩尤領導八十一個氏族部落，由南向北；黃帝的夏族由北向南，彼此競逐於中原平原。蚩尤之所以力量強大，是八十一個部落較團結，且所用兵器較先進，蚩尤的部隊使用金屬製兵器，黃帝的部隊使用石材、木材等製造的兵器。

黎苗族的根據在長江中下游，此地區產五金，湖南產銅和銻，湘西產辰砂，大治有鐵，到現在仍有得開採，《管子‧地數篇》記著：「葛盧之山（今湖北、江西接境的山區），水發出金，蚩尤受而製之，以為劍鎧矛戟。

在《史記‧本帝五紀》正義引龍魚河圖說：「蚩尤兄弟八十一人，獸身人語，銅頭鐵額，食砂造五兵，仗刀戟大弩，威振天下。」

這些記載都可見蚩尤部隊兵器較先進，另外對黃帝部隊兵器的有關記錄，則是木料和石材。

在蚩尤與黃帝作戰前，依《史記》之說，有炎帝與黃帝戰於阪泉，這是另一種說法，史料不夠明確，很難證實。清代梁玉繩研究，認為黃帝與炎帝戰於阪泉，即涿鹿之戰，也都不很可靠。故史家乃略阪泉之戰，而保留黃帝與蚩尤的涿鹿之戰。

從黃帝與蚩尤部隊作戰使用的兵器，證明長江流域文明比黃河流域文明先進。蚩尤已有金屬製造的兵器，黃帝仍以木料為主，戰力上明顯居於劣勢。

二、這有些像現在美國軍隊和伊拉克軍隊，雙方使用兵
　　器落差太大，仗如何打下去？

　　是打不下去。所以初期是蚩尤贏的，而黃帝在開戰初期也還不是夏族的共同領導人，夏族內部還有紛爭，且不團結。蚩尤看準夏族弱點，發動大規模攻勢。

　　蚩尤率領黎族八十一個部落，先打敗了當時統治中原的「榆罔帝」，自立為「炎帝」，成為中原地盤上的統治者。但炎帝（蚩尤）暴虐百姓，又引起夏族各部落的反抗。

　　這位到處奔走，連絡夏族各部落起來反抗蚩尤統治的首領，便是黃帝軒轅氏。現在我們知道黃帝不是一開始就是夏族的共主，也知道炎帝就是蚩尤。

　　黃帝深知蚩尤部隊兵器先進，但也看準對方缺點，黎族部隊由南方來，對北方天候、地形不明瞭，黃帝決定用後退包圍戰略，把蚩尤引導到一個陌生環境，削弱其戰力，再用天時地利之便殲滅蚩尤部隊。黃帝的部隊也用牛車、馬拉車、指南車，計畫在戰術、戰略上彌補兵器落伍之不足。

　　另有一說，當時黃帝、炎帝和蚩尤「三足鼎立」，蚩尤先打敗炎帝的部落，炎帝只好向黃帝求救，於是炎帝與黃帝聯合打敗蚩尤。最後黃帝和炎帝的部落又有衝突，又發生戰爭，炎帝打敗。

　　黃帝終於成為中原地區各部落的聯盟首領，他們二位被後人共認是華夏民族的共同祖先，因此我們又稱自己是「炎黃子孫」。

　　在前面提到黃帝和炎帝二人，說二者也有戰爭，但《國語卷十・晉語》載：「昔少典娶於有蟜氏，生黃帝、炎帝、黃帝以姬水成，炎帝以姜水成，成而異德，故黃帝為姬，炎帝為姜。」這段話也指明黃帝和炎帝是兄弟關係。《逸周書史記》另解說：「蚩尤逐帝榆罔而自立，號炎帝，亦曰阪泉氏。」，這又明明說了，蚩尤就是炎帝。

　　不管那三人甚麼關係，黃帝是以劣勢兵力打敗蚩尤，成最後的贏家。

> 三、雙方決戰結果如何？當然歷史記載黃帝打贏了，不
>   過我們稍加描述作戰經過。

夏族、黎族兩軍在現在河南中部地區接戰，不久黃帝的部隊主動向北引退，蚩尤部隊跟蹤追擊，當時華北地區森林密佈。黎族部隊進入河北平原後，因環境生疏、氣候不適、語言隔閡、敵性不明、食料飲水不足。行動日感困難，加上環境陌生，傷亡不能補充，精神戰力大受威脅。

反之，黃帝的部隊因得天時地利之便，精神戰力大大增加。大約在現在的河北省北部地區，黃帝知道蚩尤部隊已陷於極大困境，乃掌握有利時機，主動反擊。在涿鹿（今河北涿縣）一戰時，適逢天候巨變，狂風大作，沙塵滿天（中國北方常有沙塵暴）。蚩尤軍隊迷失方向，黃帝利用指南針控制方向，一舉殲滅蚩尤部隊，且擒殺蚩尤。

涿鹿戰後，黃帝被尊為諸候共主，這一年是西元前二六九八年，距今（民九十三年）有四七○二年。

有關涿鹿之戰後，黃帝被尊為共主的年代較為確實，有關過程的描述不是過於簡略，就是各說互異，或附帶神話傳說。涿鹿之戰前，黃帝和神農也戰於阪泉。

阪泉之戰一時，天下共主炎帝神農氏八世，暴虐無道，黃帝率諸侯與戰，敗神農氏於阪泉（河南涿鹿縣東），遂代神農氏為天下共主，版圖東至於海，西至甘肅，北至河北，南至大江。

涿鹿之戰一時，諸侯多歸黃帝，獨苗族蚩尤不服，與黃帝戰於涿鹿（今河南涿鹿縣），蚩尤能作五里霧，黃帝與其久戰不勝。黃帝乃作指南車（車上有神，常指南方）以定方向；西王母派遣九天玄女下凡，把靈符、道法和《陰符經》傳給黃帝，遂擒殺蚩尤，天下乃定。

另外也說，當時三強（炎帝、黃帝、蚩尤），南方九黎在其首領蚩尤率領之下，向炎帝求援。黃帝統帥炎、黃二部與蚩尤戰於涿鹿之野，結果蚩尤被殺。涿鹿之戰後，炎黃兩部落發生戰爭，黃帝擊敗炎帝。從此，中原各部落咸尊黃帝為共主，炎、黃等部落在黃帝的領導下融合成華夏民族。故中華民族素自承為「黃帝後裔」，又因炎、黃兩部落融合成華夏民族，故也稱為「炎黃子孫」。

黃帝雖被視爲華夏之祖，但古代傳說中的黃帝並非孤立的，他只是上古時期氏族、部落酋長或共主中的一位。中國古籍向來流傳著「三皇」、「五帝」的提法，不過「三皇」、「五帝」的具體有著很多不同的說法。在此只用提一種異說：「三皇」乃天皇、地皇、泰皇《史記·秦始皇本紀》，「五帝」乃黃帝、顓頊、帝嚳、唐堯、虞舜《史記·五帝本紀》。

　　黃帝之後，最著名的共主有唐堯、虞舜、夏禹等人。禹係夏后氏部落之領袖，姒姓，又稱夏禹、大禹。相傳堯的末年，洪水泛濫，禹父奉命治水，花了九年時間而一事無成，而被堯處死。及舜即位，禹奉命繼其父治理洪水。禹用疏導的方法，廣修溝渠，終於根治了水患，從此成了華夏民族的英雄人物，被稱爲「大禹」。

四、黃帝成為中原諸侯共主後，也等於是中國地盤上的
統治者，是否已經有「國家」的組織規模？

　　黃帝被尊為共主後，乘戰勝餘威，進行更徹底的統一工程。據《史記》上載，當時黃帝率領部落聯盟軍隊，東至海，登丸山（今山東輯安縣）、岱宗（泰山）；西至崆峒山，登雞頭山（都在今甘肅平涼縣西）；南至江，登熊湘（都在湖南）；北逐葷粥，至達今天的察哈爾涿鹿縣西北。

　　按照《史記》所載，當時黃帝被尊為「諸侯共主」，是一種類似部落聯盟的組織，而不是中央組織。至於建都地點，雖有涿鹿之說，但《史記》也說：「遷徙往來無常處，以師兵為營衛」，可見仍是一種部落組織，而不是國家組織，對各部落之統屬，僅設左右大監，監於萬國。

　　從社會演進看，此時正是游牧與農耕的過渡，農耕定居還不成熟，尚未有建立國家組織的機緣。

　　但就黃帝被尊為「共主」一事來看，必然有一定的「政治程序」，否則「共主」不可能出現。而一旦出現了共主，也必然要執行其共主的職責，乃產生「領導」關係，為了「有效」領導，又必然有相當程度的組織和管理。因此，縱使沒有複雜的國家組織，也有原始單純的國家組織。近年因考古科學發達，在這方面的研究日愈精確，依據大陸學者的研究（謝維揚著《中國早期國家》第五章），把黃帝時代的政治組織稱「部落聯合體」，炎帝、黃帝、蚩尤都是各部落首領，但「最高統治者」只能有一人，部落間的戰爭乃經常發生。黃帝最後戰勝，成為部落聯合體的共主，這個國家是「酋邦」類型。

　　台灣的研究學者（孫廣德、朱浤源著《中國政治思想史》第一章），則把黃帝的國家形態叫「部落聯盟」，是原始公社解體到國家產生的過渡。從以上各家研究，也許可以把黃帝的國家組織稱「部落國家」，確實有了極簡單的國家組織，例如黃帝時通考有五行之官，春官勾芒、夏官祝融、秋官蓐收、冬官元冥、中官后土。而管子稱黃帝得六相而天地治神明至。六相者，蚩尤、奢龍、大常、祝融、大封、后土。《史記》也有「帝置左右大監，監於萬國」之說，都顯示黃帝的「部落國家」，可能是全世界最早有「國家」意義的組織。

五、我們爲甚麼稱黃帝與蚩尤涿鹿之戰，爲中國戰史上的「第一戰」？有甚麼重大意義嗎？

　　首先當然是歷史考證上的問題，在黃帝之前是否有合乎「戰爭定義」的戰事？也許有，也許沒有，但至少不能證明爲「有」，因爲記錄不夠可靠或可信。例如黃帝之前有「三皇」，也有戰爭，但已經算是神話了，因其沒有可信記錄。

　　黃帝和蚩尤的戰事，在許多古籍都有記錄，如《國語》、《左傳》、《戰國策》、《尚書》、《史記》、《禮記》、《易經》、《孫子》等古書。

　　再者，黃帝與蚩尤之戰是一場正式的「戰爭」，合乎戰爭定義的戰事，有領導、有兵力部署、有戰略運用。特別是黃帝用「後退包圍殲滅戰」，創造一個戰略運用上的模型，後世許多兵法家、戰場指揮官，都極力設法要「考貝」此一模型。

　　最重要的，黃帝成爲中原盟主，使夏族各部落有機會開始「夏朝文明」，後世才有所謂「華夏文明與文化」。假使，涿鹿之戰黃帝戰敗，也幾乎肯定後世不會有華夏文明，我們也不是黃帝的子孫。

　　或許，蚩尤的子孫創造了另一種文明，這是不可知的事，歷史也不能重來。

　　黃帝與蚩尤之戰雖然結束，但其實影響的尾聲延續數百年，到堯舜時代。因爲黃帝敗蚩尤，只是統一了夏、夷及黎族並加速融合，另有「三苗及荊蠻」仍在作亂，到堯舜時代還有征苗之戰。在《尚書》、《戰國策》、《墨子》、《呂氏春秋》等古籍均有記載，且有「舜南征三苗道死蒼梧」（今湖南寧遠、零陵兩縣），直到夏代起，典籍上才沒有記錄苗患，三苗等患事才算解決，從黃帝到堯舜持續了四百多年。

　　黃帝和蚩尤的戰爭，在戰史上的意義是人類第一波戰爭的開端。所謂「第一波戰爭」是指農業時代的戰爭，黃帝生存年代正是游牧進入農耕的開始。

　　第一波戰爭：農業時代，約一萬年。

　　第二波戰爭：工業革命到一九九○年波灣戰爭，三百多年。

　　第三波戰爭：一九九○年波灣戰爭爲開端。

　　公元二○○○年「九一一」事件，我則把它定位成第四波戰爭，因爲改變了戰爭觀念、型態和方法，成爲一場戰爭「典範」。黃帝和蚩尤的「涿鹿之戰」也是一場新戰爭典範，這是重大的意義。

六、黃帝是當時夏族領袖，也是中原盟主兼統治者，因
　　而有後世的「華夏文明」，能否再具體說明黃帝創
　　造了哪些華夏文明？

可以從古書記錄看到，《易經》：「黃帝堯舜……弦木爲弧，剡木爲矢，弧矢之利，以威天下……。」，「黃帝堯舜垂衣裳而天下治……服牛乘馬，引重致遠，以利天下。」

《太平御覽》引及《淮南子記》論訓註玉海八十一謂：「黃帝臣伯余作衣裳；風俗通皇霸篇，也載：『黃帝始製衣冠』」

《越絕書》：「黃帝斷木爲宮室。」

《白虎通》：「黃帝作宮室以避寒暑，宮室之始也。」

《拾遺記》：「軒轅始造書契。」

《史記》：「黃帝使羲和占日，常儀占月，臾區占星氣，伶倫造律呂，大撓作甲子，隸首作算數，容成綜六律而著調歷。」

《新語道基篇》：「天下人民野居穴處，未有室屋，則與鳥獸同域，於是黃帝乃伐木構材，築作宮室，上棟下宇以避風雨。」

另外，黃帝臣倉頡造字，妻子嫘祖教民養蠶治絲，貨幣也始於黃帝。以上不一定黃帝創造，但華夏文明從這裡開始是肯定的。也可以說，涿鹿之戰開啓了華夏文明。

以上各項應是文字最重要和神奇，因爲文字是民族文化的構成「種子」，世界四大文明古國都各有其文字系統。另據說倉頡造字時，「驚天地動鬼神」，雷電風雨交加。考證我國夏商時期的甲骨文，已算成熟的文字系統，文字的形成通常是千年演化的結果，從甲骨文出現的時間上推一千多年，便是「黃帝時代」，因此，黃帝叫倉頡造字一事，也大大提高了可信度。歸納起來，黃帝應該創造下列文化和文明：

㈠ 紀時：帝使大撓作甲子，以十天干配合十二地支以紀時沿用至今農曆（甲子、乙丑以至癸亥，共六十年爲一周期），即道教之六十元辰。

㈡ 數學：隸首作數，定度量衡之制。

㈢ 軍隊：風后衍握奇圖，始製陣法。

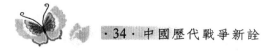

㈣音樂：伶倫取嶰谷之竹以作簫管，定五音十二律，合於今日。

㈤衣服：元妃嫘祖始養蠶以絲製衣服。

㈥醫藥：與岐伯討論病理，作內經。

㈦文字：倉頡始製文字，具六書之法。

㈧鑄造：採首山（河南襄城縣南五里）之銅以造貨幣。㈨其他：舟車、弓矢、房屋等之發明。黃帝成仙，黃帝年近百歲，棄帝位，從列仙遊（務光子、容成子、廣成子、紫府先生、中黃丈人等），採首山之銅，鑄鼎於荊山之下，鼎成之日，年已百歲，有龍從天而降，接引黃帝，升天而去，成為天上五帝之一，南朝陶弘景在其《眞靈位業圖》中，列黃帝於第三神階之左，稱為元圃眞人軒轅黃帝。

此外，也有稱黃帝是中國兵法家的始祖，是中醫學的起源，是中國性學宗師（市面上有「黃帝內經」一書），但無論如何！到底有多少證據來詮解黃帝的事功已不重要？黃帝已是中華民族的共同祖先，華人世界共認的「精神大家長」，凝聚所有中國人的向心力，也象徵中華文化和文明的源頭，這才是最重要。

民國九十四年台灣泛藍政治領袖連戰和宋楚瑜等人訪問大陸，都得參拜黃帝陵廟，因為我們血液中流著炎黃血脈的DNA。另有一群所謂「綠營」人馬，不承認自己是炎黃子孫，更不承認自己是中國人，不知他們從何而來？

大家會問這和《中國歷代戰爭新詮》有關嗎？當然有，不承認自己是炎黃子孫，便不承認自己是中國人，主題便講不下去了。

輯 三
湯放桀武王伐紂
歷久彌堅的千年典範（三之一）

一、今天開始我們要爲各位聽眾講兩場戰爭，即湯放桀和武王伐紂，分三
輯講完。據陳老師說，這兩場戰爭賦予數千年來的中國人民，對腐敗
暴虐的統治者，有合法的革命、推翻、重建新政權的權利。換言之，
在中國政治思想上，「革命是基本人權」理念，始終是主流思想。這
太重要了，首先陳老師提示簡略的背景和環境。

是的，鍾小姐已經提到問題的核心，這兩件事情（湯放桀、武王伐紂）確
實影響極大，幾千年來，直到今天，當人民要起來革命的時候，還是以這兩件
事情爲「最高的思想和理論依據」。所以，稱湯放桀及武王伐紂是歷久彌堅的
千年典範，賦予千百年來的中國人，有革命的合法權，「革命是人民的政治權
利，也是基本人權。」在四千年前的夏商之際，建立這個實況典範，今天如
此，未來也如此。

兩場戰爭是兩個典範，背景環境涉及兩個朝代（夏、商），四個主角人物
（湯、桀、武王、紂王），可以簡單做介紹。

如圖，大禹因治水有功，成爲夏朝的第一個統治者（禹元年，前二二〇五
年）。傳了十七王（十四世），到了桀（履癸），卻昏庸無道，濫殺忠臣，引
起諸候成湯起來革命，推翻夏桀。

湯名履，史家稱「成湯」或「商湯」，湯放桀有鳴條之戰，桀亡，成爲商
朝第一個統治者（湯元年，前一七六六年）。傳了二十八王（十六世），到了
受辛（紂王），又是昏庸無道，人民的「痛苦指數」達到頂點，引起諸侯發起
來革命，推翻商紂。

西伯發，是後來的周武王，發是名，西伯是商王封的官名（西方部落之
長）。武王伐紂有牧野之戰，紂亡，武王成爲周朝第一個聖王（前一一二三年）。

二、原來湯放桀有鳴條之戰，武王伐紂有牧野之戰，夏
　　商兩代有千餘年，時空關係可能很複雜。還是從頭
　　說起，夏桀有甚麼罪狀？可以導致人民有權利起來
　　推翻他？

　　夏朝，原是黃帝所領導的夏族部落後裔所建立，大禹是第一個夏朝統治者，也是一個聖王。四百多年傳到夏桀（履癸），卻窮奢極慾，濫殺忠臣。桀寵愛妹喜，到處搜刮民間財寶，興建宮室，供妹喜享樂，完全不顧人民死活，漸漸激起人民的不滿。

　　寵妾妹喜最喜歡聽布匹被撕裂的聲音，桀就在全國搜集各式各樣布匹，堆滿宮中庫房，每天讓妹喜撕著玩。妹喜一個人撕的不過癮，叫文武百官輪流來撕給她聽，「啪、啪、匹、匹」，好像一種特殊的音樂。夏桀又設置一個酒池，一個肉林，供他和妹喜享樂。

　　大臣關龍逢不忍大王如此的沉淪下去，人民的反抗勢力也快要到鎮壓不下去的地步，決定不顧自己性命，向大王進諫，夏桀不但不採納忠言，反而大怒，把關龍逢殺了。

　　據《史記・夏本紀》載稱：「甲立，夏后氏德衰」，《國語》也說：「孔甲亂夏，四世而隕。」可具，夏朝自孔甲至夏桀，四世五十年間，荒淫亂政，便把夏朝四百年基業搞垮了。

　　正當夏桀縱情娛樂，為所欲為，忠良賢臣死的死，關的關，小人當道。未死的紛紛出走，去投靠商湯。而這時候，商湯只是夏桀管轄下的一個諸侯，被封為「西伯」的地位。

　　一個諸侯，夏桀的部屬，他能做甚麼？大王無道，臣子有權率百姓起來革命或造反嗎？

三、稱「湯」或「商湯」，又有時叫「殷商」，爲甚麼？
　　湯既然只是一個「夏伯」，是桀的臣屬，他能如何？
　　他做了哪些準備工作？

　　商族是東方夷族部落，其先祖封於商，故稱商族。又因先世曾住在殷（今河南安陽），故又稱殷族，有時通稱殷商。商族部落的活動範圍，由北而南，向中原移動，分佈在黃河中下游和山東地區。

　　商族進入中原並開始影響中原政治，開始於商湯時代。湯名履，於夏桀三十五年（前一七八四年），把湯的本族遷到亳（今山東曹縣），只有地七十里。又碰到夏桀無道，湯爲夏伯，以下犯上，以夷侵夏，須有「非常理由」才能廣獲支持。爲此，湯做了很多準備工作，可歸成四方面。

　　其一、廣佈仁德，爭取夏人支持。另一面暴露夏桀罪行，激起人民反感。如行「網開三面」政策，各方諸侯聽到都說「湯德至矣」，可見廣佈仁德是收到了宏大效果。伐桀時之「湯誓」，對夏桀罪行描述，頗能盡宣傳之能事。

　　其二、羅致賢才，以擴張自己的力量。如師聘伊尹，任以國政，重用仲虺、汝鳩、汝房等。《史記·三殷本紀》：「湯使聘之，五返然後肯往，從湯言素王及九主之事。」孟子也說「伊尹耕於野，湯聘之乃起，學焉而後臣之。」可見湯對伊尹是「五顧茅廬」才請出山的。

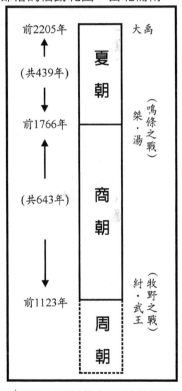

　　其三、推荐伊尹給夏桀。此舉有二個作用，一個是安夏桀的心，使他對湯沒有顧慮；一個是觀察夏政，並做爲連絡，後來孫子在兵法稱此舉是「上智爲間，必成大功」。

　　其四、以亳爲基地，次兼併中原東部與夏族相關的諸侯，如葛（河南寧陵）、洛、荊（不詳）、韋（河南滑縣）、顧（山東范縣）、昆吾（河北濮陽）等。夏桀的外圍勢力，至此全被湯所併滅（桀三十五年，前一七八四年開始征討，到桀五十二年完成，共花了十七年。）

四、現在夏桀有如一棵四百年的大樹，只是枝葉都被商湯剪除，等於在形勢上完全陷於孤立，要發動對夏桀的戰爭該是良機吧！

從商湯和伊尹的長期準備工作，可見他們是深謀遠慮，而且是很謹慎的，因為商湯知道自己是「以夷侵夏、以下犯上、以少擊多、以弱擊強」，更需要得到各方支持。所以在武力戰前，湯先發動一場政治作戰，告訴當時天下各諸侯、百姓，要推翻夏桀的原因。在《尚書》（或稱《書經》；或簡稱《書》）中有一篇「湯誓」，就是講這場政治作戰：（商湯為第一人稱向夏桀說話）

> 格，爾眾庶，悉聽朕言，非台小子敢行稱亂，有夏多罪，天命殛之。今爾有眾，汝曰：「我后不恤我眾，舍我穡事而割正夏。」予惟聞汝眾言，夏氏有罪，予畏上帝，不敢不正。今汝其曰：「夏罪其如台？」夏王率遏眾力，率割夏邑。有眾率怠弗協，曰：「時日曷喪，予及汝皆亡。」夏德若茲，今朕必往。爾尚輔予一人，致天之罰，予其大賚汝。爾無不信，朕不食言。爾不從誓言，予則孥戮汝，罔有攸赦。

中國文明的可貴在此，我們現在仍可以讀到三千七百多年前，一正一邪兩雄相爭的論戰作品，用現在的白話文解其大意：

來，聽我說，並非我小小一個諸侯就敢乘兵作亂。夏桀剝削人民，壓榨民力，課徵重稅，要受天譴。你有強大的武力，會說我湯不務農事，和你作對。人民都說你夏桀罪該萬死，我也怕天怪罪，不能坐視。你會嘴硬說，我的罪與你何干？

但你難道沒聽到人民在水深火熱中哭嚎嗎？

人民都在說，我們乾脆和夏桀同歸於盡算了！

你如果還這樣暴虐無道，不管人民死活，必遭天譴，我也很快會來找你，替天行道，不會食言。

捉拿暴君為天下百姓出一口氣，是給你最重的警告。

在《尚書》中〈湯誓〉、〈湯誥〉，及《史記·殷本紀》都有這種「替天行道」的思想，對中國政治思想影響很大。等於說推翻暴君是合理合法，合乎天道的，天道就是「民意」。

五、湯放桀的鳴條之戰，最後是夏桀敗逃，夏亡。現在
　請陳老師敘述這場戰役的經過。

　　在商湯滅了昆吾（河北濮陽）後，第二年即興兵伐夏桀（前一七六六年）。當時，夏桀都城在安邑（今山西安邑縣），商湯的都城在南亳（河南商丘）。

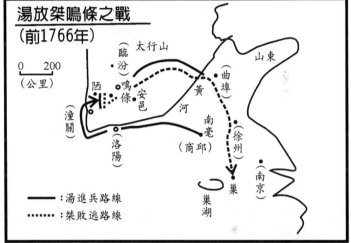

湯放桀鳴條之戰（前1766年）

0　200（公里）

臨汾　太行山　山東
陋　鳴條　曲埠
　　安邑　黃
潼關　　　　河
　　　　南亳
洛陽　　（商邱）徐州
　　　　　　　南京
　　　　　　巢
　　　　巢湖

——：湯進兵路線
┈┈：桀敗逃路線

　　商湯由都城南亳出兵西進，沿黃河南岸，利用大河之掩護使夏桀不易覺察，待至潼關附近渡河，由黃河河曲部經「陋」再轉向東，這是一個戰略大迂迴。

　　關於「陋」的位置，據考證有兩處，一在黃河河曲之南潼關附近，從陋向北渡河，此處山地，故曰「升自陋」。另一在黃河河曲部，渡河後經陋而東，後者較正確。

　　至於商湯有多少兵力可戰？歷史上只有「殷湯良車七十乘，必死六千，戰於郟，鄧自鳴條，乃入巢門。」《淮南本經》說：「湯以革車三百乘，伐桀於鳴條，放之夏臺。」以前者較可靠。

　　商湯的軍隊已到了夏桀都城（安邑）附近，桀守軍才發現，可見夏桀的昏庸無能，也顯見其軍隊守備蕩然無存。乃西出倉卒應戰，兩軍戰於鳴條大原野（在今安邑縣西），夏師大敗，放棄都城安邑，沿太行山南側向東潰逃，湯師追擊，桀師最後逃到南巢（今安徽巢縣），戰事才結束，夏朝滅亡。

　　夏商之戰，本質上是反抗非法統治者的戰爭，但也是夏夷之爭。夏朝是夏族所建立，商朝則是夷族所建立，但也可以看成中原統治者的爭戰。中國這塊地盤，似乎遠古時代開始，就是「天無二日」的地方。

六、用現代術語講，夏桀是當時國家的執政者，擁有現
　　成強大的資源與力量，又同是夏族自己人，可謂「夏
　　人治夏」。而商湯是在野者，地位只是夏桀治下的
　　諸侯，又是夷族，屬「外來政權」。為何鳴條之戰
　　夏桀大敗？反被商湯放逐？

　　鳴條之戰原是夏夷兩族間的戰爭，以弱勢在野的商湯，能推翻統治中原四百年的夏朝，應有諸多原因，分析如後。

　　其一、夏朝自孔甲以後，可能長久握權導至腐化、惡化，國勢日衰。降及夏桀，更是暴虐無道，民意不滿達到頂點，眾叛親離。反之，商湯在野，積極佈德，網羅人才，獲人民及諸侯的支持擁護。

　　其二、商湯之積極想要推翻夏政，取得「執政權」，可謂深謀遠慮，長期規劃（到放桀整整十八年）。此期間，不斷宣傳夏桀的罪狀，強調替天行道及代天伐罪的使命感，湯誓中形容人民對夏桀的討厭，有「時日過喪，予及汝偕亡」。可見商湯的「輿論、新聞、宣傳」戰，都是成功的。

　　其三、在情報工作上，開創我國歷史上「上智為間」之先河。伊尹在夏必宣傳商湯之仁德，回歸商湯後必將桀之弱點回報於湯。且對夏政之問題、地形、軍隊布署，必有所掌握，有利於商湯軍隊布署及用兵。

　　其四、商湯在政略採長期作戰和蠶食政策，逐次剪除夏之「枝葉」，以孤立夏朝，壯大自己。在野戰戰略上，採大迂迴切斷夏軍的後方退路，這又創了戰史上「戰略迂迴」首例。

　　綜觀湯之滅夏，出於長期謀畫，深謀積慮，綜合運用心理戰、宣傳戰、間謀戰、宗教思想戰、戰略大迂迴，各方面均得民心，故「外來政權」也能打敗「本土政權」，足為現代警示。中國歷史幾千年來，雖一直有「夷夏之辨」，其實所謂的外來、本土，都不是決定政權能否存在的關鍵問題，文化與民心才是關鍵。

輯　四
湯放桀武王伐紂
歷久彌堅的千年典範（三之二）

> 一、湯放桀滅夏後，成湯繼夏而為中原共主，是商朝的開始。商朝前後共
> 　維持六百多年，到最後的紂王才又被後來的周武王推翻。也就是說
> 　「湯放桀」到「武王伐紂」中間距離六百多年，兩件事卻可以並論成
> 　一件事，這也算是歷史有趣的地方吧！

　　兩件事正好距離六百四十二年，這也是商朝從開國到亡國「享壽」的年數，在古今中外國家年齡中，算是很「長壽」的，美國至今也才兩百多歲。

　　在商朝六百餘年中，其間迭有興衰，如太甲、大戊、祖乙、盤庚、武丁等帝，史家即稱「五度中興」。商朝的王權已比夏朝崇高，政治組織更為嚴密，軍事武力規模更大。商王自稱「余一人」，已有「天無二日，民無二王」之意。

　　商入主中原後，對原住民夏族採包容態度，故能取得夏族的支持與合作。此實為夏夷兩族在血統和文化上能迅速同化，及商代國力強大的原因。在殷墟的考古證明，有彩陶居下，黑陶居上兩者並存的遺跡，層次分明。說明了夷夏的文化融合，完成於商代。而商代的青銅器文化，便是夷夏兩族融合後直接產生的結果。

　　人老了會病會死，東西久了不用也壞，政權或國家久了會腐化垮台，宇宙間的一切，包含日月星辰最後也趨向滅亡，乃世間永久不變的定律。

　　商朝自二十代帝武丁卒（前一二九一年）後，國勢即轉趨衰落，到紂王（前一一五四年―一一二三年），便在分崩離析的局面中劃下悲慘的句點。

二、講到商紂王，他好像是中國歷史上最殘暴、淫惡的
暴君，是所有壞人中最壞的代表，談談這個暴君好了。

商紂王受辛，是商朝最後一個帝王，是一個窮兵黷武與善於用兵打仗的人。就他個人行為，可用淫暴二字包括，他以西伯昌、九侯、鄂侯為三公，九侯有女甚美，納為紂王妃，得罪了紂王被殺害，又將其父九侯捉來剁成肉醬。鄂侯不忍力爭，他把鄂侯捉來做成肉乾，西伯昌聽到嘆了一口氣，被判七年囚禁。

光聽這幾件事就夠嚇人了，他的叔父箕子、比干和遮兄微子啓，都是當時的賢人，比干更被尊為當代聖人。比干忠心耿耿，前往苦諫，紂王說：「吾聞聖人心有七竅，我倒要看看。」便將比干剖心而死，箕子氣瘋了，微子氣跑了。

有一天，紂王和妲己在郊外玩樂，天氣寒冷，河上結冰，有個老百姓大概窮的原因，不得已赤腳在結冰的河面上走路。紂王和妲己很好奇，以為這人的腳定有特殊結構，才這樣不怕冷，妲己更想知道原因。就把那人捉來，腳骨斫斷，叫御醫研究。

又有一次，紂王和妲己看見一個孕婦，為了想知道她肚子為何隆起來，捉來剖開肚子探究，結果母子二人都葬送了生命。

紂王就是這樣一個殘暴的人，歷史對「武王代紂」一事有兩種記載，一是正史，一是小說，《封神榜》描寫的正是這件事，小說寫的更精彩。

三、原來小說《封神榜》就是寫武王伐紂的故事，正史
　　通常較乏味，小說總較生動活潑，情節引人。那麼
　　《封神榜》上的紂王又是哪一種樣子呢？

　　就文學作品的觀點，《封神榜》的評價很高，用現代術語叫做「創意」，創新、創奇又有開創性，在中國古今數千年中，能有此種「經典級」作品，能夠突破時空限制的創新創奇，惟《西遊記》和《封神榜》。

　　《封神榜》中的紂王和正史一樣淫暴，小說描述他的淫蕩，連女媧娘娘也慘遭紂王褻瀆。

　　有一天早朝完畢，宰相商容向紂王報告：「明天是女媧娘娘的誕辰，請陛下到女媧娘娘廟上香，替人民祈福。」

　　「誰是女媧？」紂王自命不凡很不客氣的問。

　　「稟告陛下，女媧娘娘是天的守護神，當年共工氏撞倒不周山，天塌了一片，是女媧娘娘煉五彩石補天，把天補好了。人民感激女媧娘娘，就建廟供奉。」宰相商容仔細解釋，紂王同意明日前往上香。

　　次日紂王在女媧娘娘廟上香，女媧的像原是被一縷輕紗遮住。紂王上了香，突然一陣輕風吹來，把輕紗吹開了，紂王正好一眼看到女媧面容。

　　紂王像是被「電」到，被女媧娘娘的美色迷住了，立即叫左右拿來紙筆，寫一首詩貼在廟的牆上，大意說：

美麗的輕紗，精緻的木彫，青翠彎曲的遠山。
窗外還帶著雨滴的梨花，
五色的芍藥花，花枝招展，美景和在風中舞動的絲袖，
都在爭取我的讚美。
但願我能得到可愛的美人，回宮中侍樂我，
和天下君皇，共享人生的樂趣。

　　在冥冥之中，女媧已經知道自己被紂王意淫褻瀆了，她很生氣，決定要整垮紂王。她派出三隻最厲害的雌性妖精：千年老狐狸、九頭雉雞精、玉石琵琶精，變成三位絕色美女去找紂王……

　　以後的情節，許多人都讀過。

四、記得我們在講湯放桀時，提到過夏族、商族人的發
　　源興盛背景，現在周族人要推翻商族的紂王，是否
　　也介紹一下周族人的來源興起？

　　依近代考古學家在涇渭河谷所發現的地下文化遺跡，發現的陶器遺物，亦屬彩陶文化系統，其他為早期周族活動範圍，證明周人是夏族的另一支脈，故史家也稱周人叫「西夏」。

　　這也等於說周人起源於西方，武王伐紂時自稱「西土之人」，孟子也說「文王，西夷之人也。」據《史記》，周族在公劉以後始立國於邠（今陝西邠縣），從事農耕。到古公亶父時（商十九代帝小乙二十六年，前一三二七年），又遷岐下（今陝西岐山）。從古公亶父到文王，相當於商帝武乙、帝乙至紂王時期，周族勢力開始發展壯大，人口增殖，經濟繁榮，武力漸漸成長強大。

　　周族興盛也和地理條件有關，關中形勢優越，東方有崤函之險，自潼關到新安（新函谷關）三百餘里，北臨黃河，南阻崤山。南面有秦嶺，其間太白、終南、商山、大華，諸山形成南方屏障。關中平原物豐富，外有險，內可守，東向對中原居高臨下。故顧祖禹說：「關中據天下之上游，制天下之命者也。」

　　周人住在渭水流域岐山下，到周文王時建都豐邑（陝西長安），被紂王封為「西伯」。此二人，紂王一味奴役人民，西伯一味愛護人民；一仁政，一暴政，成為強烈的對比。可惜，在紂王在位的五十三年（前一一二二年），西伯去世，他的兒子發繼位為西伯，就是後來的周武王。

　　從西伯發開始，就積極準備替天行道，要推翻紂王暴政，他知道這是不容易的事，準備、創機、待機！

五、這確實是千載難逢的機會，機會只出現一次，可貴
而且危險。據歷史記載所知，武王手上有兩張「王
牌」，一是姜太公、一是周公，他們很有智慧的待
機、創機，時機一到，就給紂王致命一擊吧！

是，武王、太公和周公都隨時密切注意情勢的變化，商紂方面，雖有六百年基業，也經不住一再倒行逆施。賢能之臣，走的走、死的死、關的關，剩下費仲、飛廉、惡來等一班諂諛小人或走狗之輩。

為評估各大小諸侯，對伐紂的支持度並聽取各方意見，武王在即位第十年（前一一二四年），舉行一次「孟津觀兵之會」，地點在現在的河南孟津（亦稱盟津）。據史料所載，當時不期而會者有八百諸侯，都說「紂可伐矣」。可見天下各方都在反對紂王的暴政。

在這些準備伐紂的過程中，太公和周公對武王的幫助很大，沒有他二人，武王伐紂難有成功機會。他二人對中國數千年典章制度影響也很大，到今天我們仍勢必要行「周公之禮」，簡述二人背景於後。

太公初封於呂，故稱呂尚，原姓姜名尚，也叫呂牙，又稱太公望，因文王得太公於渭濱時說：「吾先君太公，望子久矣」。一般也叫姜太公或姜子牙，他是我國最早的軍事家、兵法家，「六韜」相傳是他的著作，據周古史考說，「呂望常屠牛於朝歌，賣飯於盟津。」《史記》上說，「太公博學，嘗事紂，紂無道去之。」不幹紂王的差事，跑到渭河畔釣魚，去賣便當、賣牛肉，沒想到給周文王請去，又助武王伐紂。

周公，就是周公旦，乃武王之弟，是大政治家。他最大貢獻是建立周代的國家規模，如創封建制度、宗法制度、井田制度及制禮作樂等典章制度。

以上二人，周公負責文事，太公負責武備，武王伐紂就成功在望了。

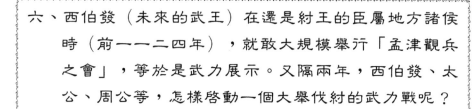

六、西伯發（未來的武王）在還是紂王的臣屬地方諸侯
時（前一一二四年），就敢大規模舉行「孟津觀兵
之會」，等於是武力展示。又隔兩年，西伯發、太
公、周公等，怎樣啟動一個大舉伐紂的武力戰呢？

孟津觀兵之年，雖有八百諸侯願意共同伐紂，但武王以為天命未到，乃又還師。也可能周之兵力尚不足夠，紂王有七十萬大軍，不敢冒然行事。不過孟津觀兵後，紂王亦未採取有效對策，不無驕盈顢頇之譏。

武王派出的人隨時在回報商紂王的狀況，最初有人回報：「壞人在朝，好人在野，商朝要亡了。」武王說：「時機未到。」又有人回報：「好人都跑光了。」武王答：「時機未到。」

最後有人報告：「現在商朝百姓都敢怒不敢言，沒人敢批評紂王。」武王大喜說：「時機到了。」

太公望解釋此種狀況說：「賢人逃亡叫做崩，百姓不敢說話必是被嚴刑峻法控制，叫刑勝。國家到這地步就快亡了，我們可以大舉起兵伐紂。」

於是，武王準備在最快時間內起兵伐紂，牧野之戰拉開序幕。這個時間是武王十三年（前一一二二年）元月六日，等於是武王為這一天已經準備了十三年。

當周文王死的時候，武王即位時還不到三十歲，經十多年整軍經武，伐紂之年也才四十歲左右之人。正是智慧成熟時，只是他和太公，周公正在傷腦筋，牧野之戰的兵力佈署當如何？如何團結天下各大小諸侯？眼前紂王有七十萬大軍，自己才四萬多兵力，要怎樣打？才能一舉殲滅商紂王的軍隊？

輯 五
湯放桀武王伐紂
歷久彌堅的千年典範（三之三）

一、武王伐紂的牧野之戰開打了，但是武王只有四萬多兵力，商紂王有七十萬兵力，想必在作戰方略和政治謀略上要有奇招，否則如何取勝？

當然，首先武王要得到各方諸侯的支持，並率兵參戰，而武王自己有兵力四萬五千人。

在軍事作戰方略上，武王君臣老早在研究兩條路線。一條沿黃河南岸東出，經崤山，渡孟津，沿太行山東麓東進（如圖解），直取殷都朝歌。另一路線，

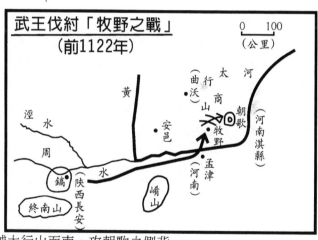

武王伐紂「牧野之戰」（前1122年）

由晉南經安邑、黎城，越太行山而南，攻朝歌之側背。

以上兩條路線，後者道路迂迴到大北方，途中多屬山地，行動不便，補給、交通多困難，雖有奇襲之利，但執行困難。前者沿黃河東出，可以和中原諸南方各部落配合作戰，各方連絡方便。為此，武王在觀兵之會後，可能已和八百諸侯有共識，正式開打時要走黃河南岸路線。

不過武王的父親（周文王）再位時，早先就把黎城（今山西黎城）滅了，可能意在發揮奇襲效果，攻擊朝歌的側背。紂臣祖伊「懼以告紂」，可見黎城的戰略地位很重要。由此也發現，想要推翻商紂王，是從武王的父親（文王）就開始。經過兩代，經營數十年，才有機會啟動伐紂之戰的。

> 二、在政治謀略上，武王又下了那些工夫，採行了那些
>   措施。當然，政治謀略通常不是開戰才拿出來用，
>   而是戰前很長久的準備過程就已經在做。

是，所以有一句話說「戰爭勝敗，決定在未開打之前」，武王的左右，一個是大兵法家（姜太公），一個是大政治家（周公旦），自然不會忘記政治謀略。流傳至今的「太公兵法：《六韜》」，正是伐紂之戰的謀略戰，節錄如下：

「因其所喜以順其志，彼將生驕，必有好事，苟能因之，必能去之。」言因敵所愛而順其志，使之驕滿。

「親其所愛以分其威，一人兩心，其中必衰，廷無忠臣，社稷必危。」言親其所愛之臣，用以分化。

「陰賂左右，得情甚深」，言賂其左右才能拿到好情報，深入知道敵情。

「輔其淫樂，以廣其志，厚賂珠玉，娛以美女。」言用金銀財寶、美女等，亂迷紂王君臣。

「嚴其忠臣，而薄其賂，稽留其使，勿聽其事。亟為置代，遺以誠事，親而信之，其君將復合之，苟能嚴之，國乃可謀。」言如何離間紂王內部僅存的少數忠臣。

「收其內，間其外，才臣外相，敵國內侵，國鮮不亡。」無能之輩把他收買，有能的臣子被離間，不亡才怪！

「賂以重寶，因與之謀，謀而利之，利之必信，是謂重親。」言重臣賂之以重寶的方法。

《六韜》中尚有〈王翼〉篇，言如何設置「耳目」、「瓜牙」、「權士」、「遊士」、「術士」、「黨翼」。用現代術語說，全面發動抹黑戰、造謠戰、新聞戰、民意戰、金錢（黑金戰）、間諜戰，用女人、重金、權力等一切方法，顛覆對手。

如此一來，商紂王縱使有七十萬大軍，想必也是高層腐化、下層腐爛，風一吹就垮了。

> 三、這麼說，武王伐紂牧野之戰打起來輕鬆多了，因為
> 　武王與諸侯的聯軍一定是勝券在握了。

武王十三年（前一一二二年）元月三日（按《尚書·武成》篇載），武王率周族軍隊從鎬京（陝西長安），沿渭水南岸、黃河南岸東出（見武王伐紂圖）。當時武王自己的部隊有戎車三百乘、虎賁三千人，甲士四萬五千人，另有庸、蜀、羌、微、彭、盧、濮等各部族兵力。

元月二十八日，周師到達孟津（見圖）並與其他部族軍隊會師，在這裡有一場誓師大會，武王作〈泰誓〉，昭告眾人，大意如次：

> 天視自我民視，天聽自我民聽。
> 受（紂之名）有臣億萬，惟億萬心；
> 予有臣三千惟一心。
> 受有億兆夷人，離心離德；予有臣十人，
> 同心同德。

二月四日（均見《尚書·武成》篇），武王軍隊及諸侯聯軍已經到達紂王都城朝歌外三十里的南郊牧野平原，另有一就是相距七十里。在這裡武王另又作〈牧誓〉一篇，以激勵各部族軍隊士氣，白話大意如下：

> 各位友邦、官兵、部族首長，各級官員：
> 今天已經是二月四日，天快亮了。
> 我左手拿的是殺敵的兵器，右手拿的是我們的兵旗。
> 我來自西方，我是西土之人。
> 各位，拿起你殺敵的武器，和我一同發誓。
> 古人說，牝雞無晨，牝雞之晨，家業就會破落。
> 今商王紂，聽信婦言，污辱祖先門風。
> 又暴虐百姓，殺害忠良，酒池肉林，縱慾亂法。
> 紂王在逆天行道，我們的天職是要推翻紂王。
> 替天行道，革命是我們的權利。
> 看！我們的部隊勇武如虎，必將敵人殺得片甲不留。

> 四、武王和部族聯軍，已經在紂王都城外三十里的牧野
> 大平原擺開陣勢，兩軍決戰開始了。

據歷史記載，紂王發兵七十萬戰於牧野平原。這場戰爭有兩個特點，一是以寡擊眾之戰，一是武王的戰車兵對紂王的步兵。

紂王人數雖多，而士氣低落，又不團結；武王人少，而士氣高昂，戰力充沛。特別是武王以戰車三百乘，以中央突破戰略，發揮很大的威力。

對於紂王爲何沒有戰車兵？歷史沒有詳明。想必商朝承平太久，武備鬆弛，或紂王荒淫過度，缺乏資金建立戰車兵（類似滿清慈禧拿建立海軍的錢建頤和園，史載紂王建有宮室、別館達數百。）

所以，武王有戰車是一大利器。太公對戰車之運用，在他的《六韜》中說：「凡用兵之要，必有武車驍騎，馳陣選鋒，見可擊則擊之。」又說「車者軍之羽翼也，所以陷堅陣，要強敵，遮走北也。」可見太公的裝甲兵戰略，已有中央突破和迂迴突擊的創意。

另按商都朝歌（河南淇縣）以南地形，平原開闊，故有「牧野」之稱，有利於戰車戰力的發揮，不利步兵。

紂王率七十萬大軍出戰，奈何部隊未戰先潰，步兵不敵戰車，兵敗如山倒。紂王登上自建的鹿台引火自焚而死，這年是西元前一一二二年，商朝滅亡。

五、武王伐紂，紂王雖死，但還有數量龐大的商族各部族，都能接受周人的統治嗎？商族原是夷人，周族是夏的一支，這兩個族群能相安無事嗎？

能否相安無事，其實看推行甚麼政策！武王攻佔商都後，有下列措施，也成為「千年典範」。

㈠ 封紂王的兒子武庚的治理原來的商族，以安撫商民。也表示征討只在弔民伐罪，推翻暴君，並非要消滅商族部落。

㈡ 釋箕子囚，封比干墓，表商容閭，以示尊重善人。

㈢ 散鹿台之財，發國庫米糧，救濟貧困。

㈣ 中原諸夏，凡響應武王伐紂，都得到分封，表示周人尊重諸夏各民族的歷史傳統。

㈤ 分封親族及功臣，如太公封在今河南南陽，以控制中原，周公封在今河南許昌。

武王雖已誅商紂，也做了許多安排，但仍感到「夜不能寐」，周公問之，武王表示尚有五個大問題，若不能解決，周的統治便很難可長可久。依《史記·周本紀》所載，五個問題如下：

㈠ 商從帝乙（紂王父親）以來六十年，畜牧不振，飛蟲蔽於田野為災，周人才有機會滅了商紂。

㈡ 周族遠在西方，不易掌控中原，必須在中原心臟地帶建立基地。由周公、尚父、叔鮮、叔度等封地，構成東方防線，才能確保中原控制權。

㈢ 為確保中原基地安全，以下的戰略要地必須據有：太行道、轘轅道、崤澠道。

㈣ 為控制以上戰略要點，該地區有叛亂要處理。

㈤ 以上屬於軍事、戰略問題都解決了，之後要偃兵戈而施文治，讓人民休息。建立好的典章制度，避免腐敗，才能避免紂王的下場。

可見武王高瞻遠矚，是有智慧的人。以後周公、成王相繼東征，就是執行武王的遺策。周朝能享國九百年，是武王、周公、太公打下的基礎，好的典章制度更是流傳至今天。

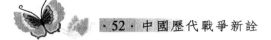

六、湯放桀的「鳴條之戰」、武王伐紂的「牧野之戰」
　　已向聽眾介紹完畢。不過此「兩案併提」在我國歷
　　史上的重大意義是甚麼？

　　　這二件事在我國幾千年歷史上，常以「湯武革命」四字流傳。歷朝歷代，當人民碰到不顧人民死活的統治者、暴君、篡位者、竊國者、腐敗政權等，不合多數人民期望的統治者，而須要以在野勢力推翻執政者時，「湯武革命」就是最好案例。

　　　這兩個案例告訴幾千年來的中國人，推翻不義不公不仁的政權是人民的「基本權利」，甚至是基本「人權」。湯武時代並有這些「吸引人的名詞」，但有這些思想，而且被人民接受，成為一種政治思想或信仰。

　　　之後，有我國古代經典及聖賢進一步為此一「事實」建立「理論基礎」。如《易經·革卦彖辭》說：「天地革而四時成，湯武革命，順乎天而應乎人，革之時大矣哉。」革就有求新求進步之意，孟子的解釋成為後世革命之典範。

　　　　　齊宣王問曰：「湯放桀，武王伐紂，有諸？」
　　　　　孟子曰：「於傳有之。」
　　　　　曰：「臣弒其君可乎？」
　　　　　曰：「賊仁者謂之賊，賊義者謂之殘；殘賊之人，謂之
　　　　一夫，聞誅一夫紂矣，未聞弒君也。」

　　　可見任何統治者，若失去仁義道德的基礎，便失民心，人人可以起來推翻他，人人可以誅殺他。而且此種行為不叫「殺人」，叫「誅一夫」；也不叫「以下犯上」，蓋誅一夫，「未聞弒君也」。這個政治思想（理論），在中國歷史上無人不知，無人不曉。

　　　另外，在軍事上的重要意義，是戰車雖商代發明，但未普通運用。武王伐紂以戰車為主力且造成決定性戰果，也是戰史上的開創。而設計以戰車為主力，是因牧野一帶是平原，有利於車戰，由此也知姜太公是懂地形、地緣和用兵的人，不愧是中國兵家的老祖宗。

輯 六

春秋：諸侯爭霸，確保中原安全（三之一）

> 一、武王伐紂，建立周朝，爲我國歷史上享國最久的朝代，據說有九百年
> 之久。所以又分成好幾個階段，今天開始有三輯，是以春秋時代爲重
> 點，首先請陳老師針對周朝先給大家做一些簡單提示。

周朝從周武王十三年（前一一二二年）建國，到周赧王五十九年（前二五六年），共享國八百六十五年，算到戰國結束，秦始皇統一天下，整整有九百年之久。

在這漫長的九個世紀中，區分三個階段：西周、春秋和戰國，後二段又合稱東周。若以權力掌控程度論，西周時代周天子權力最強，以周天子本身的力量維持天下（中原）和平與安全；春秋次之，依賴諸侯；戰國時代周天子已無能爲力，天下大亂。

三個階段的年代區分，西周從武王建國到平王東遷洛邑（今河南洛陽，前七七〇年），共三百五十一年。春秋從平王東遷到「三家分晉」（前四〇三年），共三百六十七年。戰國從三家分晉，到周赧王五十九年盡獻其十六城池給秦，是一百四十七年，算到六國皆亡是一百八十二年。

周朝享國各階段

武王	西周	武王13年（前1122年）↕ 351年
幽王死平王東遷	東周 / 春秋	平王元年（前771年）↕ 367年
三家分晉	東周 / 戰國	威烈王23年（前403年）↕ 182年
前221年戰國結束		赧王59年（前256年）周亡 （前221年）統一

以戰爭頻率看，西周最少，規模最小；愈向春秋、戰國，戰爭頻率愈多，規模愈大。

二、西周雖然是周朝最穩定，王室力量最強大的階段，
　　但為何到幽王時失國，幽王被殺，導致西周結束？
　　能造成大王朝一個時代的結束，是否可能是一場怎
　　樣的戰爭？

　　武王伐紂後兩年就死了，國家初建必然不穩定，也就是武王生前操心的五個問題（見上輯），成王和周公接續東征，政局才告穩定。之後，周公建立宗法、井田、封建三大制度，並制禮作樂，直到周宣王時代，已歷三百多年，此期間，史家認為建國發育才告完成。

　　這三百多年間，還是有小型戰爭，由於西北和西南方的戎狄苗蠻不斷入侵中原，周室也不得不南征北討，但都沒有威脅到整個王朝的基礎。

　　真正導致西周結束，只是一場「小小」的戰事。幽王時，關中發生旱災與地震，災情慘重，西戎乘機內侵，人民流離，政事頹廢。宮庭中因皇后和太子廢立問題產生內爭，其中一派聯合犬戎進攻幽王，這是一場不大的戰事，只要幽王通令諸侯便可解圍。

　　可惜，幽王過去曾以烽火戲弄諸侯，失信於人。故此次當舉烽火報警時，諸侯都不到，於是幽王被殺於驪山下（今陝西臨潼縣）。犬戎乘機大肆劫掠，且焚都城（鎬京），周室三百多年基業，盡付一炬。

　　幽王死，諸侯共立太子宜臼，是為周平王（前七七〇年）。因為鎬京（陝西長安）地近西戎，有安全顧慮，乃遷都洛邑（今河南洛陽），從此史家稱東周，也邁入一個新階段「春秋時代」。

　　由太公、周公所建立有三百年基業的西周，竟在一場犬戎劫掠的戰事，幽王失信於人，諸侯不來相救的情況下，致使西周覆亡，實在可惜。

三、是，一個王朝的統治者，因失信於人，而致失國，
真是可惜。也因此周朝進入春秋時代，此期間戰爭
頻率愈來愈多，規模也愈大。陳老師打算針對哪些
有決定性影響的戰爭，向大家介紹？

春秋時代的三百多年，可區分成六個時期
（如表），初中原諸侯已先內亂九十年，導致
戎狄荊楚入侵中原，中原危在旦夕，周天子已
無力領導諸侯，抵抗外來侵略。

春秋時代六時期	
中原諸侯內亂	（90 年）
齊桓公霸政	（37 年）
楚國北侵中原	（12 年）
晉楚爭奪中原	（87 年）
吳楚爭霸	（41 年）
中原諸侯混戰	（103 年）

為確保中原安全，整個春秋時代各諸侯乃
行「霸主制度」，故有所謂「五霸」稱號，為
各時期強大的諸侯起來領導，阻止南方荊楚北
侵中原。此種南北對抗持續到「弭兵之會」（前五四六年），才告和緩。

而「霸主制度的始建者，正是齊桓公和管仲二人，後續者有宋、晉，都曾
建立霸業，阻止楚國北侵中原。

再者，春秋時代因為井田、封建制度之崩解，諸侯相互兼併，弱小之國幾
為大國所併滅。春秋初年尚有一百六十餘國，到晚期只剩齊、魯、晉、燕、
宋、陳、秦、楚、吳、越等十餘國，略述其見於經傳者：

㈠齊併滅十四國：紀、成、譚、障、郭、項等是。

㈡宋併滅十國：蕭、徐、曹、葛等是。

㈢魯併滅十三國：極、祝、向、單等是。

㈣衛併滅八國：共、凡、南等是。

㈤晉併滅二十五國：唐、韓、溫、滑、沈等是。

㈥秦併滅十四國：召、毛、彭、杜、梁等是。

㈦楚併滅六十餘國：申、息、呂、陳、蔡等是。

四、前面提到春秋時代的「霸主制度」由齊桓公和管仲
建立，中原才沒有被戎狄荊楚入侵，這功勞是很大
的。談談他們如何對抗異族入侵，確保中原安全？

在《論語‧憲問》第十四篇中，子貢和孔子有一段對話：

> 子貢曰：「管仲非仁者與？桓公殺公子糾，不能死，又
> 相之。」
> 子曰：「管仲相桓公，霸諸侯，一匡天下，民到于今受
> 其賜。微管仲，吾其被髮左衽矣！豈若匹夫匹婦之為諒也，
> 自經於溝瀆，而莫之知也！」

孔子之意，若無管仲，我們早已被異族統治，淪為夷狄，不會成為有文明
與文化的「中國人」。可見孔子多麼推崇管仲，更可見自古以來「中國」與
「非中國」分的清清楚楚，夷夏之間沒有模糊空間。

所謂「荊楚」是蚩尤黎苗集團後裔，楚王熊渠說：「我蠻夷也。」孟子也
載：「楚人陳良為南蠻鴃舌之人。」都說明楚是蠻夷，終春秋之世，南方荊楚
尚未與中原文化融合，且語言也不同。

齊桓公以管仲為相，圖強方略以強齊為先，然後領導中原諸侯作撥亂澄清
之舉。強齊則以內政改革（政治、軍事、經濟）為基礎，欲團結諸侯，須有共
同目標，此即「尊王室，攘夷狄，繼絕世，舉廢國」之號召，簡稱「尊王攘夷」。

管仲相桓公前後四十三年，與中原諸侯有許多會盟，有伐山戎、伐狄之
戰，但規模最大者，是周惠王二十一年（前六五六年），聯合魯、宋、陳等共
九國，興兵伐楚，陳兵召陵（河南鄢城東），迫楚與齊桓公會盟。

召陵會盟並未爆發戰爭，但楚已不敢北侵中原，一時中原安全得以確保。
惟桓公與管仲相繼於周襄王十年（前五四二）謝世，宋、晉等國繼起以相同策
略，領導中原諸夏對抗荊楚。

五、能像齊伐楚「召陵之盟」，只用武力展示而不爆發
　　戰爭就能維持和平多好？接齊桓公之後，宋國如何
　　阻止楚國北進中原？

　　齊桓公和管仲伐楚「召陵之盟」，雖動用了軍事武力，但未爆發戰爭，便簽訂了和平盟約，達成戰爭目標，這是非常高明的大戰略藝術。

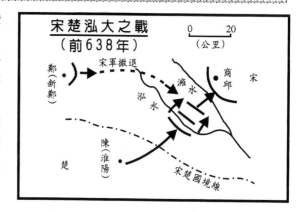

　　但宋楚的泓水之戰，雖宋國高舉「仁義」大旗，該戰不戰，觀念迂腐，終於吃了大虧。

　　齊國在桓公和管仲死後，霸業衰歇，宋國雖小，卻有機會乘機而起，為中原諸侯最強盛者。加以宋是商族後裔，宋襄公欲乘中原內虛，恢復殷商故業，彼於伐鄭時說：「如天不棄我，商可以興矣！」

　　宋楚的泓水之戰（如圖），周襄王十四年（前六三八年）春，宋襄公興兵先伐鄭，鄭國向楚求救。是年十月，楚軍伐宋救鄭，宋襄公聞楚出兵伐宋，急撤軍回國。

　　是年十一月一日，宋楚兩軍已在泓水兩岸對陣。楚軍行渡河攻擊，宋大司馬公孫固建議，乘楚軍半渡攻擊之，必殲楚軍。

　　宋襄公自命仁義之師，不乘敵人之危而圖倖勝，不同意乘敵半渡而擊。楚軍渡河完畢，開始列陣，太宰子魚建議，乘敵列陣未畢而擊之，宋襄公說，「待敵列陣完畢才開戰，合乎仁義準則。」這一仗宋國慘敗。宋軍退入都城固守，所幸天助宋軍，當楚軍渡灘水時，發生灘水暴漲，楚軍死傷不計其數，泓水之戰得以告終。

　　宋在泓水一敗，中原岌岌可危，楚國勢力急遽向北進展，不久恐將淪為「異族統治」。不意泓水戰後五年，出現另一霸主晉國，給楚國迎頭痛擊—這就是晉楚城濮之戰。惟宋襄公那種自命「仁義之師」是錯誤示範，仗不是那樣打的，「頭殼壞去」的人才那樣打仗。

六、楚國想拿下中原，似已如「探囊取物」，為何又突
　　然碰上強敵，被打得落荒而逃，「人生路上總有意
　　外」。就想現在的美國，永遠想不通為甚麼會出現
　　「九一一」這種慘狀，說說晉國是怎麼冒出來的？

　　是的，國際間正是如此，自命天下無敵者，也常在傾刻間被修理得很慘。環境在變，機會不斷的出現，有人看見，有人錯失；有人看走眼，有人一把捉住機會。

　　就在宋楚泓水戰後兩年，周襄王十六年（前六三六年），秦穆公發兵送重耳回晉國，立為晉文公。

　　重耳於周惠王二十二年（前六五五年）因晉國內亂出亡，到回國之年，計在外流亡各國達十九年。同出亡者有介之推、魏雙、顛頡、狐毛、狐偃等人。

　　晉文公是有為之人，在流亡十九年間，經歷狄、衛、齊、曹、宋、楚、秦等國，與各國君臣建立很好的關係。尤其深入了解各國政經建設和國防戰略，管仲治齊、令伊子文治楚、百里奚治秦、齊桓公霸政衰落、宋襄公敗死，及楚國如何準備問鼎中原，晉文公都看在眼中。

　　晉文公主政後，以繼承齊桓霸業，領導中原諸侯抗楚北侵為職志。仍採「尊王攘夷」為號召，但此時中國大地上仍能保持獨立，不為強楚所控制，只剩東方齊國、北方晉國、西方秦國。晉文公在戰略上，以聯齊秦兩國，合成「三強」，共同抗楚。反之，楚國的軍事重點也是對準晉、齊、秦三國，不久爆發晉楚城濮之戰。

輯 七

春秋：諸侯爭霸，
確保中原安全（三之二）

一、原先的宋楚泓水之戰，楚大宋小，戰事很快結束。但現在楚國碰上晉
　　國，是兩大國對決，加上秦、齊兩大國又和晉國結盟，這晉楚城濮之
　　戰怎麼打？先談談直接導因好了。

　　任何一場戰爭必定有其遠因和近因，絕無甚麼原因都沒有，就爆發了戰
爭。楚國決心問鼎中原，晉國決心領導諸侯捍衛中原，此基本原因（遠因），
其近因則和宋國有直接關係。

　　原來宋楚泓水之戰後，宋襄公因敗病歿，宋成公迫於形勢，不得已在周襄
王十六年（前六三六年）朝楚，楚成王也待以優厚禮遇。然宋國為殷商微子啟
後裔，在周代為賓國而不臣，爵為上公，在諸侯列國中地位最尊，竟要屈事荊
蠻楚國，宋成公也感到可恥，只是無可奈何！

　　宋成公自楚歸國，聞知重耳以秦國之助立為晉文公，回憶起晉文公流亡在
宋時，其父襄公待以厚禮，贈乘馬二十乘，又以宋大司馬公孫固與晉狐偃有舊
交。宋成公乃在周襄王十八年（前六三四年），又背叛楚國，和晉國建立起良
好的外交關係。

　　楚成王為懲宋國背叛之罪，於周襄王十九年（前六三三年），自率陳、
蔡、鄭、許聯軍伐宋，圍攻宋都城雎陽（今河南商邱）。

　　宋國被攻，宋成公派大司馬公孫固向晉文公求救，晉文公正在找機會，又
見宋國乃中原心臟地帶。晉國君臣商議後決定救宋，周襄王二十年（前六三二
年）正月（周曆），興兵救宋，遂與楚軍演成城濮之戰。

二、本來是晉楚的戰爭，現在卻把戰場拉到宋國，還是
　　苦了宋國百姓。就像滿清末年，日俄戰爭，卻都在
　　中國境內，苦了中國百姓，實在沒道理。

　　在國際上，弱國或小國經常都會吃虧，能否免於成為強者之魚肉或工具，是一種很高的政治智慧。只是在城濮之戰，許多小國都被晉楚兩強挾持參戰。就像現在國際上，很多小國為表示支持美國，派兵參與伊拉克之戰，情形相同。

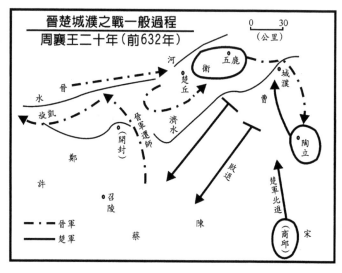

　　晉文公決定救宋，必途經曹衛，而曹衛兩小國是楚之附庸國，晉文公盤算，戰場若在宋境，則離楚近而晉遠，於晉不利。反之，若先伐曹衛，吸引楚軍於曹衛之地，則離晉近而楚遠，於晉有利。（見圖）

　　周襄王二十年（前六三二年）正月，晉軍先伐衛，正月十五日先取五鹿（河北濮陽），二月晉文公與齊昭公會盟於衛境，晉亦佔領衛國。

　　魯國本與衛國同盟，魯僖公當晉軍侵衛時，派公子買率軍援衛，及見晉軍強大，又晉齊同盟，乃召公子買率回，並殺之以謝晉國，謂其擅自進兵；又一面告楚，謂其擅自撤退，以取悅兩方。

　　三月，晉軍由衛境攻入曹國，圍曹都陶丘（今山東定陶西南），三月十二日陶丘陷，曹共公被擒，於是晉軍逼臨宋境。

　　楚成王深知晉文公能力，又擔心秦國東出攻楚之背後，並不想和晉文公正面決戰。後發現秦沒有動靜，令尹子玉已經進兵，不得已增兵繼續北進，追晉軍到了城濮。

三、楚成王似乎決心不足，想打又不敢打。現在聽令尹
　　子玉之言，增兵北進。晉楚兩軍對峙於城濮，先談
　　談兩方之兵力和部署。

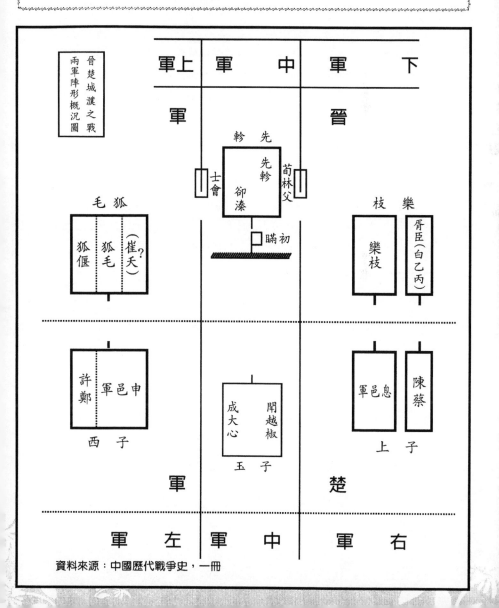

資料來源：中國歷代戰爭史，一冊

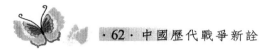

　　現在晉楚兩軍對峙於城濮（山東濮縣臨濮集），晉文公首先下令退兵一百里，蓋以報當年流亡過楚時，楚成王之厚待。

　　周襄王二十年（前六三二年）四月四日，楚軍進至城濮之南，並緊追晉軍。四月五日楚將子玉派鬥勃到晉軍請戰，晉文公派欒枝謙恭對答，雙方兵力部署如下。

　　晉國除自有上中下三軍外，秦穆公也派有援軍，因當時秦晉關係甚佳。齊昭公也派有援軍，而當楚軍解宋圍北進時，宋亦派兵援晉。故城濮會戰，晉軍方面有秦齊宋援軍，總兵力約八九萬人。晉軍部署以上中下三軍作橫陣排列，全軍裝備精良，計劃以右軍偽作後退，誘楚軍深入，而以中軍左軍夾擊之。

　　楚軍方面列成橫陣，三軍並列，齊頭並進，向晉軍做正面攻擊。楚總兵力約十一萬人。

　　晉楚兩軍對陣，晉軍先退百里，左傳有如下記錄。魯僖公二十三年，晉文公流亡過楚時，楚成王問晉文公曰：「將來何以報楚國？」晉文對曰：「子女玉帛，則君有之。羽毛齒革則君地生焉，其波及晉國者皆君之餘也。」楚成王又曰：「雖然，必有以報我？」晉文乃曰：「若能托君之威靈得返晉國，晉楚治兵遇於中原，其避君三舍。」（一舍為三十里），中國人自古講信義多麼可愛！

四、晉楚兩軍對峙於城濮南北，據悉，這是一場中原民族存亡之戰，晉國輸了，中原便要受異族統治。有些像現代的中日抗戰，假設當年中國戰敗，可能要受日本統治（成為日本的殖民地）了，城濮之戰經過，結果如何？

一、會戰初動

下軍	中軍	上軍

晉上下軍均造成敗退之狀態

上軍

③（含齊崔夭）狐毛狐偃設二旆而退

西子

中軍

④ 變換方向 中軍

祁瞞

子玉望見晉軍北奔，塵土飛揚；喜云：煙霧蔽天；晉上軍果敗矣。即令左軍奮勇攻擊前進。

玉子

⑤ 楚師攻擊

下軍

①胥臣（含白乙丙）蒙馬以虎皮先犯陳蔡，胥臣斬蔡公子印

②樂枝以車曳柴偽遁〔目的在驚駭陳蔡而奇襲之〕〔目的在利用風向與塵土製造煙幕，一以誘致楚軍，一以掩護決戰方面之行動〕

上子

陳蔡奔

左軍	中軍	右軍

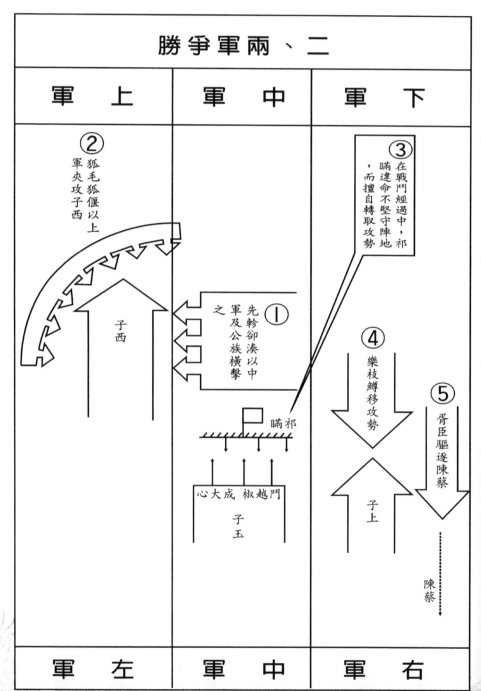

三、擊敗楚軍

上 軍	中 軍	下 軍

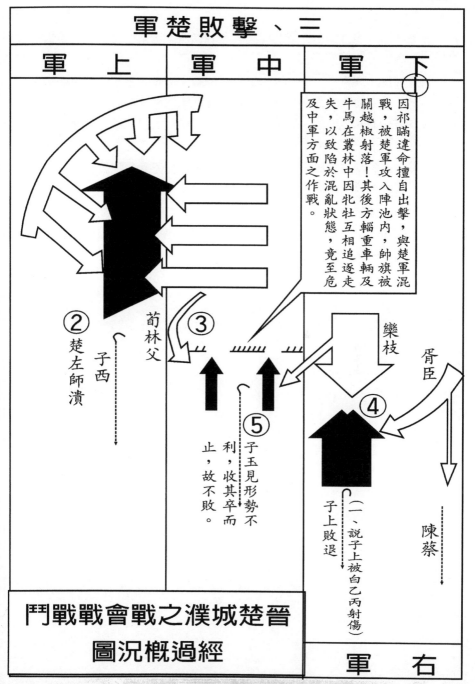

因祁瞞違命擅自出擊，與楚軍混戰，被楚軍攻入陣池內，帥旗被關越椒射落！其後方輜重車輛及牛馬在叢林中因牝牡互相追逐走失，以致陷於混亂狀態，竟至危及中軍方面之作戰。

② 楚左師潰

子西

荀林父

③

⑤ 子玉見形勢不利，收其卒而止，故不敗。

樂枝

胥臣

④

子上敗退

（一、說子上被白乙丙射傷）

陳蔡

晉楚城濮之會戰戰鬥經過概況圖

右 軍

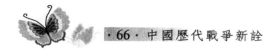

　　晉楚兩軍一字排開，對峙在城濮，和我們看電影上古羅馬時代兩軍作戰場景相同，過程可圖解如次。

　　四月六日（周襄王二十年），兩軍接觸時，晉軍左翼下軍胥臣部，以虎皮蒙在馬上，首先衝擊楚軍右翼之陳蔡軍，陳蔡軍潰散。同時欒枝之部，以多數車輛拖曳樹枝而馳，揚起沙塵滿天，利用冬末春初的東北風，猛烈吹向楚軍，楚軍右翼目視不清，失去方向而潰散。

　　晉軍右翼設兩面大旗，當與楚軍接觸時，佯作不敵後退以誘楚軍深入，楚子玉軍以為晉軍真的不敵，深入追擊，受晉軍夾擊而潰散。

　　楚子玉（楚軍指揮官）戰敗只好還師，回程半路上收到楚王傳令責之，「子弟兵在你手上折損過半，有何面目見江東父老？」子玉憤而自殺。

　　晉文公聽到戰果說：「今後中原可以安定了。」

五、晉文公是個了不起的人，他在外流亡十九年，才在秦國協助下復國，竟能在極短時間內使晉國成為富國強兵的國家，領導中原諸侯，他的成功之道一定是一種很寶貴的經驗，陳老師認為呢？

晉文公的建國治軍，在中國歷史上是奇蹟，但也不能完全解釋成奇蹟。若無他的用人唯才，奇蹟也不會發生，所以「富國強兵」之道，還是得回到「基本面」：用人唯才。

晉文公流亡十九年，復國後不到一年，就能獨力勤王，討殺王子帶，安定周室。到城濮之戰，也才復國四年，短短的四年，竟能培養出如此強大的實力，一戰敗楚，成為中原諸侯領袖。吾人試以春秋時代各明君賢相建國治軍成就作一比較：

齊桓公用管仲，治齊三十年，國富兵強，九合諸侯。

秦穆公用百里奚，治秦二十年，國富兵強。

楚成王用子文，治楚三十年，力足以侵凌中原。

晉文公用狐偃，治晉四年，擊敗楚軍，稱霸諸侯。

以上比較，可見晉文公治績，較之齊桓公、秦穆公或楚成王，有更多的超越。綜觀晉文公成功之道，在修明政治、廣用賢才、整飭紀綱、弘施教育、發展經濟、恤困救貧、崇尚儉樸、敦厚習俗，特別是任用賢能，率先守法，更是成功之道中最要緊的兩項。

歷史是一面鏡子，用照現在的主政者，把權力當玩弄以逞私欲，任用聽話的，唯走狗是用。領導人帶頭違法亂紀，教育以意識形態為本，把人性黑暗貪婪鬥爭的本質，發揮到極限，社會便成叢林，弱肉強食。

六、城濮之戰事關中原民族存亡，戰後的各國是否造成
　　重新「洗牌」效應，在中國歷史發展的重大意義是
　　甚麼？

城濮之戰後，擊破瀰漫整個中原的一股「失敗主義」，把荊楚壓迫在桐柏山、大別山以南地區，使中原回復安定之象。原先中原諸國有魯、曹、衛、陳、鄭等國，都已成楚之附庸國，現在又回歸中原，聽從晉國之領導。

是故，城濮之戰為春秋之世中原諸侯抵抗異族入侵，中原民族存亡之一戰也。假設晉軍在城濮戰敗，則中原自黃河以南，原已臣服於楚；且將越過黃河，全部臣服於荊楚的統治。近代史家也認為，城濮之戰若晉敗，則南蠻荊楚統一中國，而中國歷史將全部改觀。

此一戰之勝敗，所改觀者不僅是政治與歷史，文化也將改觀。若楚在城濮為贏家，則南方或海洋文化可能是中國文化的主流，而不是中原文化或所謂「華夏文化」。海洋文化可能使中國提早產生工業文明，工業化與現代化可能從中國開始，而不是英國。

楚之戰敗，終春秋之世也仍是強國，只是並沒有能力侵吞中原。數百年間楚國只好不斷接受中原文化，且逐漸被中原民族所同化。

就軍事上的檢討，楚之戰敗有以下數端，第一楚國的戰場指揮官（子玉）犯了怒而興師，慍而致戰之過。第二是驕兵輕敵，第三楚成王的政治智慧和軍事戰略遠不如晉文公。

晉楚這種局面可以維持多久呢？才不過三十五年後（前五九七年），晉楚又有一場大戰—邲之戰。

輯 八
春秋：諸侯爭霸，
確保中原安全（三之三）

一、上一輯我們講到晉楚城濮之戰，楚國戰敗，再也沒有能力侵凌中原，為甚麼中原安定才維持三十五年，晉楚又爆發戰爭，中原又再度受到異族入侵的威脅？

就廣義來看，不僅春秋時代，這幾千年來的戰爭，大致不外爭「中原盟主」的地位。誰是中原盟主，誰便能號令天下（中國）。晉楚城濮之戰，楚國戰敗，中原以為從此可以安定，沒想到才維持三十五年，荊楚又要北侵中原，考其原因不外下列各項。

㈠ 晉國從晉文公死後，國勢日衰，到了晉景公時，因年幼由荀林父為卿，林父優柔寡斷，無統御全局之能力。政局如一盤即將垮台的「海砂屋」，當時楚令尹孫叔敖形容，「晉之從政者新，未能行令。其佐先縠，剛愎不仁，未肯用命。其三帥者，專行不獲。聽而無上，眾誰適從。此行也，晉師必敗。」

㈡ 晉楚之戰後五年，晉秦也為爭霸爆發殽函之戰。所謂「殽函」，就是函谷關（今陝西靈縣西）東西各八十公里地區，全長東西約一百六十公里。此處是秦國東出中原必經之地，殽函之戰秦國戰敗，便處心積慮要「聯楚攻晉」。

㈢ 當時國際上的第四強齊國，因也對晉有威脅。晉乃聯合宋、衛、蔡、鄭、許、曹等國伐齊，但連續兩次準備伐齊的會盟，都被齊國用賄賂收買的方式，讓晉國沒有啟動伐齊之戰（因晉內部主戰派被齊收買）。晉國於是信譽掃地，各小國紛紛投向楚國。楚國壯大，晉國衰落，秦楚結盟，小國投向楚國，楚國又燃起問鼎中原的雄心，因而又有晉楚邲之戰。

二、據聞，晉楚兩軍開戰，但戰場卻在鄭國地區，難不
　　成又是大國開打，小國倒霉。先談談晉楚兩強在鄭
　　國的爭奪戰吧！雙方又如何佈署？

　　鄭國的位置如圖，正好位在晉楚之間，爲楚國北進中原與晉國阻楚北進的中間地位，是一塊雙方必爭的戰略要地。

　　當時鄭國的位置和處境，很像現在的台灣。美國要稱世界盟主，必須控制台灣；中國想在二十一世紀開始「富國強兵」，成爲世界之強國，也絕不能丟掉台灣。何況台灣本是中國之一部份，正如鄭國是中原的一分子。所以，晉楚邲之戰，就是在控制鄭國的爭奪戰。未來若中國和美國爆發戰爭，必然只是控領台灣的爭奪戰。

　　楚軍以孫叔敖爲統帥，下分三軍。於周定王十年（前五九七年）春，興兵伐鄭，至是年三月，鄭襄公降於楚。爲示不叛，以其弟子良爲質於楚。

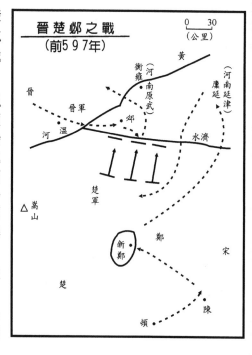

晉楚邲之戰
（前597年）

　　楚軍再移師北向，駐軍於廩延（今河南延津），爲封鎖黃河渡口，阻晉軍南下。不久再移師向南，在濟水南岸列陣，準備與晉軍決戰。

　　晉軍以荀林父爲元帥，下有三軍。因鄭已降於楚，救鄭不及，形成內部有主戰派和主退派的爭執。元帥荀林父認爲救鄭不及，不如等楚軍南歸再伐鄭，可以恢復對鄭的控制權，又可不與楚軍正面對決。上下兩軍都同意，只有中軍反對，其指揮先縠說：「聞強敵而退，非大丈夫也，三軍之帥非大丈夫，不足與謀。」自率所屬與楚軍戰。

　　因而又有人向元帥說：「先縠陷敵，元帥之罪也，不如全師前進，戰不勝，大家可共同分擔罪過。」荀林父認爲有理，乃全軍渡河，在邲（見圖）佈陣。

> 三、開戰之前，晉軍內部就形成分裂，元帥也沒有能力
> 統御所屬。對晉國而言，想必不樂觀了，結果如何？

　　晉楚邲之戰經過如上圖，雙方兵力各有三萬六千多人，共計不超過八萬人，在邲（衡雍西南）南北展開列陣。戰鬥過程分兩階段，首先是「口交」，其次是兵戰。

　　「口交」在古代戰爭本來是正常程序，通常是武力戰前的一段政治作戰，也有探測對方虛實的用意。邲之戰的「口交」過程深值「觀賞」。

　　首先楚軍策動鄭襄公派使者告知晉軍，說只要晉軍發動攻勢，鄭國一定響應，楚軍必定大敗：

> 鄭之從楚，社稷故也，未有貳心，楚師驟勝而驕，其師
> 老矣，而不設防。子擊之，鄭師承其後，楚師必敗。

　　晉軍對鄭襄公的勸戰與忠誠表態，產生了兩派不同主張。一派以先穀為首，力主決戰，藉以敗楚服鄭；一派以欒書為首，認為鄭襄公不可信。而元帥荀林父則在兩派間，猶豫不決，拿不定主意。

　　正當晉軍前方指揮官拿不定主意時，楚國的另一波「口交」指向晉室，派策士言於晉景公，表示此次楚軍行動僅承先王遺訓，在安定鄭國而已，並不敢開罪於晉，晉軍大可撤回，因為楚軍也不想和晉軍正面交鋒。

　　經使者來回「口交」，楚國已然明瞭晉軍內部紛歧，楚莊王再進一步派外交人員卑詞向晉國求和，使晉軍更加驕傲，同意了楚國的求和。正當要簽訂和約之際，楚軍又派出一少部兵力挑戰晉軍，此舉在擾亂晉軍之判斷。

　　晉室與晉軍上下果然亂了陣腳，原先內部已經意見紛亂，現在是和是戰更是一團迷霧，兵戰怎麼打得下去？一場戰爭怎樣贏的？怎樣輸的？必定有原因。以古鑑今，道理相同。

> 四、這麼說晉楚邲之戰，晉軍一定慘敗了，總得向聽眾
> 交待一下兵戰階段的經過和戰後狀況。

　　當楚軍派出小部隊襲擾晉軍時，晉軍也做出反應，派一小部兵力襲擊楚軍。孫叔敖向楚王建議說，「寧我迫人，無使人迫我。兵法云，先人有奪人之心，迫之也。」乃下令楚軍全面進攻。

　　另一方面晉軍元帥荀林父，因已答應楚軍求和，正等待楚國派人來簽訂和約，卻突然見楚大軍壓境，如潮水般湧來，原先準備不打仗了，因而兵敗如山倒。

　　晉軍後有黃河，為鼓勵全軍能順利撤回黃河北岸，乃下令「先濟者有賞」。然晉軍並無渡河準備，據歷史記載，全軍向黃河岸潰敗（如圖），潰不成軍，爭舟渡河，未得船者，蟻附船緣，圖攀援以渡，船隻因而不能開行。船上兵士亂中揮刀，斷臂斷指者紛紛掉入河中，死傷不計其數。

　　周定王十年六月十六日夜，晉軍已北渡撤走。楚軍佔領邲地區，楚莊王在這裡祭黃河並築宮室，雪往昔城濮戰敗之恥，以威服中原諸侯。

　　邲之戰，楚即戰勝，楚莊王遂進而作控制整個中原打算，下一個目標是宋國。周定王十二年（前五九五年）秋九月，楚興兵伐宋，宋向晉求救，晉無力救宋，楚國北侵中原之勢力，至是達到頂峰。

　　二十二年後（前五七五年）晉楚又有一場鄢陵之戰，晉國又爭回了面子。

五、晉楚邲之戰，晉國戰敗，但二十二年後晉楚的鄢陵
之戰，晉國又戰勝，可見晉之衰落是一時的。晉之
圖霸復興，確保中原，維護周室尊嚴，是依然有望的。

　　是大有希望的，晉國霸業復興乃從邲戰失敗開始，晉景公奮力圖強，興兵併滅赤狄是邲戰後的第一戰，後與齊、秦、楚等國戰都取得勝利。晉之霸業一直持續到厲公、悼公，以至頃公、定公時代，前後八十餘，此期間持續下面的戰略。

　　㈠ 併滅赤狄，驅逐白狄，領土東擴至黃河北岸。
　　㈡ 擴張軍備，以實力控制諸侯，扶助親近者。
　　㈢ 爭取齊國，以謀打擊齊楚連繫。
　　㈣ 爭取吳國，用吳制楚。（數十年後始有孫子伐楚。）
　　㈤ 離間秦楚，以謀孤立楚國。

　　在晉楚鄢陵之戰前，晉齊有鞍之戰（周定王十八年，前五八九年），晉軍勝，齊軍敗。晉秦有麻隧之戰（周簡王八年，前五七八年），晉也勝，秦軍敗。

　　麻隧之戰後才二年餘，晉楚就爆發了鄢陵之戰。為何如此快又爆發戰爭？這其實是晉國霸業中的戰略規劃。當上項戰略進行到第五階段離間秦楚時，晉國先用和楚手段拆散秦楚聯盟，使秦陷於孤立無援，而後以諸侯聯軍擊敗秦軍於麻隧。最後一幕，乘秦新敗，擊破孤立無援的楚國。

　　所以，晉楚鄢陵之戰，是晉國圖霸戰略的最終目標。晉國希望經此一戰，楚國永無進犯中原之能力，而中原也能永享太平。這一戰兩國動員兵力都很大，幾乎是國家戰力的總決，非常精彩。

六、現在我們就來看看晉楚鄢陵大戰，其戰前佈署、經
　　過和結局如何？

　　先看雙方之兵力編組，在晉軍方面：

　　統帥：晉厲公

　　中軍、上軍、下軍、新軍、公族，以中軍欒書為元帥。計晉軍兵力有兵車五百餘乘，兵數約六萬人。另有齊、魯、宋、衛等諸侯軍約六萬人，晉方總兵力約兵車千乘，兵數十二萬人。

　　在楚軍方面：

　　統帥：楚共王

　　中軍、左軍、右軍、王族、鄭軍、以中軍司馬子反為元帥，總兵力兵車五百三十乘，兵數九萬三千五百人。

晉楚鄢陵之戰
周簡王十一年（前575年）
0　50（公里）

（會戰結束後諸侯軍始到達）

—— 楚軍
—— 晉與諸侯聯軍

　　晉先伐鄭，楚為救鄭。周簡王十一年（前五七五年）六月二十九日晦晨，兩軍早已對峙在鄢陵（今河南鄢陵）地區，雙方指揮官都在找尋出襲時機。在對峙過程中，晉軍發現楚軍有六項缺失：㈠指揮官（子反和子重）不和；㈡楚軍多老疲之兵；㈢鄭軍列陣不整；㈣蠻卒隨軍而不能列陣；㈤晦日列陣（陰曆月底）；㈥陣中秩序混亂。晉軍乃在六月二十九日午時，向楚軍進攻。

　　這一天打到黃昏，不料楚王在亂軍之中左目中箭受傷，楚軍惶恐大亂，楚王不得已收兵，準備明日再戰。召戰場指揮官（子反）研究明日作戰，當夜子反飲酒已醉，楚王只得連夜撤軍南走，半路上子反受楚王責備而自殺。

　　晉國霸業之成功，關鍵在戰略正確，尤其聯齊聯吳最是高著，使晉國霸業前後維持八十多年。

輯 九
春秋：「弭兵之會」到春秋結束

一、在前幾輯中，我們談了許多春秋時代的戰爭，從最初的蠻夷戎狄之戰、齊桓公霸業等，一路打下來，到晉楚鄢陵之戰，已經打了兩百年，才使荊楚無力侵犯中原。春秋晚期的一百多年，人民應有好日子過吧！

是的，不打仗了，至少人民的日子可以好過些。春秋時代的三百六十七年間，從周平王東遷（前七七一年）到晉悼公霸業結束（前五五八年），計兩百一十三年，此期間大多在戰爭。想不到周靈王二十六年（前五四六年）的一個「國際和平條約」，使得春秋時代到結束爲止，還有一百三十四年，中原和荊楚之間竟沒有戰爭，維持很好的和平關係。

這種召開一個「國際和平會議」，就能維持一百多年的國際和平，不論在中國或西方歷史上，都還算唯一的奇蹟。到底這是怎樣的一個國際會議，深值現代人再重新回顧。

這個國際和平會議史稱「向戌弭兵會」，或簡稱「西門之盟」、「西門盟約」等，性質有些像近代國際間，海牙和平會議、國際聯盟或聯合國的功能。弭兵並非「去兵」之意，而是一種國際休戰運動。乃國際間經大約兩百年的長期戰爭之痛苦，人民、政府、政客、軍人全都打仗打怕了，所自然發展出來的休戰行爲。只是沒想到這一休，便休了一百四十餘年，等於中原的中國子民過了一百四十年的和平安定日子。

當然，這必然是一個了不起的和平條約，其倡導與支持者乃本於人道主義的基本信念，才有可能完成此種人類史上的壯舉和創見。

二、能讓國際和平維持一百四十年，確實是人類歷史上
的奇蹟，縱使是現代號稱「文明」的世界也辦不到。
這是一個怎樣的會議？誰發起？背景是甚麼？

　　這個兩千多年前的國際和平會議，當時叫「弭兵之會」，爲宋國左師向戌
所發起，召開於周靈王二十六年（前五四六年）。會議地點在宋國都城睢陽
（今河南商邱）之西門外，故歷史上也稱「西門之盟」。

　　主盟者爲楚令尹屈建和晉卿趙武，會盟者有晉、楚、齊、衛、魯、曹、
宋、鄭、許、陳、蔡、滕、邾等十三國，惟秦國未加盟。

　　形成弭兵之會的社會背景，是打了二百年仗，大家都累了。特別是宋國和
鄭國，乃中原之心臟地區，晉楚每次大戰都爲爭中原盟主，兩國之國土，迭爲
戰場，屢被兵甲。此種情形，就像日俄戰爭，苦了中國東北百姓。於是，宋國
左師向戌發起諸侯弭兵之會，希冀諸侯暫時休戰，勿動干戈了。

　　向戌的靈感來自三十多年前，周簡王六年（前五八〇年）冬，宋華元如
晉，又如楚，促成晉楚兩國於次年（前五七九年）簽訂短暫的休戰條約，地點
也在西門外。

　　而現在向戌比三十多年前華元，有更多有利促成休戰的條件，時機和環境
也成熟了。且向戌和晉卿趙武，及楚令尹屈建（子木）都有良好私交，向戌登
高一呼，諸侯列國群起響應。

　　晉楚在會前仍有諸多「信心危機」，向戌發揮堅忍之精神，奔走兩方予以
克服。和平條約終於簽訂，爲中原帶來一百四十年的和平日子。

三、弭兵會盟的主要內容是甚麼？其影響層面除和平之外，有哪些更深入的社會或政治影響？

弭兵會盟的主要內容是休戰，大家弭兵息戰，會中並約定晉楚兩方所屬之盟國，對晉楚兩國均有朝聘之義務。故盟約生效後，產生以下效應。

㈠ 楚之盟國，如陳、蔡之君，均朝於晉。

㈡ 晉之盟國，如魯、鄭之君，亦均朝於楚。

㈢ 楚康王之喪（前五四四年），各陣營都參加葬禮。

㈣ 宋國有災（前五四三年），列國共謀救濟。

㈤ 楚令尹公子圍聘於鄭，且娶公孫段氏。

㈥ 晉平公娶齊女少姜為夫人，少姜死，續娶齊女。

以上不過列舉六端，此期間互相朝聘慶賀及弔祭，頻仍不絕。用現代術語說，國際間不僅不打仗了，而且相互「通婚、通商、通航、通郵」。

似乎一切都這麼美好，其實世間事有一利必有一弊，這就是佛法所說「世間法都是相對法」的道理。列國雖弭兵息戰，卻產生下列「負作用」。

㈠ 中原諸侯之團結，即因外無敵國，逐漸鬆散解體。

㈡ 各國君主即不用建軍備戰，也逐漸耽於驕奢逸樂。

㈢ 各國大夫趨於兼併土地，擴大封地。

這三點只是普遍現象，遂造成春秋末期（弭兵會後）中原諸侯混亂，君弱臣強之局面，昏君在上，強臣在下。依史所載，舉例如次。

㈠ 晉作銅鞮之宮，方數里（離宮，在今山西沁縣）。

㈡ 魯襄公仿楚王宮殿，作楚宮，每日享樂死於宮中。

㈢ 楚靈王作章華之臺（離宮，在今湖南華容）。

以上也不過舉其大端，孟子所說「無敵國外患者國恆亡」，就是指這段史實。荊楚北侵中原，使中原民族團結，戰鬥力增強；而弭兵之會後雖無戰爭，反促使中原諸侯腐化崩潰，最後導致內亂。此真孟子所謂生於憂患，死於安樂也。

四、戰爭使人（國家或政府）堅強團結，和平卻反而使人腐敗，內亂與分裂。但兩者受害的都是人民，弭兵會後，中原處於休戰狀態，但南方卻爆發了吳楚、吳越戰爭，為甚麼？

南方的戰爭其實是晉楚中原爭霸的戰略轉移，是一種很高明，且持續百餘年的戰略運用。可謂戰略運用的極致，看右圖的地緣戰略關係就一目了然。

首先登場的是吳楚戰爭，早在晉景公時代，其圖霸方略中有聯吳攻楚之計，乃派楚國逃亡到晉國的申公巫臣到吳國，助吳建軍備戰，設計伐楚戰略。

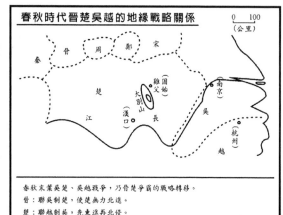

春秋末葉吳楚、吳越戰爭，乃晉楚爭霸的戰略轉移。
晉：聯吳制楚，使楚無力北進。
楚：聯越制吳，先東進再北侵。

吳楚初期戰爭始於周簡王二年（前五八四年），前後歷六十年，大小戰爭十八次。

到周敬王元年（前五一九年）吳楚爆發「雞父之戰」，吳軍勝，楚軍敗。但無論如何？吳國的勢力始終不能越過大別山南北之線，無法對楚國造成決定性的傷害。

本文提到申公巫臣這個人，本名屈巫臣，封於申，故稱申公。以貪愛夏姬美色相偕逃晉，又以報楚誅族之仇，為晉使於吳，以設計吳伐楚。

原來夏姬在陳國，和國君及二位高級官員都有超友誼關係，夏姬子夏徵舒暗殺了國君。楚莊王討陳國，誅夏徵舒，莊王見夏姬美艷，欲納為妃，巫臣及眾臣都反對。莊王便把夏姬賜給將軍連尹襄老。可惜，晉楚邲之戰時，連尹襄老戰死在鄭（今河南鄭縣），巫臣策動夏姬到鄭迎靈，巫臣亦到鄭，帶著夏姬逃到晉，原來此二人早有戀情。

巫臣在楚的族人被誅，他要求晉景公讓他出使吳國，晉景公正需要一個聯吳制楚的人才。對晉之國家利益而言，申公巫臣是「天上掉下來的禮物」。

五、晉國雖聯吳制楚，惟吳是小國，六十餘年間大小戰
　　爭不斷，始終對楚國沒有構成威脅。為甚麼最後吳
　　伐楚，佔領楚都郢城，楚險些亡國？

　　吳楚爭戰六十餘年，最後在周敬王十四年（前五〇六年），吳軍伐楚，楚軍敗，楚王出逃。第二年靠秦國的幫忙，合組秦楚聯軍才又復國，是對楚建國數百年來最嚴重的打擊。檢討吳伐楚成功的原因不外以下幾項。

　　第一、晉聯吳制楚大戰略的成功，而吳堅持執行此一戰略達七十年之久也不簡單。古今中外我們可以看看，有哪些國際大戰略是可以維持進行五十年以上的，圍堵政策、模糊戰略、相互保證毀滅，及「向戌弭兵會」等，都是歷史上的典範。

　　第二、成敗與富國強兵惟人才是賴，就吳楚比較，勿論國力、人口、兵力、開發程度，吳都是弱勢者。整體的比喻，吳國有些像二十世紀初的日本，一身是膽，亟思擴張之道；楚國則像當時的滿清，大而無用。此時，吳國來了兩個人才，一個是人類歷史上唯一的兵聖孫武，一個是大政治謀略家伍子胥。

　　第三、強大的楚國，原本有問鼎中原的雄心壯志，為甚麼到了春秋末葉成了「遜清」？這當然和統治者有直接關係。原來當時楚平王是個唯我獨尊又聽信小人的君王，殘暴無能，殺害忠良（伍子胥的父兄都因楚平王昏庸被殺），情形有些像現在的漢奸李登輝，留在身邊只是一批奴才走狗，忠良之士被殺的殺、關的關、逃的逃。如此，不論多大的國土人口，都是沉淪、沉淪、沉淪，外力只是讓他垮台的「最後一根稻草」，此種例子真是史不絕書。

> 六、春秋結束之前還有吳越戰爭,最後「三家分晉」,
> 　為春秋劃下句點,才邁入戰國,陳老師說說這精彩
> 　的「吳越春秋」吧!也為春秋時代做個小結。

　　「吳越春秋」在春秋末葉是很精彩的一段收尾,歷來有地方戲曲、小說、電影、電視、舞台劇等,每個時代有不同的表現方式。劇中人如吳王夫差、越王勾踐,奸臣伯嚭,忠臣伍子胥、范蠡、文種等,把善惡忠奸表現得叫人終生難忘。因為這段故事在民間流傳已久,而且盛行,故此處不再重複。

　　春秋的結束是以「三家分晉」之年為準,原來晉國從向戌弭兵會後,逐漸漸形成君弱臣強(各國皆然)局面。到晉定公時代,政由六卿,乃政府中的六大派系:

　　范氏:范獻子士鞅、昭子士吉射。

　　中行氏:中行文子荀寅。

　　趙氏:趙文子武、簡子鞅、襄子無恤。

　　韓氏:韓宣子起、簡子不信、康子虎。

　　魏氏:魏獻子舒、襄子曼多、桓子駒。

　　知氏:知文子荀躒、襄子智伯荀瑤。

　　六個派系不斷鬥爭兼併,到周定貞王十六年(前四五三年),剩下韓、趙、魏三家主持晉政,史稱「三晉」。這個局面又維持了五十年,到周威烈王二十三年(前四○三年),周天子封韓、趙、魏三家為諸侯,戰國時代由此開始啟動。

　　春秋時代是中國文化奠立基礎的時代,學術上百花齊放,「九流十家」的開山祖,大多在春秋。

輯十
戰國：六國合縱
對秦連橫

一、今天開始講戰國時代的戰爭，前面講春秋，戰爭已經夠多，戰國恐怕
更多，且規模更大、更慘烈。然而，統一的大帝國卻在這個大時代中
誕生，到底戰國是怎樣的時代？

戰國時代從「三家分晉」（前四〇三年），到秦始皇統一中國（始皇二十
六年，前二二一年），共有一百八十二年。戰國初期因「三家分晉」，形成
「七強」，有韓、趙、魏、秦、楚、齊、燕，而以魏國最為強大。

初期七強之君分別為韓景侯、趙烈侯、魏文侯、秦簡公、楚聲王、齊康公
及燕閔公。魏國即為七強之首，戰國初期五十年間（前四〇三年－前三五四
年），便是魏國的天下。魏衰落後，齊接著稱霸（前三四一年－前二八五年）。

在齊魏稱霸期間，兩國有桂林之戰（前三五三年）和馬陵之戰（前三四一
年），兩次戰役魏軍全敗，魏國從此不振。這部份在作者另著「中國四大兵法
家新詮」時已講過，不再贅述。

齊魏稱霸後，便是六國合縱抗秦與秦併滅六國，這段戰爭乃戰國最精彩，
且為中外戰史上津津樂道，永遠鮮活的故事。到底六國是怎麼被一個個「吃
掉」，六國之中任何兩國團結起來，便能聯合打敗秦國，這終究只是「假設」。
六國既然都無力抗秦，從另一面看，就是小小秦國是怎樣強盛起來的？又如何
吞滅六國的？

在中國歷史上，儒家思想與政策向來是主流。但秦的強盛與統一，用的卻
是法家治術，所以二千多年來儒法之辨也從未間斷，因為秦的強盛是很大的誘
因。證明「富國強兵」（管仲以後法家的理想），只有「法治」行之為最快途
徑，儒家則多所不足。

秦的祖先非子，嬴姓，善於養馬，事周孝王（前九〇九年―前八九五年）。
因功封邑於秦亭（今甘肅隴西秦亭），號「秦嬴」，周幽王之亂（前七七一
年），以勤王有功，始封為諸侯，如此傳了數百年。

到秦孝公時（周顯王八年，前三六一年立），用商鞅變法，開始發奮圖
強，準備問鼎中原，統一中國（當時中原民心希望有強者出而統一）。從秦孝
公即位到秦始皇統一中國，共花了一百四十年，歷七個君王，貢獻最大的有
三，秦孝公建立制度基礎（用二十三年），秦昭襄王掃平六國（用五十六年），
最後秦始皇併滅六國（用二十五年）。可見國家發展乃百年基業，千年基礎，
如台灣之現狀，再不出幾年便給李登輝、陳水扁這些「黑心政客」玩垮了。

話回到秦孝公，即位第二年就啟用當時的法家政治家公孫鞅（封於商，也
叫商鞅）。商鞅變法是中國歷史上最偉大的政治改革，而且是唯一成功的一次
變法改革。簡約歸納要點如下：

㈠嚴密人民組織，鞏固社會安寧。徹底做到「里鄉守望相助」，「令民為
什伍，而相收司連坐」。

㈡養成勇於公戰，怯於私鬥之風。制定爵位二十級，富貴榮祿必出於公
戰，私鬥（打架鬧事）必有重刑。

㈢制定兵役、訓練、徵調制度。男子二十三歲當兵，役期二年，退役編成
後備兵，五十六歲解除兵役。

㈣獎勵生產以富財源。如怠惰不事生產而貧者，公家收其妻為奴婢；改過
努力致富者，再回復原來身份。

㈤厲行法治，「王子犯法與民同罪」，一切依法重刑重賞是法家的重要主
張。

其他還有劃分秦國三十一縣，統一政令；廢井田，行土地私有制；統一全
國度量衡，使經濟制度趨於統一。變法十年，道不拾遺，山無盜賊，夜不閉
戶，民勇於公戰而怯於私鬥。秦軍遂戰無不勝，攻無不克，冠於六國。數年間
伐韓、伐魏都取得大勝利，齊魏馬陵之戰更是打開了東出中原的門戶，從此六
國不安。

三、一隻猛虎從中原之西方邊陲，就要進入中原，如陳
　　老師所言「六國從此不安」。但那六國君臣總不可
　　能坐以待斃吧！總得想想辦法。

　　六國「合縱」抗秦為蘇秦所倡導，「縱」者，乃六國的地理位置正好在秦的東方成一縱線，合縱即南北縱線聯合起來對抗秦國東出中原。

　　蘇秦者洛陽人，少學於鬼谷子「外交系」（他和張儀、孫臏、龐涓四人為同學，同為鬼谷子學生。）初至秦，說秦王以兼併天下，統一中原之策略。時秦惠王未之用，乃遊說各國合縱抗秦。

　　蘇秦先至燕，說於燕文公，燕所以未受兵災，是前方有趙國做屏障。秦攻燕在千里之外，趙攻燕在百里之內，為何不憂百里之患，而憂千里呢？燕與趙從親，燕國必無患。燕文公從之，並贈資車馬，令蘇秦去趙。

　　蘇秦見趙肅侯說，秦之所害，亦莫如趙。而秦之不敢攻趙，是畏有韓魏兩國的防護，但秦要攻韓魏，也可以「吃」的下來。韓魏一垮，禍及趙矣。諸侯之地五倍於秦，兵力十倍於秦，六國合一，必能破秦。肅侯大悅，厚待蘇秦，以使約於諸侯。

　　蘇秦至韓，見韓宣惠王說，韓地九百里，帶甲數十萬，有天下兵器庫之稱，大王為何只求割地賠款以事秦。大王之地有盡，秦求永不滿足，以大王之賢能，不戰而已削，臣竊為大王羞之。韓王勃然變色說，「寡人雖不肖，也不能事秦」，韓王終於同意六國合縱。

　　蘇秦已見燕、趙、韓三王，最叫後人驚奇的是，蘇秦明察天下大勢、地緣戰略關係及各國君王性格，說以利弊禍害。以情以理，折服各國君臣，實在是了不起的外交家。

四、魏、齊、楚三國態度又如何呢？若都如蘇秦所游說，
六國團結合縱抗秦，又怎會六國皆亡呢？

那是更後面的發展了。蘇秦至魏，說於魏惠王，大王之國，地方千里，帶甲百萬，車六百乘，天下之強國也。今卻聽於群臣之說而欲事秦，臣於秦必割地，兵未用而國已虧，後必有大患……魏王嚇得「皮皮趙」，願合縱共同抗秦。

蘇秦到齊，見齊威王說，齊乃東方大國，地二千里，積糧如山，齊軍天下無敵。齊秦之間又有韓趙魏三國，故王可高枕，但若該三國垮了……齊威王好像突然醒了，才想到韓趙魏若臣於秦，秦兵便直抵我國門外。

蘇秦最後到楚，說於楚威王，楚地六千里，帶甲百萬，車千乘，為六國中之最強者，合縱則諸侯事楚；反之，連衡親秦，則楚事秦。楚王為此，「臥不安席，食不甘味」，為存社稷安國家，願同合縱。

於是，六國之君以蘇秦為相（為六國共同宰相），周顯王三十六年（前三三三年），六國會於洹水上（今河南安陽河），簽訂合縱同盟，共同抗秦之入侵。

次年（前三三二年），秦惠文王患於諸侯合縱抗秦，遣其相公孫衍游說齊魏，合兵攻趙，趙王因責蘇秦，蘇秦懼罪去燕，又去齊，不久死於齊，合縱之約隨之瓦解。所幸，後起者有蘇秦的弟弟—蘇代和蘇厲，孟嘗君、平原君、信陵君、春申君，都為合縱抗秦努力，使六國殘喘百餘年而不亡，實為蘇秦首創合縱之功。

後來司馬遷說：「蘇秦起閭閻，連六國縱親，此其智有過人者。」信非過譽溢美之辭。

五、蘇秦雖死，也還有許多人在為合縱抗秦努力。倒是
　　另一個反方陣營秦國，如何瓦解六國的合縱，使六
　　國都稱臣於秦？

　　相對於合縱就是「連橫」，為魏國人張儀所提倡，張儀相秦十九年。他的
策略分兩部份，一是遠交近攻；一是六國連橫事秦，「橫」者東西線也，乃東
方六國應與秦連成一線，共同事秦之謂也。

　　「遠交近攻」是距離遠的先交為朋友，由近的先攻取。初期遠交齊楚以打
擊韓魏，削弱韓魏，再離間齊楚以伐楚。周顯王四十一年（前三二八年）秦伐
魏，魏王獻上郡十五縣（都在陝西）。

　　周顯王四十六年張儀與齊楚相會於齧桑（今江蘇沛縣），簽訂秦齊楚和
約，此舉以孤立韓魏。再六年，秦軍伐韓，斬韓軍八萬首級；魏王受此恐嚇，
未戰向秦請和。

　　接下來是對楚，張儀往見楚懷王，說以楚若和齊斷交，秦願獻商於（今河
南淅川縣西北）六百里土地，秦楚嫁女娶婦，永為兄弟之國。楚王大悅，與齊
斷交，最後簽約要地時，變成六里。楚王大怒，發兵攻秦，楚軍大敗，被斬八
萬首級。

　　當楚國和齊國斷交時，秦齊兩國已將要簽訂和約。如此「遠交近攻」之策
乃產生預期效果，按計畫一一實現，賴政治與軍事兩手策略得以完成。

六、張儀也是了不起的人才，難怪秦王重用。他的「遠交近攻」——實現，另一方面又如何用「連橫」破解「合縱」？

　　張儀把楚王耍了一招，說要獻楚王六百里土地，簽約時變成六里，楚王嚥不下這口氣，下令要買張儀的人頭。張儀自願往見楚王，秦王不捨，張儀說「如此這般，沒問題。」原來楚王身邊的寵臣愛妾等，早被張儀派人收買。當楚王將殺張儀時，寵臣愛妾來求情說，殺張儀，秦必大怒，興兵代楚，臣妾等具爲魚肉。張儀得不死，因說楚王，「合縱者，無異驅群羊而攻猛虎，不格明矣。今王不事秦，秦劫韓魏攻楚，則楚危矣。」楚王權橫利害，乃聽張儀之言，割地請和事秦。

　　張儀往見韓王，說韓地險惡，國無二歲之食，卒不過二十萬，秦被甲百萬，現在不西向事秦，恐怕就要來不及了⋯⋯。

　　張儀往見齊王說，秦楚已是兄弟之國，韓魏都已獻地請和，大王不事秦，秦韓魏楚聯軍隨時可以開來。到那時，大王就不保了⋯⋯。

　　張儀往見趙、燕國君，都一一說服他們放棄合縱，連橫以事秦。張儀以縱橫捭闔之謀，創遠交近攻之策，離間六國的合縱盟約，使六國爭相割地以事秦，求一時之安定與安全。

　　繼張儀之後，秦國又有魏冉、范雎、呂不韋、李斯等人，師法張儀之遺策，經近百年努力，逐漸削弱六國，最後併滅六國。

輯十一
戰國：秦昭襄王擴張
大戰略的執行

一、在六國合縱對抗連橫過程中，六國已居下風，合縱不久又被破解。是否六國尚未警覺到，即將面臨的將是存亡關頭？

也許是，我們從歷史發展中看到一個「現象」，政壇上的政客，大多只求近利，少有遠見。就像今天台灣政壇上的獨派，只想「以獨獲利」，哪管獨立之禍，普羅大眾也是短視的，容易被利用。正當強秦鯨吞蠶食之際，六國尚有內鬨，燕樂毅伐齊，齊田單反攻，兩國混戰數十年。

秦對六國的擴張大戰略，以秦昭襄王在位的五十六年間（前三○六年－前二五一年）規模最大，奠定以後秦始皇併滅六國的基礎。昭襄王的大戰略分五個階段：

第一階段：南路軍伐楚，誘執活捉楚懷王。

第二階段：中路軍伐韓魏。

第三階段：南路軍再伐楚，拔楚都郢城。

第四階段：中路軍再伐魏。

第五階段：北路軍伐趙。

首先，秦王致書楚王，欲在武關今西安東南）會盟。楚懷王接信後頗為躊躇，去恐有詐，不去恐秦益怒，屈原進諫曰：「秦虎狼之國，不可信，勿往。」但滿朝「苟安主義者」建議楚王去，楚王還是走上不歸路，被秦所執不得回國，後竟客死於秦。楚人立太子，為頃襄王。

秦王此舉，在擾亂楚之政局，動搖楚之國本，以利下階段大舉伐楚。

二、楚懷王不聽屈原的建議，活該被誘殺，只可惜後來
　　屈原悲憤投汨羅江死。下一步秦昭襄王將如何？

　　秦昭襄王第二階段大戰略是由中路軍伐韓魏的「伊闕之戰」，爲爭佔宜陽、新城之要隘（如圖）。此處是秦國東出中原和韓魏封鎖秦東出的戰略要地，事關韓魏兩國生死存亡。

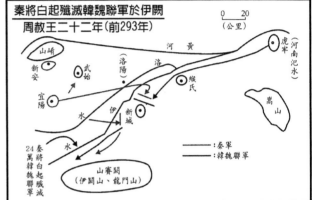

秦將白起殲滅韓魏聯軍於伊闕
周赧王二十二年（前293年）

　　整個戰略要道正好被伊闕山、崤山及嵩山所圍繞，北有黃河，三山相互瞰制，中間形成戰略通道，自古是兵家必爭之地。韓魏兩國聯軍在武始、緱氏、虎牢和新城均已先駐有重兵，韓魏聯軍指揮官公孫喜，秦軍指揮官先是向壽，後是白起。白起以顛倒正面攻擊，從韓魏聯軍陣地後方發動攻勢，是役斬殺魏聯軍二十四萬首級。

　　伊闕戰後約七年間，秦以外交和軍事雙管齊下，不斷擴張勢力，削弱六國合縱力量。

　　㈠威逼楚頃襄王與秦和親，迎婚於秦，以防楚之親齊。

　　㈡奪取韓楚之宛鄧地區（河南南陽、鄧縣），準備南進大舉伐楚之基地。

　　㈢擴大中路軍東出路線地域，與宜陽地區齊頭並進，維護黃河水道安全，攻取魏之軹邑（河南濟源）及附近大小六十一城鎭。

　　㈣約以齊秦爲東西兩霸，尊齊爲東帝而自稱西帝，以安齊王心，加強遠交近攻效果。

　　㈤發兵攻取魏河內之地（河南濟源東）。

　　綜合秦在本階段戰果，南路方面，定下日後伐楚之基礎；中路方面，是爲控制韓魏之基礎；北路方面，開日後攻趙之路；尊齊王爲東帝，乃「遠交」安住齊王的心。

三、秦以鯨吞蠶食，遠交近攻，不斷攻掠六國，六國也似乎束手無策，合縱之盟沒有產生效用。也許和蘇秦早死有關，也許六國在劫難逃，第三階段秦將如何？

本階段最能看出秦將的大戰略、大作為，厲害高明的地方。而此時卻正是楚內政腐敗，小人奸臣當道，忠臣賢良非死即逃（如放逐屈原）。但楚是大國，帶甲百萬，車千乘，秦軍仍不敢大意。

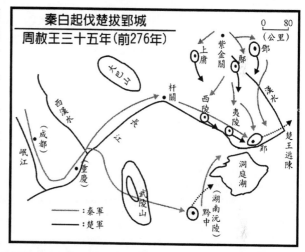

秦白起伐楚拔郢城
周赧王三十五年（前276年）

伐楚之戰採三路進攻楚都郢城，總指揮官是大將白起。北路從紫金關（如圖）出，越武當山打擊郢城側背，此路最近捷。西路越過大巴山脈，穿越巫山出巫峽，攻扞關（四川奉節）、西陵（湖北宜昌南津關），對郢城發動正面攻擊。

南路由巴郡南下，越武陵山脈，攻黔中（湖南沅陵），再由東北出，攻郢城南側背。此路山地狉獉未開，道路困難，楚方以為秦軍不可能走此道。結果秦軍如入無人之境，此秦將白起、魏冉之奇謀也。

周赧王三十五年（前二八〇年）秦按原計畫兵分北中南三路進攻，拔上庸、扞關、黔中，準備次年再攻擊。

第二年（前二七九年）攻取鄢、鄧、西陵，完成對楚都郢城的包圍部署。

第三年（前二七八年）白起下令圍攻郢都，楚軍被殲數十萬，楚王逃陳（河南淦陽）。

秦佔楚地後，改郢為南郡，巫城為巫郡，黔中設郡。楚僅剩東側一小塊地，大部被秦佔領設郡分治。

四、打開歷史果然常常可以看到「兵敗如山倒」的場景，
　　如在眼前、腦海展現。百萬雄兵的楚國潰敗，應該
　　是敗在政治腐敗吧！接著第四階段秦昭襄王將如何？

　　第四階段秦軍的主戰場有二處，一在魏都大梁（今河南開封），另在華陽（大梁西約一百公里）。

　　魏都大梁為中原四戰之地，地形上無險可守。秦軍採三路進攻，四面包圍，殲滅大梁守軍。

　　南路由白起從方城起兵北進；中路由魏冉出虎牢，直攻大梁；北路由胡傷率軍，沿黃河北岸東出，攻大梁之北及東側。

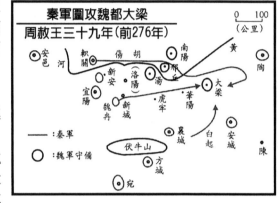

　　周赧王三十九年（前二七六年），白起先率南路起兵，次年（前二七五年）中路魏冉也起兵。此時韓僖王見魏將亡，韓亦不免，派韓軍襲擊秦中路軍，被秦軍斬四萬首級。又次年（前二七四年），齊襄王見魏亡後，也將禍及齊，乃起兵救魏，齊魏聯軍又被斬四萬首級。秦各路軍尚在圍攻大梁（大梁尚未淪陷）。

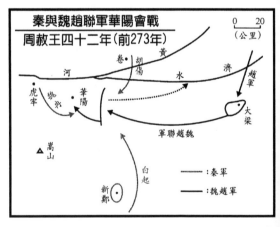

　　周赧王四十二年（前二七三年），趙國為救魏，組趙魏聯軍二十萬攻華陽秦軍，結果被斬殺十三萬首級。魏將芒卯、趙將賈偃均敗走，秦將白起追到黃河岸，殲其餘卒兩萬多人馬。秦軍大勝，魏割南陽（河南修武）給秦求和。

五、歷史似乎浪弔詭，一個朝代要興，一個朝代要亡，
　　好像山也擋不住。最後是秦昭襄王的大戰略第五階
　　段，應該是一張王牌吧！

　　秦王的大戰略第五階段確實是王牌，北路軍伐趙。從周赧王四十五年（前二七〇年）到周赧王五十八年（前二五七年），前後共歷十四年，七個重大戰役。其中又以長平會戰最關鍵，趙軍有四十五萬被活埋。

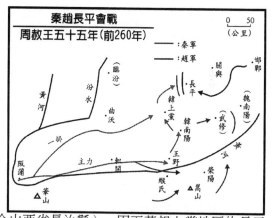

　　周赧王四十五年，秦軍以奇襲邯鄲西方門戶閼與（今山西省黎城縣東）要隘，被趙將趙奢所敗。秦乃決定先攻略韓國上黨（今山西省長治縣），因而惹起上黨地區的長平大會戰。

　　長平會戰前八年，秦先做許多準備「功課」。包含攻取魏南陽地，攻取韓野王、南陽地區，以打通攻趙都邯戰的通路。

　　周赧王五十五年（前二六〇年），秦軍由王齕率領，先攻取上黨，趙軍由廉頗率軍三十五萬據險守扼長平（如圖），合上黨、長平地軍民，趙軍共有四十五萬人。

　　廉頗知秦軍厲害，乃建立堅固工事，死守陣地。秦軍發動猛烈攻勢，趙軍小有傷亡，並未能動搖趙軍陣地。如此，兩軍對峙四個多月（是年四到八月）。

　　秦相范雎乃使出反間計，派人帶重金到趙王陣營去放話遊說：「廉頗不行了，他準備向秦國投降，秦軍最怕的人是趙奢的兒子趙括。」

　　趙王正為廉頗不戰而不滿，受此遊說，便把趙軍統帥換成趙括。秦王也暗把秦軍統帥換白起，並下令有人洩密換白起者立斬。趙括上場，即向秦軍攻擊，秦以小部斷趙軍糧道，趙軍絕糧四十六天，投降後全被坑殺。只留最年輕的小兵二百四十人，回去回報趙王。

　　是年十月秦白起全殲趙軍後，兵分三路準備開始圍攻趙國首都邯鄲。圍攻數月皆無進展，換成趙王要對秦相范雎使出反間計了。

六、秦大將白起也算是一個很可怕的「戰將」，長平之
　　戰坑殺趙軍四十五萬人。現在又圍攻趙都邯鄲，還
　　好久攻不下，否則不知要坑殺多少萬人？趙如何解圍？

　　趙王用虞卿之謀，派蘇代（蘇秦的弟弟），帶大批「黃金美鈔」到秦國，遊說秦相范雎，白起攻下邯鄲，定封公侯，地位就超過相國，范先生還有得混嗎？

　　范雎以爲然，言於秦王，「秦兵已勞，請許韓趙割地求和，士卒休息。」秦王聽之，周赧王五十六年正月罷兵，白起和相國於是有了過節。

　　這年九月，秦又以王齕爲將，發兵攻趙都邯鄲，又是相持經年攻不下來。秦昭襄王又想用白起，白起稱病不起，且說「王不聽吾言，今如何矣？」。這年白起的武安君官爵被免，降爲士伍。秦軍攻邯鄲久戰無功，秦王怒白起抗命，賜劍叫他自殺。

　　就在這秦趙兩國的政治戰交手的時侯，趙、楚和魏的三國聯軍已經組成，三國軍隊夾擊秦王齕軍，秦軍大敗，趙都邯鄲終於又解圍。

　　由於三國聯軍打敗秦軍，六國合縱抗秦希望再度燃起。從周赧王五十九年（前二五六年），到秦莊襄王三年（前二四七年），在這十年間，諸侯抗秦之戰凡三次。

　　第一次周王合縱抗秦，赧王敗，被俘，周滅亡。

　　第二次東周君合縱抗秦，又敗。

　　第三次魏信陵君率五國聯軍，擊敗秦蒙驁軍。秦王使人間信陵君於魏安釐王，魏王易將，合縱之盟又瓦解。

　　檢討本階段六國合縱抗秦，步步陷於失利被動，主因是六國之君不能相互信任，自壞長城。反方的秦昭襄王在他在位的五十六年間，秦勢力擴張最大，昭襄王死（前二五一年），下個階段秦始皇要出場，六國來日不多了。

輯十二
戰國：秦始皇統一中國

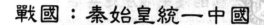

一、世間萬事萬物是否有其「固定的劫數」？或許是另一個層次更高的學問，似與本題無關。但我們談論各朝代戰爭，好像也發現了「盛極必衰」的現象（或本質）。周朝到秦始皇已維持了八百多年，周天子也好，六國也罷，似乎都如風中殘燭。

「盛極必盛，趨於滅亡」實在是世間唯一的真理，任何事物財寶，形體物質都逃不過這個劫數。我們所須計較的是，在這存亡生滅的過程中，怎樣去維護社會、人民、眾生之利益，以免在政治鬥爭過程中受到太多傷害。

秦之能統一中國也許是歷史的必然，但也要雄才大略之主（秦孝公、商鞅、秦昭襄王、秦始皇等）的推動執行。秦能創立一個統一的政府，建制完備弘大，從漢唐至今都還在堅持其遺制。可知秦的統一中國是件了不起的工程，而負責工程最後完工的就是秦始皇這個人。

他是中國歷史上不世出之雄主，彼雖繼承前代六世以來雄厚之基業，然彼併滅數百年根深蒂固之六國，終結周天子，削平群雄，完成最後一階段最難鉅的統一工作，自有高遠之見識，偉大的抱負，堅忍不拔的精神。

秦始皇元年（前二四六年），此時距秦孝公用商鞅變法已一百一十三年，此期間秦的歷代君臣始終有一個長遠的國家戰略計畫。如賈誼在〈過秦論〉所言：「內立法度，務耕織，修戰守之備，外連衡而鬥諸侯。」直到蘇秦說秦惠文王以統一天下之術，秦王說：「毛羽未豐滿者不可以高飛。」可見初期採蠶食漸進之策，到昭襄王時代開始逐步鯨吞六國，攻城掠地。

到秦始皇用李斯（荀子的學生）為相，李斯也是了不起的政治家，輔助秦皇二十餘年，才完成統一中國大業。統一文字、車軌、度量衡，都是出自李斯手筆。

二、秦始皇既用李斯之策，準備更積極快速完成併滅六
　　國，統一天下之大業。那麼，他的大戰略計畫是甚
　　麼？併滅六國的優先順序是甚麼？

　　秦始皇元年初立年十三，國事皆決於相國呂不韋（韓國商人），號稱仲父。始皇十年（前二三七年）年二十三，罷呂不韋，用李斯為相，蓋因李斯之策較積極，對統一較有明確藍圖。彼向秦始皇提出的大戰略計畫有三案：

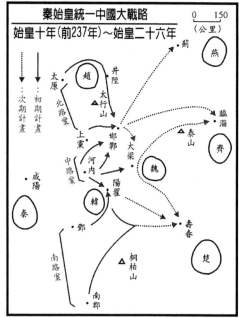

　　北路：先由太原、上黨、河內地區進攻趙國，滅趙後轉向魏國，或向北攻取燕國。

　　中路：先由伊洛地區，攻取魏國、韓國，再東取齊國或南攻楚國。

　　南路：先由宛鄧地區進攻韓國，滅韓後，會南路之師進攻楚國，再轉攻魏國，最後取齊國。

　　以上三路計畫，以先從北路進攻為最有利，因其右翼伊洛地區，可得伏牛山及嵩山的天然掩護，韓魏楚無法威脅後方補給線。且可利用渭河水道，便利運輸和補給。故秦軍由北路先發動的再轉向中路、南路進攻。

　　秦軍即由北路先發動，則首先被滅的是趙國。秦趙有三次大戰，歷時九年，趙始被併滅。

三、按陳老師前面講過的秦趙大戰，長平會戰中，秦軍
　　坑殺趙軍四十五萬人，趙損失慘重。所幸接下來秦
　　軍兩次圍攻趙都邯鄲，皆未能攻取，可見趙國還是
　　有實力的，到秦始皇，秦趙最後一決，想必是更慘
　　烈吧！

秦滅趙有三次大戰（如圖），完全由大將王翦主持，起於秦始皇十一年（前二三六年），終於始皇十九年（前二二八年）。

第一次有兩路軍，主力集中在上黨（今山西長子），王翦親率攻太行山山脊之關與「今山西黎城」，一部由太原攻轑陽。另一路由桓齮率領，從野王攻安陽，秦軍共有三十萬人。

趙軍也分兩路迎戰，西路以李牧抗王翦，南路以扈輒抗桓齮，總兵力二十萬人。雙方大戰一年多，成相持之勢，乃各自原地罷兵休戰。

始皇十三年（前二三四年），秦將桓齮奇襲趙扈輒軍，斬趙軍十萬首級，趙將扈輒陣亡。趙王調李牧軍反攻，敗秦桓齮軍，退保安陽。

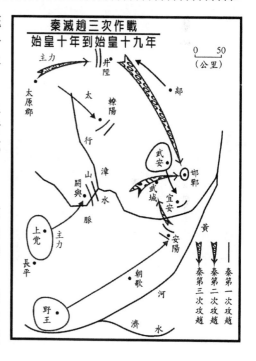

始皇十五年（前二三二年）秦軍再伐趙（如圖），仍為趙將李牧、司馬尚所阻，沒有進展。秦王乃啟動「黑金戰」，派人帶大批「黃金美鈔」收買趙臣郭開及主事者，隔年（始皇十八年）罷黜李牧及司馬尚，使趙蔥及顏聚為將。是年冬，秦將王翦再發動攻趙，二十萬大軍圍攻趙都邯鄲，隔年即滅了趙國，秦始皇親自來邯鄲勞軍。

王翦、李牧用兵可稱對手，史上有「翦牧」並稱，可惜李牧碰到庸主。六國之亡，非無良將，惟多昏君，也是劫數難逃。

四、依照六國滅亡順序，接著秦要消滅的對象是韓、燕、
　　魏三國，為何明知亡國在當下，三國卻不知團結起
　　來抵抗強秦呢？

　　六國之中，以韓王安最能體恤人民的生命，最愛民，他不願意平白犧牲軍民的生命。始皇十四年（前二三三年），韓王納地奉璽，叫韓非到秦王面前請降，願為秦王屬下的臣子。十六年，秦受韓地，設為「潁川郡」，韓遂亡，保住許多人的生命。

　　始皇十九年（前二二八年），王翦屯兵中山（今河北定縣），準備攻燕。時燕太子丹憂燕之將亡，派刺客荊軻入秦，準備劫殺秦王，失手。

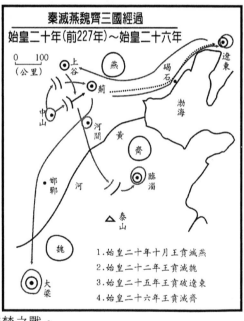

　　次年王翦由中山北進，攻克燕都薊（今河北大興），燕王東走遼東。秦以燕都即克，不足為患，乃轉兵南向攻楚國。到始皇二十五年，楚地平定，王翦之子王賁再攻遼東，虜燕王喜，燕才正式滅亡。

　　始皇二十二年（前二二五年），魏已僅存大梁及附近若干城邑，秦軍滅燕後，轉向南攻楚，以一部兵力「順便」取大梁，魏亡。秦以其地設為東郡，大軍繼續南進，準備滅楚之戰。

> 五、楚國號稱地大五千里，帶甲百萬，幾十年來遭秦攻
>   城掠地，據聞到此時也還有半個江山。如能有積極
>   作為，還是能與強秦周旋一陣子吧！總不至像韓國
>   不戰而降。

當然，楚雖剩江山半壁（約河南南部、湖北、湖南、洞庭湖東、長江下游今江蘇、安徽、江西、浙江之全域。）可見一半江山，也還是「地大物博」。

秦伐楚之戰，自秦始皇二十二年至二十四年（前二二五至二二三年），共歷二年。大戰二次，第一次李信為將，被楚將項燕所敗；第二次王翦為將，遂滅楚。（均見圖）

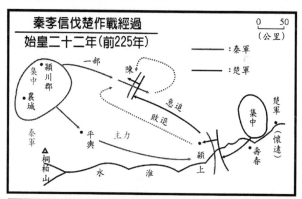

始皇二十二年，李信受命為將，與蒙恬統兵二十萬伐楚。分軍為二，主力在南，向楚軍攻擊。楚將項燕乘秦軍分離之際，大敗秦軍，是役秦軍損失甚大，乃退出楚境。

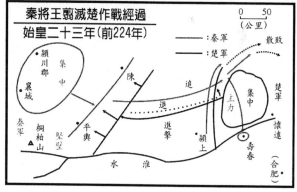

李信兵敗，始皇震怒。叫王翦再起兵伐楚，王翦向秦王談條件，非六十萬大軍不能滅楚，始皇答應。次年（前二二四年）王翦再起兵伐楚，楚將仍是項燕，作戰地區與戰略雙方都同前。

王翦鑒於李信敗在輕率，故採保守戰略，全線構築堅壘固守不戰，楚軍即不得戰，乃引軍東去。王翦全軍追擊，楚軍大亂，項燕被殺，楚王被俘，楚遂亡。次年（前二二三年），王翦悉定楚地，設九江、鄣、合稽三郡。

王翦要求六十萬軍伐楚，兵力實嫌過多。以後晉代謝元，也在此地區以八萬兵力戰勝符堅八十萬之眾，可見用兵不全靠人多。

六、 六國已被秦亡了五國，獨齊尚存，秦為遠交近攻之
　　策，尊齊王為東帝。現在齊王還相信自己能與秦王
　　並稱「東西二帝」嗎？

　　還相信，這真是很可笑的事。當秦軍一一併滅各國，而齊不出一兵一卒援助鄰國，坐視鄰國敗亡，可知其君臣之愚昧無知。造成這個原因，是齊國政壇大多已被秦所收買，齊相后勝為人貪財，經常朝秦，拿到許多好處。

　　齊王建為一昏君，不修戰備，不助各國抗秦，一味做著「東方大帝」夢。因此，秦與中原各國大戰數十年中，齊始終是「局外人」，過著燕安逸樂的生活，君臣人民似乎都不知道中原發生甚麼事！

　　始皇二十五年（前二二二年）秦滅楚，轉兵攻齊，七十餘城皆不戰而降，齊遂滅亡。此時，是西元前二二一年，秦滅六國，完成中國統一。

　　關於秦統一中國之歷史、政治、軍事意義，已有許多論述，此處不再重述。用以下「弦外之意」為戰國做小結。

　　在戰國一百多年中，不論秦對六國，或六國對秦，經常使用「黑金戰」，以重金重寶收買對方人馬，解除軍事或政治上的困境。縱使如一代賢相范雎，也為自己利益，出賣「國家利益」（指使白起自邯鄲罷兵）。

　　這些說明甚麼？人是可以被收買的，而誰能抵抗這種誘惑者，誰便是偉人。從古鑒今，我們看現在政壇上，不也經常上演類似劇碼嗎？

　　再者，戰國大亂近兩百年。人民都希望有強者能一統天下，不要再亂了。當時有二種統一方案在推動，一個是孟子主張「和平統一」，倡仁義道德，不殺人而能一之；一個是「武力統一」，兩案併陳。沒想到最後是武力統一較管用，事實上看兩千年來的中外「統獨」戰史，統一都是用武力完成的，用嘴巴談就能統一，未之有也！

第三篇

第一帝國

時期戰爭

◆廿六年，皇帝盡併兼天下諸侯，黔首大安。立號為皇帝，
　乃詔丞相狀、綰，法度量則不一，歉疑者皆明一之。
圖片來源：張元著，《高中歷史·上冊》頁三十九，台北：龍騰
　出版社，八十四年，教育部公布。

圖片來源：張元著，《高中歷史·上冊》頁三十八，台北：龍騰出版社，八十四年，教育部公

◆秦始皇皇陵兵馬俑（陝西西安臨潼出土）。壯盛的軍容，只為一人死後宿衛。

圖片來源：張元著，《高中歷史·上冊》頁三十八，台北：龍騰出版社，八十四年，教育部公
　　布。

◆張騫出使西域壁畫（甘肅敦煌莫高窟）。圖中騎馬者為漢武帝，圖左為張騫受命拜別武帝。
圖片來源：張元著，《高中歷史·上冊》頁六十五，台北：龍騰出版社，八十四年，教育
　　　　部公布。

「赤壁之戰」想像圖。

圖片來源：張元著，《高中歷史·上冊》頁七十四，台北：龍騰出版社，八十四年，教育
　　　　部公布。

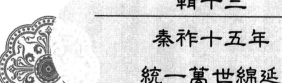

輯十三
秦祚十五年
統一萬世綿延

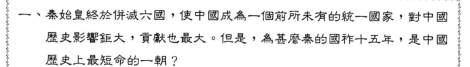

一、秦始皇終於併滅六國，使中國成為一個前所未有的統一國家，對中國
　　歷史影響鉅大，貢獻也最大。但是，為甚麼秦的國祚十五年，是中國
　　歷史上最短命的一朝？

　　強權之興，竟如此短命，自始皇二十六年（前二二一年）統一，到胡亥三年（前二〇七年），凡三世十五年。很意外，也不意外，蓋世間一切生滅，定逃不出因果律（Cousality、Law of Cousality）的操弄。

　　簡約解釋秦祚甚短的原因，第一、秦始皇過早死（前二一〇年，五十歲），繼承者多昏庸無能；第二、六國被滅才十餘年，各地都尚有復國運動在進行；第三、以現在術語叫「開發過度」，甫告統一便大力進行許多大建設，如水利網、公路網、建長城等，超過人民擔荷。而以繼起無人，政治腐敗最為關鍵。

　　秦祚雖短，但影響中國後世發展最大。例如政府組織制度，從中央→郡→縣→鄉→里的創始，我們現在仍在用。土地改革也是劃時代創舉，廢公有井田制，採土地私有制，後世數千年至今猶沿用不替。最重大者，秦所建由中央統一的國家，成為幾千年來中國人最大的思想與堅持，即中國必須是一個統一的國家。只有統一才有合法性的基礎，所有的分裂、割據行為，都是非法行為，不會得到全體中國人的同意。不是嗎？現在兩岸仍在解決秦始皇遺留下來的問題。

　　可見秦代十五年影響多麼大！此十餘年間，具有重大影響的戰事有四：北逐匈奴、南征南越及亡秦二次戰役。

> 二、秦皇北逐匈奴、充實邊防、修建長城確實對日後中
> 國影響很大。當然，也需要六國平定，以一個統一
> 的大帝國才有能力做這些。就請陳老師為我們道來。

早在秦以前，匈奴已為患中原數百年，戰國時各國都建有長城防匈奴入侵。秦與六國大戰時，匈奴又乘虛入侵，到秦統一時，已佔有今察哈爾、綏遠、寧夏及大漠南北地區。匈奴常游走於塞外區域（賀蘭山、河套、陰山與燕山四地區之總稱），也對秦關中地區產生很大威脅。

若非秦皇北逐匈奴，以上地區至今是否是中國領土尚有變數，其籌邊方略如次：

（一）驅逐匈奴，恢復秦趙原有國土。

（二）修復各國長城，阻胡馬南侵。

（三）移殖內地人民充實邊地。

（四）開築車道以便利交通運輸。

這個偉大的任務，秦始皇交給青年將軍蒙恬去完成。蒙恬是將軍蒙驁之孫，蒙武之子，相傳毛筆是他發明，時任咸陽內史（首都衛戍總司令）。

始皇三十二年（前二一五年），蒙恬率三十萬大軍，主力由上郡（今陝西綏德）進入河套北部，另一部由北地郡進入河套南部（兩軍部署如圖）。始皇三十三年（前二一四年）春，蒙恬主力由九原（今綏遠五原）渡黃河，攻佔今陰山山脈

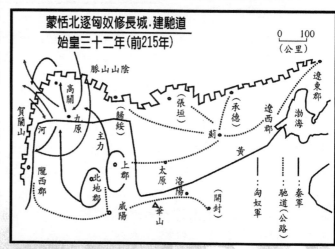

地區；另一部西渡黃河，攻佔賀蘭山，匈奴向北方遠遁。

戰事結束，蒙恬奉命修築西北長城，建馳道，乃駐節上郡總司其事。

> 三、秦始皇確實是開疆拓土的英雄,當中原抵定,完成
> 統一後,即北逐匈奴,使中國領土向北及西北擴張
> 好幾百萬平方公里。接著是南征,百越群蠻,是一
> 塊尚未開發的原始處女地。

　　秦始皇即決定向南開
拓疆土,其一部份是原來
楚治地區,大部份都在長
江以南,我國東南地區,
秦的南征方略如下:

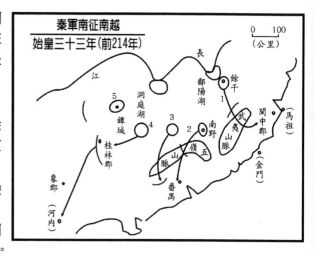

(一) 由鄱陽湖東側經餘
　　干進入閩中,略定
　　閩地。

(二) 由鄱陽湖西側經豫
　　章南康進入粵北,
　　與第三路聯繫,相
　　互策應略定番禺地。

(三) 由長沙宜章之道進入粵北,與第二路、第四路聯繫,聯合抵定番禺地。

(四) 集結於零陵、藍山,策應第三路與第五路作戰。

(五) 由黔中鐔城(今湖南黔陽),進入桂林,平定今越南紅河流域地區,設
　　置桂林郡和象郡。

　　始皇三十三年(前二一四年),照預定方略發動五路南征,每路兵約六萬
人,外加「移民隊」約十萬人,總計軍民約四十萬人。史載「謫徙民五十萬戍
之」,可能指這批南征先鋒隊。

　　當時所謂「南越、百越、蠻族」,指住在這些地方的少數民族,當非秦大
軍的對手。不及一年抵定,設閩中(今福建省)、南海(今廣東省)、桂林
(今廣西省)及象郡(今廣東、廣西及越南北部地區)。

四、如此强大的帝國，數年間瓦解，所向無敵的秦大軍
　　突然變成「軟腳蝦」，兵敗如山倒。這裡面有很直
　　接的原因，倒底爲何秦軍接下去每戰每敗？

　　直接的原因要從秦始皇的死開始，在第四次出巡（最後一次，始皇三十七年，前二一〇年，十月）時，以右丞相馮去疾留守咸陽，以左丞相李斯、宦官趙高及少子胡亥從行，長子扶蘇駐上郡監蒙恬軍。西行到平原津（今山東平原縣）病重，立遺詔長子扶蘇接位，不久死於沙丘（今河北平鄉）。

　　始皇死，趙高恐扶蘇接位對自己不利，用僞詔書另立年幼的胡亥（年十二歲易控制），又用僞詔書賜死扶蘇和蒙恬。並開始攮奪政權，以幼帝胡亥之名誅殺忠良，戮公子十二人於咸陽市，磔公主十人於杜（長安南），李斯、馮去疾等都未能倖免。

　　人心震恐，上下危懼，陳勝、吳廣發難，天下響應，但陳勝吳廣之流只是狗急跳牆，有勇無謀，不久就被消滅了。劉邦、項羽繼之，六國亡臣遺族紛紛崛起，此二人秦軍便沒能應付（始皇愛將都被趙高賜死了）。最後的二次戰役，一是項羽救趙鉅鹿之戰，一是劉邦西向入秦之戰，秦軍皆敗，秦亡。

　　項羽與秦大將章邯鉅鹿之戰在秦二世三年（前二〇八年）十二月，時秦軍大敗趙軍於邯鄲，趙王北遁鉅鹿城死守，並向楚王求救（六國王孫紛紛自立稱王）。

　　楚王派宋義爲將，項羽爲次將，范增爲末將往救趙軍。不料宋義見秦軍強盛，不願出戰，項羽主張決戰，宋義不聽。項羽利用一個開會的時機，以迅雷之勢，親自一刀斬下宋義的頭，當眾宣佈「宋義通敵，楚王令我除之。」在場者無敢支吾。

　　於是項羽引兵渡黃河，渡漳水後沉船、破釜甑、燒廬舍，只帶三日糧，以示必勝決心。果然大破秦軍二十萬，九戰皆勝，秦將章邯投降。

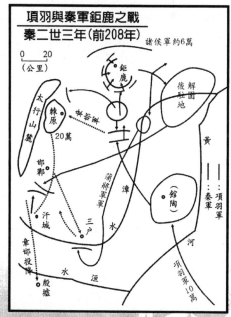

項羽與秦軍鉅鹿之戰
秦二世三年（前208年）
諸侯軍約6萬

五、項羽果然厲害，一刀把指揮官頭砍下。不過拿他和
劉邦比較，歷史上說他「有勇無謀」，是成王敗寇
使然？又劉邦最後與秦軍戰，終結秦帝國，他真有
過人之處嗎？

劉邦入秦之戰，開始於秦二世（前二○八年閏九月），楚王派宋義、項羽領兵救趙，同時派劉邦西進，襲擾秦軍。到劉邦進秦都咸陽，秦王子嬰投降，秦帝國亡（前二○七年十月），共歷十四個月。

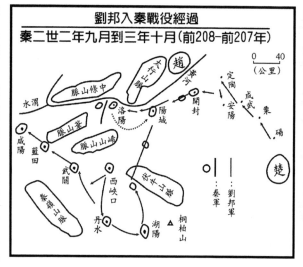

全程分三階段（如圖），第一階段從碭郡出發，一路攻到洛陽，但因洛陽到咸陽是戰略要道，花八個月時間攻不下洛陽，只得退兵陽城（今河南禹縣）。

第二階段轉兵向南，與張良率軍過伏牛山，攻湖陽、丹水，所遇諸城皆投降，為時三個月。乃準備攻武關、藍田，此處往秦都，設有重兵把守。

秦二世三年（前二○七年）八月，劉邦軍拔武關（今陝西商縣東），是月趙高弒二世，派人與劉邦約，分王關中，劉邦、陸賈虛與委蛇，破武關，屠城。同年九月，趙高立子嬰為秦王，子嬰與二子謀，誅殺趙高，滅其三族。

劉邦再戰藍田，又破秦軍，直趨咸陽。十月，秦王子嬰，素車白馬，奉上帝璽，向劉邦投降。劉邦軍隊初約萬人，進咸陽時不過五萬人，便終結了秦帝國。

故秦乃先自亡而後劉邦亡之，劉邦只是壓垮駱駝的「最後一根稻草」，他最大的成功是能用比自己有能的人。秦帝國亡後，天下無主，劉邦和項羽爭戰數年，中國又回復統一，這是後話。

六、秦帝國像一顆光芒萬丈的流星，來得快、走得快，十五年便劃下叫人惋惜的驚嘆號和問號。陳老師為秦的興亡給大家做個小結，看能給我們甚麼啟示？

一朝興一朝亡乃歷史發展的常態，只是秦亡的「模式」在歷史上和南明在台灣頗為相似。這以後會談到，現先簡約較之，以饗聽眾或讀者。

南明內部鬥爭，起於鄭家要殺海軍鎮將施琅，施琅因而逃脫降清，鄭家殺其父親和弟弟洩恨。又以鄭成功英年早逝，諸將建議暫由成功弟鄭襲繼位，引發擁立鄭襲和鄭經兩派人馬鬥爭。

鄭經時駐金廈，率大軍赴台，立斬擁鄭襲的黃昭和蕭拱辰，殺掌兵權的鄭泰。泰弟鄭鳴駿率文武百官四百多人，海船二百艘，兵卒數萬，向滿清投降。

鄭經死後，大臣馮錫範擔心鄭經之子鄭克𡒉繼位，將對自己不利（和趙高同樣），乃殺克𡒉，立克塽，國事日非。克塽就位僅十二歲，正好和秦二世胡亥即位時同年，兩個都是「小學六年級的小朋友」。

施琅見台灣深陷子小國亂，建議康熙出兵，不久中國又回到統一局面。觀今台灣，有些像南明在台及秦末將亡（被統一）之情景，像趙高、馮錫範之人，如李登輝、陳水扁、呂秀蓮，不正在耀武揚威嗎？

所以，我們常說「戰爭是政治的延長」，政治清明，能在合法性的基礎上運作，軍民樂為所用，自然攻無不克，如劉邦以五萬之軍取咸陽，而秦百萬大軍竟不能戰。就像今天的台灣，台獨是非法的，若為台獨戰，數十萬國軍必不能戰，這是很簡單的道理。

再者，民進黨政府至今（西元二〇〇四年八月）仍是「非法政權」（大選作票、作弊），活生生的把台灣撕成兩半，軍隊也不能戰－不能效命於一個非法政權。

史家稱秦漢兩朝叫「第一帝國」，秦只是第一帝國的開頭，一個短暫的「開場白」。所以，她的短暫就變得很合理。對秦始皇統一中國固然有功，但對其人則兩岸各有評價，台灣在戒嚴時代採「揚孔批秦」，大陸採「批孔揚秦」，二者都有偏。我喜歡把他看成歷史發展的自然規律，這是天命，「天下」潮流之所趨。

由張藝謀導演，四大天王（章子怡、張曼玉、李連杰、梁朝偉）主演的電影「英雄」，刺客都認為秦王不該死而放他一馬。證明我的觀點，若秦始皇不統一中國，歷史上會增加多少戰爭？多死多少人？

輯十四
楚漢爭戰到漢初戰匈奴

> 一、前輯講到劉邦率軍先入咸陽，秦王投降，但這時劉邦只是項羽屬下的將領，論實力都不是項羽的對手。楚漢相爭他卻是贏家，成為漢代四百年的開國君王，他必定有異於常人的智慧，足為我們學習。

此二人最大差別，劉邦以「致賢人，用人才」為唯一要務。如蕭何（戰將）、張良（兵法家）、韓信（智將）是謂「漢初三傑」，劉邦即帝位後，有人問起他有甚麼能耐得天下。劉邦說：「夫運籌惟帳之中，決勝千里之外，吾不如子房（張良）；鎮國家、撫百姓、給餽饟，不絕糧道，吾不如蕭何；連百萬之軍，戰必勝、攻必取、吾不如韓信。此三人者皆人傑也，吾能用之，此吾所以取天下也。」

其他為劉邦效力尚有曹參、樊噲、灌嬰、陳平、夏侯嬰和周勃等，都是當代傑出人才。反觀項羽，只有二人可書，范增（時年七十餘，楚漢爭起即不為項羽所用。），另一個英布（驪山徒役，和陳勝同起事。）另一項重要原因，劉邦能與眾人共享利益，項羽獨攬利益。

所以，劉邦成為開漢四百年之君王，後面接著講楚漢相爭的兩個大戰役，便可知雙方陣營人才之高下。這是我們後人讀史最要學習的地方。

漢代426年重大戰爭			
楚漢元年	前漢（西漢）	滎陽會戰 垓下會戰	前206年
楚漢五年		漢武帝征匈奴、南夷、南越朝鮮	前202年
初始元年	後漢（東漢）	王莽漢	西元8年
光武建元年		光武開國之戰 征匈奴、征西域	西元25年
曹丕篡漢			西元220年

二、楚漢相爭持續四年多，初期劉邦只是「西楚霸王」
　　項羽所封的一個「漢王」，還差一點被消滅掉。劉
　　邦是如何轉弱為強？使他在敵我競爭過程中，從劣
　　勢→均勢→優勢，最後戰勝敵人？

　　劉邦確實險被項羽殺掉，「鴻門宴」中「項莊舞劍，意在沛公」，劉邦在宴會上俯首臣服，躲過殺機。當劉邦初到咸陽，諸侯爭相奪取財寶美女，獨蕭何查封秦丞相府所有文書地圖資料，使劉邦賴以知天下險要、戶口及強弱之勢。

　　劉邦被封「漢王」，領地是放逐罪人的巴蜀，自難接受，要和項羽決戰。蕭何力諫「收用巴蜀，定三秦，天下可圖。」張良又安排燒絕棧道，示項羽無意再回中原，以解除項羽的戒備，劉邦才在巴蜀穩住陣腳，待機反攻。

　　楚漢元年（前二〇六年）四月，劉邦入蜀，八月就發動進襲三秦（三個秦亡將受項羽封為三王），路線大約與三國孔明五次北伐相同，三王很快降服。

　　但劉邦最大的一次慘敗是彭城（今江蘇徐州）會戰，徐州乃古今以來爭天下者必爭之地。如國共內戰亦有「徐蚌會戰」，古今同是「徐蚌會戰」，結果大不同。

　　楚漢二年四月，劉邦率五諸侯兵五十六萬兵力（各國王孫來投靠）與項羽戰於彭城。是役，項羽以絕對劣勢兵力（不到二十萬），大敗劉邦軍，且殲諸侯軍二十多萬，劉邦退守滎陽（河南洛陽東約八十公里）。

　　是役項羽大勝原因，戰略上採機動作戰，使重心在軍隊，不在城池；再者項軍中有秦降之騎兵，劉邦軍多屬步兵。在下一階段的「滎陽會戰」，劉邦檢討出所有問題，終於又佔領了優勢地位。

三、是，古今都類同的「涂蚌會戰」，結果卻大不同，
　　其中必有高妙玄機，陳老師為我們道來，到底劉邦
　　在「滎陽會戰」如何取得上風？

　　劉邦和項羽的「滎陽會戰」時程較長，開始於楚漢二年五月劉邦彭城慘敗，只帶數十騎逃命到滎陽。終於楚漢四年（前二○三年）十月，約兩年半間，由數十大小戰役、對峙、機動作戰所組成。

　　第一階段，楚漢二年五月劉邦敗據滎陽，開始鞏固關中及滎陽防線，爭取九江王英布叛楚，爭取魏、趙、齊諸國以孤立項羽，至是年十二月英布逃歸漢王於滎陽。

　　第二階段，楚漢二年冬，項羽開始大舉進攻滎陽，劉邦用計脫逃，項羽又佔領滎陽和成皋。但劉邦也用陳平之謀，離間范增，用大量黃金（《史記》說四萬斤）在楚國製造分化，演成楚君臣崩解。楚漢三年十二月，劉邦收兵入關準備再戰。

　　第三階段，楚漢三年底到四年十月，劉邦再發動一連串機動作戰（游擊戰），加以韓信大破齊軍，使項羽的後方堪虞，糧食缺乏，陷於被動與困境。劉邦才得以與項羽對峙在廣武，確保滎陽和成皋間之核心防線。

　　檢討滎陽會戰，項羽由強轉弱，由戰略優勢→均勢→劣勢；而劉邦由弱趨強，由戰略劣勢→均勢→優勢。關鍵在大軍作戰必須先求後方補給線的安全，項羽雖強，但後方基地不能鞏固，補給被切斷，前方大軍就失去戰鬥力。反觀劉邦，後方有蕭何治理關中，補給和兵源能夠供應前方，遂使漢軍愈戰愈強。

　　相距兩千一百多年，劉邦和國軍都碰上「徐蚌會戰」，兩者都慘敗，但劉邦反敗為勝，國軍轉進來台。問題只出在那條，大大條的後方補給線—古今中外所有軍事家、兵法家最頭痛的一條。

四、楚漢相爭到這時，劉邦和項羽交手大多打敗仗，總
　　是靠韓信扳回一城，所以論打仗劉邦不僅不如項羽，
　　也不如韓信，這是公平論述嗎？

公平，韓信也是中國歷史上重要的兵法家，「韓信用兵」素來有很高評價，民間甚至把他神格化說「韓信灑豆成兵」，可見韓信也是「用兵如神」。

楚漢二年八月，韓信率數萬兵力擊魏，奇兵渡黃河襲安邑（今山西安邑），擄魏王豹，定魏地，此役在排除漢之側背威脅，又展開包圍楚國的基礎。

楚漢二年九月，韓信破代（今察哈爾蔚縣）。次年十月，以數萬兵力，破趙國二十萬大軍，擒趙王，又兵不血刃令燕國投降。四年十一月，韓信率十萬軍，與齊楚聯軍二十萬決戰於濰水，齊楚聯軍被全殲。約兩年時間，死灰復燃的六國軍隊，幾全被韓信消滅。

但韓信最重大的一戰，也是決定劉邦和項羽勝敗最後一戰，是垓下會戰，韓信率三十萬諸侯軍與項羽軍九萬決戰，項羽軍被全殲，項羽在烏江自殺。這是歷史上典型的殲滅戰，劉邦因而得以統一天下。

楚漢四年九月，劉邦和項羽分治和約已成，項羽從廣武引軍東撤，劉邦也準備西去。這時陳平建議說：「今漢有天下太半，而諸侯皆附；楚兵罷，食盡，此天亡之時，不因其幾而遂取之，所謂養虎自遺患也。」劉邦從之，相約韓信，彭越再戰楚軍。但韓信軍未會師時，劉邦自率軍與項羽戰，大敗（劉邦又打了一次敗仗）。

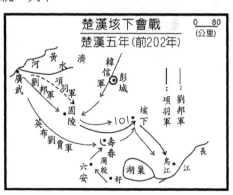

韓信率軍及時趕到，再打敗項羽軍，項羽率九萬精騎向垓下（今安徽靈壁縣東）退敗。韓信率三十萬諸侯軍追擊，項羽軍被全殲，項羽在江邊自殺。結束了楚漢相爭，劉邦統一天下，成為開漢四百年的君王，韓信與陳平功勞「卡大天」。

檢討楚漢雙方勝敗原因，除人才之外，尚有戰略與戰術之運用。項羽屢戰獲勝只是戰術上的勝利，戰略並未獲勝，終至敗亡；劉邦多次戰敗只是戰術上的失利，其戰略乃至政治層面仍是優勢，終於獲得最後勝利。

五、劉邦統一天下，漢朝開國。據歷史所載，漢初也內
　　亂數十年，匈奴又大舉入侵。漢初無力對匈奴反擊，
　　乃採「和親政策」，靠女人維護國家安全。

　　漢初確實又大亂好幾十年，首先是削平異姓諸王之戰。高帝六年（前二○
一年）擒楚王韓信（十一年被殺），高帝七年討韓王，為匈奴圍困在平城（山
西大同）。十一年斬梁王彭越，是年七月討淮南王英布斬之，十二年討平燕王
盧綰。

　　接著同姓諸王作亂，呂后於惠帝七年（前一八八年）秋執政，大封諸呂，
呂后八年（前一八○年）死，大臣陳平、周勃等誅諸呂，而立文帝。景帝三年
（前一五四年），七國造反，至是年十月才平定。

　　漢初匈奴內侵，所謂「靠女人維護國家安全」是事實，此即「和親政策」，
而其罪魁便是劉邦。高帝七年劉邦親率大軍三十萬與匈奴大戰，結果被匈奴圍
困在平城（山西大同）七日，糧食不繼，被迫和匈奴冒頓簽下「漢匈和約」。
該約規定漢皇室以公主嫁單于，每歲進貢匈奴財貨若干。

　　漢因無力反擊匈奴，此一「和親政策」歷惠帝、呂后，文帝、景帝到漢武
帝初年，凡六十六年，不知害得多少公主要遠嫁匈奴。以上各朝也曾和匈奴
戰，以雪國恥，惟多無功，不得已繼續靠女人維護國家安全。

　　到景帝後三年（前一四一年）崩，太子徹即位，是為漢武帝。武帝雄才大
略，英武有為，才展開有史以來中國與匈奴的長期而激烈大戰。對中國歷史，
乃至世界史，影響都很大。

六、漢武帝雄才大略，一生沒幹過甚麼特大的壞事，如殺害忠良等，形象很不錯。而且像衛青、霍去病等名將都與他「同台演出」，接下來的漢匈大戰，不僅精彩且意義重大，請陳老師道來。

漢武帝在位五十三年，建元元年（前一四○年）到後元二年（前八七年），此期間都在和匈奴大戰，計分四階段爭戰，幾十大小戰役。武帝之敢於啓動伐匈之戰，也因經六十多年休養生息（和親政策之利益），國力大大增強。

當時之匈奴國力也正強，其國境東到遼河，西到中亞細亞大部地區。漢之西北，祁連山、敦煌、酒泉、張掖、武威及賀蘭山；漢之北，今之綏遠、察哈爾、熱河，都是匈奴游牧生息地，且其鐵騎常進出陝北、甘東、晉北、冀北等地區，實爲古代世界最大游牧帝國，這是漢武帝所面對敵人的一般形勢。

武帝建元六年（前一三五年），匈奴又請和親。武帝召開「朝廷辯論會」，大臣王恢主戰，御史大夫韓安國主和。武帝採王恢議，計誘匈奴伏擊之。是年以韓安國爲護軍將軍，統兵諸將三十萬，決誘匈奴到馬邑（山西朔縣）伏擊之。後因事洩，無功而還。

漢匈關係於是惡化，匈奴不斷進犯邊塞，元光六年（前一二九年）分兵四路反擊匈奴。

車騎將軍衛青率萬騎自上谷（今察哈爾懷來縣南）出，追擊到龍城（今察省多倫），斬騎首，虜七百而還。

騎將軍公孫敖率萬騎出代（察省蔚縣），大敗，亡卒七千。驍騎將軍李廣萬騎出雁門（今山西右玉），全軍大敗，李廣被俘又逃歸。輕車將軍公孫賀萬騎出雲中（今綏遠托克托），無功而還。

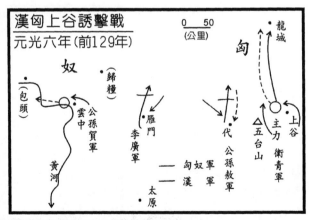

漢匈上谷誘擊戰
元光六年(前129年)

以上是漢武帝第一階段出擊匈奴，是一種試探性質的作爲。

輯十五

漢匈大戰四十年

一、漢匈大戰四十年，對中國歷史的發展也有重大意義，若匈奴最後戰勝，二千年中國史恐怕都得改寫，漢最後打勝，便連接了五千年文明。所以今天開始，要用約兩輯時間，談談漢朝和匈奴大戰四十年的重點部份，請陳老師開講。

漢匈大戰從元光二年（前一三三年），試探性的馬邑誘伏戰開始，算是大戰之序曲。從武帝元朔元年（前一二八年）至元狩四年（前一一九年），這十年是大戰的第二階段，大戰役七次，主力大會戰一次，結果漢勝匈敗。

本階段爭奪的戰略要域，是陰山山脈，祁連山山脈及賀蘭山脈地區，這些要域因在我國防、戰略、經濟及交通上有重要地位，爭戰特別激烈。就涵蓋的作戰地區，東起遼河，西到祁連，東西連綿約五千華里，實在是國力的總決戰。

本階段第一次戰役可稱「雁門漁陽之戰」（如圖）。元光六年（前一二九年）匈奴左部向漢之東北邊攻擊，其一部數千騎先攻漁陽（今河北密雲縣），漢使韓安國屯兵漁陽禦之。隔年元朔元年（前一二八年）秋，匈奴大舉攻遼西（今河北盧龍縣東），殺遼西太守，擄走二千餘人，又圍攻

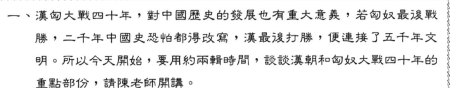

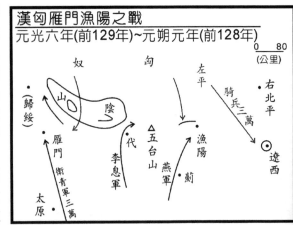

韓安國軍，幸燕軍至，漁陽得以不陷。匈奴再攻雁門，幸漢將衛青救雁門，李息出代郡，斬匈奴首級數千，匈奴敗走北遁。

二、第一次戰規模不大，各有損失，還是衛青厲害，難怪他是一代名將，接著漢匈戰況如何？

　　雁門之戰明年，即元朔二年春，匈奴又攻上谷、漁陽（均如圖），漢此時準備採大迂迴戰略，利用匈奴攻上谷、漁陽之際，攻擊匈奴右部主力。

　　漢將衛青、李息統軍三萬五千騎兵，西出雲中，包圍匈奴右部樓煩、白羊兩部，大獲全勝，盡克復秦蒙恬所經營之故地。武帝置五原、朔方郡。

　　又隔年，元朔三年夏，匈奴萬騎侵代郡，斬漢太守。秋又攻雁門郡，殺千餘人。元朔四年夏，又出九萬騎，兵分三縱隊，攻代、定襄（今綏遠林格爾縣南）、上郡（今陝西綏德東南）及朔方郡。元朔五年春，漢武帝決定大舉反攻，以衛青為統帥，進襲匈奴右賢王，主力編組如下：

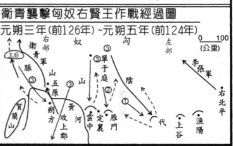

衛尉蘇建為游擊將軍。

左內史李沮為強弩將軍。

太僕公孫賀為騎將軍。

代相李蔡為輕車將軍。

大行李息、岸頭侯張次公將軍（攻匈奴左部）。

　　總兵力十餘萬騎，當時右賢王庭在今綏遠狼山之北數百里，右賢王以為漢軍不可能深入大漠，乃未做備戰，衛青得知密報，秘密從朔方渡河到五原（如圖）。又利用夜晚越狼山，襲擊右賢王幕，右賢王正在飲酒作樂，驚恐中與愛妾一人及親騎數百突圍北遁。這是衛青又一次奇襲戰，戰爭的勝利是在不可能中創造可能，如拿破崙翻越阿爾卑斯山攻打意大利，輸的一方永遠不解的問，「敵人怎麼可能從天而降呢？」

三、確實，輸贏就在那「可能」與「不可能」之間，贏的人打從內心就相信「那是可能的」。輸的人就永遠懷疑「那怎麼可能呢？」接下來，漢匈大戰規模好像愈來愈大了？

　　從元朔六年（前一二三年）春二月到元狩二年（前一二一年）夏，漢匈有三次大規模軍事作戰，後兩次鏖戰西域數千公里。

　　先是元朔五年秋，匈奴萬騎攻代郡，斬漢都尉朱英，次年衛青連續兩次出定襄數百里（今綏遠大青山地區），漢軍雖勝，損失亦重。

　　又次年，元狩元年（前一二二年），漢匈各再動員準備打擊對方主目標。漢為鞏固長安，故以匈奴右部為主目標，採先斷匈奴右臂，再擊單于本部；匈奴則以上谷為主目標。元狩二年春三月，漢將霍去病萬騎出隴西（今甘肅臨洮縣），過焉支山，斷匈羌之連繫。擒休屠王及渾邪王，到酒泉凱旋而歸。

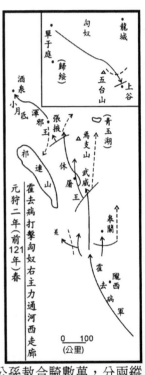

元狩二年（前121年）春
霍去病打擊匈奴右主力通河西走廊

　　同年夏，漢將霍去病與公孫敖合騎數萬，分兩縱（如圖），公孫敖出隴西，以祁連山為會師目標。霍去病出北地，過今甘肅青玉湖、居延海、酒泉到祁連山，大獲全勝，斬首級三萬，擒王公貴族數十人。

　　霍去病兩次遠征西域數千公里，皆能致勝，原因㈠去病勇敢善戰；㈡了解戰場地理環境，能因水草，因糧於敵；㈢漢騎訓練精良；㈣最重要的戰略運用上，採遠距大迂迴機動、包圍、奇襲與突破的交互使用。各種戰爭成敗關鍵原因，恐怕也在於此。

四、漢匈大戰到此十餘年了，漢軍雖大多獲勝，但並未消滅匈奴之主力部隊。而匈奴憤於屢敗，正亟思要扭轉劣勢。據史所載，這時候有一場漢匈大決戰，是本階段的主力戰。

為準備這次大決戰，漢武帝做了一個「夢幻編組」：

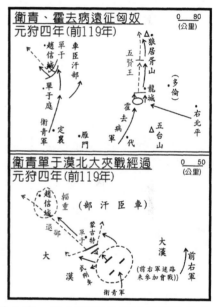

衛青、霍去病遠征匈奴
元狩四年（前119年）

衛青單于漠北大夾戰經過
元狩四年（前119年）

(一) 右縱隊：

主　　帥：大將軍衛青　　　　前軍
將軍：郎中令李廣
左軍將軍：太僕公孫敖　　　右軍
將軍：主爵趙食其
後軍將軍：平陽侯曹襄

(二) 左縱隊：
主帥：驃騎將軍霍去病，所率諸將有從驃侯趙破奴、昌武侯安稽、北地都尉衛山、校尉李敢、歸義侯復陸文（匈奴降將）、樓剸王伊即軒（匈奴降將）。

以上編組，左右縱隊各五萬騎兵，合計十萬。另有隨軍負責補給運輸的步兵十萬人，馬十四萬匹（備用補充）。這個大決戰發生在元狩四年（前一一九年）春，左、右縱隊作戰經過簡述如下：

衛青所率右縱隊出定襄千餘里，約在今外蒙古車臣汗部西南，見匈奴大軍已嚴陣以待，衛青以武剛車（兵車）環繞為營，防敵突襲，兩軍大戰一日夜，匈奴敗走。衛青追到趙信城（見圖），凱旋而歸。是役斬敵首級兩萬，可惜前右兩軍迷路未參戰，李廣被罪自殺，趙食其當斬，贖為庶人。

霍去病所率右縱隊，北出代郡，在檮余山（約今內蒙古自治區達來諾爾湖附近），與匈奴左賢王主力決戰，匈奴大敗，霍去病軍追到狼居胥山（今察哈爾阿哈納爾左翼旗，斬敵七萬首級。左賢王率殘兵北走，這是一個機動會戰的大殲滅戰。

> 五、漢武帝從上任後，就積極準備討伐匈奴，雖辛苦卻
> 對中國歷史發展貢獻很大。但個人生命是有限的，
> 現在漢匈大戰進入後期，漢武帝在想甚麼？

自從元狩四年（前一一九年），霍去病與衛青在漠北大決戰後，漢匈雙方處於「休戰階段」。所謂「休戰」，並非完全沒有戰爭，而是以政治戰、謀略戰或游擊戰，惟雙方都沒有佔到便宜。唯可書者，設武威、酒泉、張掖、敦煌四郡，西聯月氏、大夏、烏孫等。到漢武帝在位的最後十年（武帝崩於後元二年，西元前八七年），還有三次漢匈大決戰，算是武帝與匈奴最後的交手。

天漢二年（前九九年）五月，武帝詔令三路軍進擊匈奴，以天山南北及伊吾盧（今新疆伊吾、哈密地區）為戰略目標，目的在斷匈奴右臂及通西域三十六國。

第一路軍李廣利率三萬騎兵指向天山，令騎都尉李陵（廣之孫）率五千人為後勤支援。

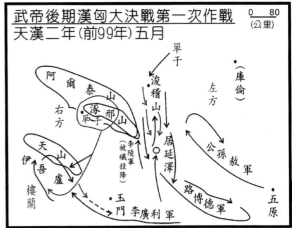

第二路軍因杆將軍公孫敖率萬騎，出西河（今綏遠鄂爾多斯左翼前旗），指向涿邪山，與路博德會師。

第三路軍強弩都尉路博德率萬騎出居延，指向涿邪山與公孫敖會師。

這次作戰只能用「慘敗」，倒是李陵因敗降匈奴譜出一段意外插曲。他所率五千兵卒遭匈奴三萬軍圍殺（如圖），死傷慘重，戰到最後只剩身邊衛騎壯士十餘人，終於投降匈奴，單于器重李陵，把女兒嫁給他。

戰後武帝要檢討敗因，針對李陵一案問太史令司馬遷，遷曰：「轉戰千里，矢盡道窮，古之名將也不過如此。」又說：「彼之不死，意以得當以報漢也。」武帝認為司馬遷強詞「關說」，因下遷宮刑，一代大史學家，竟遭言禍。他的《史記》，中國人讀了二千多年，再讀二千年也不怨倦，也算給他安慰了。

漢武帝在位與匈奴最後的兩次大決戰，一次在天漢四年（前九七年），雙方動員各約二十萬兵力，在今阿爾泰山東脈大決戰，雙方打成平手，但漢軍已顯現馬匹不足的困境。是役，漢七萬騎，匈奴十萬騎。

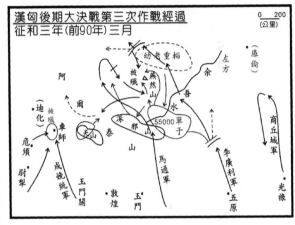

漢匈後期大決戰第三次作戰經過
征和三年（前90年）三月

最後一次大決戰（即後期第三次，見圖），在征和三年（前九○年）三月，武帝的兵力編組如下：

貳師將軍李廣利，率七萬軍出五原。

御史大夫商丘城，率三萬軍出光祿。

重合侯馬通，率四萬軍出酒泉。

漢武帝與匈奴最後這一仗，也是打得力不從心。主力部隊李廣利軍竟在燕然山（今蒙古西庫倫西客里圖地區）附近，被匈奴全殲，李廣利投降，單于又把女兒嫁給他。事後漢武帝頗悔這次用兵，決計休兵，拼經濟，重整軍備。而匈奴也無力再戰，數年後武帝崩，漢匈處於休戰狀態。

武帝在位半個世紀，除漢匈大戰外，也開拓西南夷，征南越、朝鮮，通西域諸國，奠定秦漢「第一帝國」基礎。他在歷史上的地位，史家把他「秦皇漢武」並稱。

武帝之後，到漢宣帝、元帝，漢匈又有大戰，到建昭三年（前三六年），終能制匈奴之死命，漢之國威達到空前盛況。總計從漢武帝發動征匈之戰（前一三三年），到最後收網成功，達百年之久。若無龐大國力支持，不可能支持如此長久的消耗戰。

輯十六、
「劉秀復國」
正詮：光武開國之戰

一、這輯要談的是我國民間戲曲藝文界經常演出的劇碼，例如歌仔戲演的「劉秀復國」，正是我國東漢最重要的一段戰爭。但是，演戲難免誇張些，陳老師所講是從正史的觀點，有根有據，把歌仔戲加以正詮，當然也要問問陳老師，「劉秀復國」戰爭的重大意義是甚麼？

用現代術語解釋，這是一段推翻「非法政權」，推翻「竊國者」的戰爭，也是撥亂反正的戰爭。

原來漢朝到了成帝時代，政權落入外戚王氏之手，到漢平帝元始元年（西元一年）已經是大司馬王莽的政權。元始五年平帝突然死（應王莽所害），廣戚侯劉顯之子劉嬰即位（才兩歲），王莽改年號為居攝元年，自稱「假皇帝」，隔二年王莽廢劉嬰，國號「新」，自稱真天子，為始建國元年（西元九年）。

王莽政權維持不久，地皇四年（西元二三年），漢軍入長安，王莽被殺，劉玄稱帝即更始元年。王莽死，天下又大亂，到處有稱王稱帝者，更始政權也才維持三年，劉玄在動亂中被亂軍所殺。接著劉秀（漢景帝第三子）即位於洛陽，是為漢光武帝，這年是建武元年（西元二五年），東漢從這裡開始。

漢光武帝劉秀從稱帝到統一天下，整整十三年，若從他在舂陵（湖北棗陽）起義，共十六年。這段推翻「竊國者」及統一天下的戰爭，史稱「光武中興」，就是歌仔戲的「劉秀復國」，其重大戰役有平定河北、進取兩京（長安、洛陽）、平定關東、平定隗囂及平定公孫述等。

二、這好像天下又回到戰國時代，群雄圖霸，依賴一個最強大、最有遠見，或合乎法統與受支持最多的英主，平定群雄，才能使中國重回統一的局面。劉秀起義時也很落魄（如三國劉備），他如何打響復國戰爭的第一仗？

漢光武帝劉秀打響復國戰爭的第一仗，就是平定河北諸役（如圖）

起初，他只是在王莽被殺，王氏政權崩潰，天下大亂之際，奉先一步稱帝的劉玄之命，於更始元年（西元二三年）十月，持節北渡河，鎮撫州郡，一介虛官，手上沒有兵力。

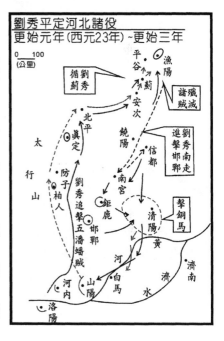

劉秀平定河北諸役
更始元年（西元23年）~更始三年

沒想到劉秀到了河北，也許他衆望所歸。河北地區的割據一方的豪強、土匪、政客及英雄好漢，竟有不少願意歸他統領。他慢慢的有了幾萬軍隊，河北地區薊（北平）、蕪蔞亭（陽縣）、眞定（正定縣）、南宮（南宮縣）、信都（冀縣東北），到更始二年五月初一日，更破邯鄲，滅王郎。約半年多時間，劉秀竟平定河北全境，劉玄對他便有了顧慮，怕劉秀壯大威脅自己。劉玄乃令劉秀罷兵，悉還長安，派自己人來接收河北。

劉秀正在左右爲難，他的一個青年將校耿弇建議，意思說，天下兵戰才正開始，劉玄多疑必敗，公功名已著，以義征伐，天下可傳檄而定，公可自取，勿把天下讓予無德之人。劉秀決定抗更始之名而獨立，此時他約有十萬兵力，繼續進行統一河北之戰。隔年六月二十二日，平定青犢、五幡、銅馬等諸流寇後，回軍至鄗（今河北高邑），遂稱帝，是謂東漢光武帝。三個月後率軍攻下洛陽，就以洛陽爲國都。

而不久，更始三年年底，劉玄被土匪赤眉所殺，更始政權也結束了。劉秀的成功，在人事關係上能開誠佈公，能撫攬英雄豪傑，樂爲所用而已。

三、歷史上能獲衆人擁護支持者，似有一個共同原因，
　　即道德誠信，但這只是一個看不見摸不到的形象。
　　統一天下還是得靠智慧、謀略與力量，接下來劉秀
　　如何打贏長安、洛陽兩大戰役？

　　長安，自西漢以來就是中國的政治核心，周秦以來即爲東爭中原之戰略基地。洛陽在中原之中，有近制中原諸侯之便。

　　當時爭奪長安有五路兵馬，更始軍、漢軍（鄧禹）、隗囂軍、赤眉軍和延岑軍等。更始二年（西元二四年）冬，光武帝遣鄧禹（乃劉秀在長安讀書的同學）進取長安，至建武二年（西元二五年）十一月無功東歸。後光武

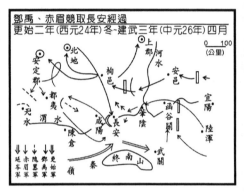

鄧禹、赤眉競取長安經過
更始二年(西元24年)冬～建武三年(中元26年)四月
0　　100
(公里)

親率六軍消滅赤眉軍，再派馮異攻打長安，到建武三年四月，才打敗盤據各方之豪強，平定關中（如圖）。

　　而洛陽當時被朱鮪所盤據，光武於即帝位後，便在建武元年（西元二五年）七月親至河陽（今河南孟縣西）指揮，展開攻洛陽之戰。部署如下：

　　㈠建威大將軍耿弇，軍於五社津（在溫附近，今鞏縣渡口），以備滎陽以東之劉永，掩護左側安全。

　　㈡大司馬吳漢率朱祐、岑彭、楊化等十餘將軍，軍十餘萬，圍攻洛陽。

　　圍攻兩個多月，因洛陽城堅池深，軍備充實，仍不能克。光武乃用岑彭曾爲朱鮪校尉之關係，使往說降，對朱鮪說以成敗利害關係。朱鮪回應意思說，曾參與殺害劉縯（劉秀兄），並在更始帝前講劉秀壞話。劉秀一聽馬上指河

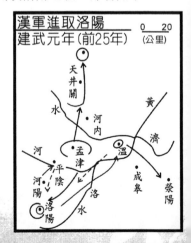

漢軍進取洛陽
建武元年(前25年)
0　　20
(公里)

發誓，保證朱鮪投降後之爵位不變，是年十月十八日光武入洛陽，遂為都焉。

　　檢討劉秀能順利平定長安、洛陽，原因如下：一、眼光較當世群雄遠大；二、善於用人；三、善於因緣時會，把握利機；四、策略運用正確；五、善於支援長期戰略基地，支援長期作戰。

四、劉秀雖拿下長安、洛陽，但整個中國地盤上已被十餘軍伐割據，到處有稱王稱帝者。長安、洛陽雖是戰略要地，但按所控領範圍比較，劉秀也不過佔領兩個綠豆大小的地方，他有甚麼神奇的戰略可以平定群雄？

光武帝劉秀定都洛陽後，放眼天下，確實仍爲各方豪強割據，爲明瞭全盤態勢與方略，先述當時割據情形。

㈠ 劉永據睢陽（今豫東及安徽北部）。

㈡ 董憲據郯（今蘇北東海縣東及魯南）。

㈢ 張步據齊（今山東黃河以東及膠東）。

㈣ 彭寵叛據燕（今北平附近）。

㈤李憲據廬江（今安徽巢湖附近）。

㈥秦豐據鄀郢（今湖北襄陽江陵間）。

㈦田戎據夷陵（今湖北宜昌宜都）。

㈧ 盧芳據九泉稱帝與匈奴合勢（今甘肅與綏遠部份地區）。

㈨隗囂據天水隴西（今甘肅中部）。

㈩公孫述據巴蜀漢中（今四川及陝南地區）。

(十一)竇融據河西（今甘肅蘭州、武威、至敦煌地區）。

此外尙有諸多豪強叛亂，劉秀鎭守關中（長安、洛陽），威脅來自兩方，關西和關東。西與中原遙隔，且有馮異守關中，暫無直接威脅。關東方面，劉永稱帝，彭寵、張豐等，對洛陽有直接威脅，故光武在戰略上採西和東攻，待東抵定，再揮旗向西，先從平定關東說起。

平定關東群雄大約花了五年的時間，過程複雜，主要戰役有南征宛鄧及南郡之戰、東武劉永、北擊彭寵、東平董憲和張步與南平李憲之戰。到建武六年（西元三〇年）關東平定，接下來轉戰關西隴蜀，劉秀不僅是帝王之資，也有將帥善於用兵之才，眞是古今奇才，難怪在歌仔戲中是當紅的主角，也成民間的傳奇人物。

五、光武帝劉秀花五年能平定關東群豪，也是很值得的
　　事，這五年一定有許多感人的故事。接著要平定隴
　　蜀地區，也要好幾年，但最後終使社會由亂而治，
　　使國家由分裂而統一，看劉秀如何完成開國之戰？

　　光武帝平定隴蜀之戰也花了五年多的時間，先是討隗囂之戰，是進討群雄中最艱苦的戰役。光武在軍事上皆告失敗，最後之成功，僅賴戰略之用及資源豐富，征隗囂主要戰役有：

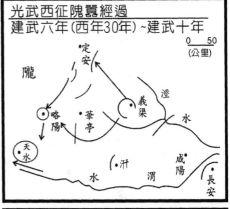

光武西征隗囂經過
建武六年（西年30年）~建武十年

(一) 建武六年（西元三〇年）五月，首次接戰，光武親自率軍戰隗囂，戰至隴坻大敗而歸。

(二) 七年三月，隗囂反攻關中，光武迎戰。是役因竇融（隴北豪強，原與隗囂聯合）向光武投降，隗囂退據隴山採取守勢。

(三) 八年一月，漢軍又攻隴西天水，又大敗而回。九年八月，隗囂病死，少子隗純立為王，戰至十年十月，便向光武投降。

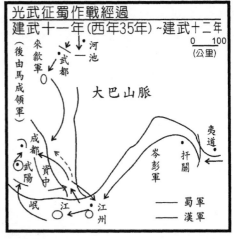

光武征蜀作戰經過
建武十一年（西年35年）~建武十二年

隴蜀原是同一戰線，隗囂、隗純問題解決，盤據在四川的公孫述便難以自保。建武十一年（西元三五年），光武發動平公孫述之戰，十二年十一月蜀軍大敗，光武帝劉秀終於完成全國統一，開國之戰至此大功告成。

　　光武帝開國之戰最重大的意義，是使分裂的中國重回統一的局面，是東漢開國，也使漢政權再延續到「曹丕篡漢」。最大之利應是把王莽打亂的一般棋（社會大亂），重新佈回安定、安全的環境，人民好過日子。

六、 漢光武帝劉秀統一天下，至少人民從此以後可以過
　　 幾天不打仗的好日子。從光武帝到漢朝結束有一百
　　 多年，好像也還有重大戰爭，如征匈奴，班超通西
　　 域等，請陳老師談談，並做一小結。

　　是的，不打仗人民就有好日子過。光武帝在位三十二年（崩於西元五七年），統一之戰後，光武帝深知人民須要休養生息，在他有生之年就再也沒有發動過戰爭，讓人民過著幸福與美滿的日子。難怪兩千年來，不僅歌仔戲，很多民間藝文活動都在頌揚他。

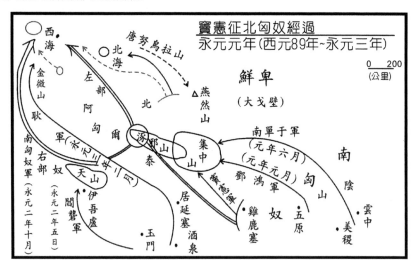

　　從光武帝走後，到曹丕纂漢（西元二二〇年），有一百六十餘年，此期間只有征匈奴之戰和征西域之戰。

　　征匈奴之戰有兩次，明帝時匈奴又來擾邊。永平十六年（西元七三年）二月，漢軍北征，匈奴敗北。第二次竇憲等在和帝永元元年（西元八九年）六月北征（如圖），至永元三年二月，擊滅北單于。

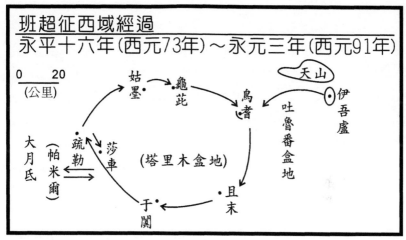

西域諸國（今新疆地區），在漢武帝時代已置校尉以領護之，王莽篡漢時又與中國絕，並臣服匈奴。明帝後決定用雙管齊下，政治與軍事並用，永平十六年班超開始到于闐、疏勒經營。和帝永元三年（西元九一年）竇憲擊滅北匈奴於金微山（今新疆布托倫海北方），同年十二月班超征服西域全境。

班超征西域五十五國，所率人馬最初三十六人，後再支援者不過千人，終可成功原因，一者漢之國勢正強，二是國防力量的優勢，三是班超的政治智慧。孫子說「善戰者，求之於勢，不責於人。」，就是指「形勢」上贏了，就能成功。

輯十七
從三國紛戰到晉統一之戰

一、漢朝末年，政治腐敗，天下又大亂。真是應驗了「神戒」真理「天下
　　大勢，合久必分，分久必合。」而在這分分合合過程中，總有許多可
　　歌可泣的故事，從三國到晉統一的許多人物，也是戲曲熱門的劇碼，
　　讓陳老師選有重大意義的說給大家聽。

　　東漢到桓、靈二帝，外戚宦官禍亂已極，政治黑暗，盜賊四起。黃巾與董
卓之亂更「推亡漢於已墜」，當時的社會精英都有「漢室不可復興」的預測，
天下之分又到了必然的形勢。所謂「三國」，魏、蜀、吳乃乘勢而生。

　　三國時間，從漢獻帝初平元年（西元一九○年），到晉武帝太康元年（西
元二八○年），共九十年。此期間，三國各有興衰，而政權遞嬗，形勢推轉，
皆視人才實力消長而定，實力消長又決定在戰爭勝敗；而戰爭勝敗又決定在政
治、經濟、軍事與人謀之運用。通常謀之臧者勝，人謀臧而又有遠大智略者全
勝；反之，人謀不臧者敗，不臧而又短視愚昧者全敗，三國人物給我們一面面
最清楚的明鏡。

　　三國九十年間，戰爭終年未停，選有代表性的曹魏開國、東吳開國、劉備
開國及孔明北伐之戰說給大家聽。而最後晉武帝平吳之戰，則為三國劃下「完
美」的句點。為何「完美」？蓋因三國結束，回歸統一是歷史法則的實踐，是
一種「真實」的自然演變，凡是「真」，便應該合於「美」，也是「善」吧！
聽眾讀者以為呢？

二、那我們就開始來講三國，記得本節目講「孔明兵法」時，也講三國，只是以孔明爲核心。現在則針對三國戰爭的全盤情勢，那一國要先上表演舞台？

　　按照歷史法則所編排的表演順序，曹魏開國之戰最先走上歷史舞台。主要戰役有三：破呂布與定都許昌之戰、官渡之戰、赤壁之戰，其中官渡戰奠定曹操北方統一的基礎，底定中原大局；而赤壁戰則形成三國鼎立局面，是改變歷史之戰。

　　興平元年（西元一九四年）五至八月，曹操戰呂布於濮陽（今河南濮陽縣南），九月兩軍罷。次年十二月，曹操大敗呂布軍。建元元年（西元一九六年），曹操攻克武平（河南鹿邑縣西北），遂據有豫州全域，乃以許（河南許昌）爲其首府。

　　又隔四年多，建安五年（西元二〇〇年）二月，袁紹將顏良攻白馬城（河南滑縣東），曹操破斬之，又斬紹將文醜於延津（河南延津縣北），曹操在諸戰中全勝，還軍官渡（在今河南鄭州及開封之間）。是年八月，袁紹大軍攻官渡，結果袁紹大敗，曹操穩住北方統一的基礎。從以上兩個戰局看，曹操在戰略、戰術、用兵及眼光，都在呂布、袁紹等人之上，故能取勝。

　　赤壁之戰（如圖），是我國歷史有名的戰役，本節目也講過，這裡只做簡述。

　　建安十三年九月（西元二〇八年），曹操號稱百萬大軍南征，劉備逃走，劉琮投降，大軍集結在江陵。年底，孔明促成孫權和劉備聯合，大敗操軍於赤壁，曹操北歸，從此無力南征，三國鼎立之局成。

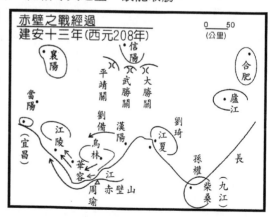

赤壁之戰經過
建安十三年（西元208年）

0　50
（公里）

　　建安二十五年（西元二二〇年）元月，曹操死，曹丕繼魏王兼漢丞相，十月便廢漢獻帝，自立爲魏文帝。

　　曹操在三國人物中，最有能力與實力，也有機會統一中國。可惜一個「驕」字使他赤壁慘敗，而破曹操之局者，只是一個未參加戰役的諸葛孔明，此二人棋逢對手，各有厲害的地方。

三、赤壁之戰在中國歷史上確實是一場「明星」級的戰
　　爭，司馬光也寫「赤壁之戰」，蘇東坡有「赤壁
　　賦」，成為流傳千古的文學作品。接下來要上舞台
　　的，東吳孫權，據說是兵學鼻祖孫武的後裔，是否
　　也如他的祖先一樣用兵如神呢？

　　東吳孫權用兵和眼光，並不如他的先祖孫武子，孫權一生因缺乏有雄才大略的將相（皆中年早喪）輔助，又因地緣關係，沒有問鼎中原，統一中國雄心企圖。但是，怪無人可用，或怪環境不好，都是不對的，只怪自己能力不夠。比他條件更不足的孔明，都能發動五次北伐。所以，終其極，只能據長江而有之，自建帝號以自固自爽而已。

　　孫權的江山是他哥哥孫策打下來的，孫策於興平二年（西元一九五年）率數千人渡江南，四年開疆拓土，就有會稽、吳郡、丹陽、豫章、廬江、廬陵六郡，攻城掠地的速度，遠勝曹操、劉備，此時不過二十五歲年輕人。陳壽評之「英氣傑濟，猛銳冠世，覽奇取異，志陵中夏。」可見孫策也有將相之才。

　　興平二年十二月，孫策破劉繇、許貢，據有今安徽宣城、江蘇鎮江、丹陽、吳縣等地區。建安元年（西元一九六年）再破王朗，據有今浙江北部地區。建安四年，克劉勳、黃祖、廬陵，據有今武昌、岳陽、九江、南昌地區，東吳國基因以奠定。

　　可惜建安五年六月五日，孫策因戰傷致死，卒年二十六。其弟孫權繼立，臨卒時謂權說：「舉江東之眾，決機兩陣之間，與天下爭衡，卿不如我；舉賢任能，各盡其心，以保江東，我不如卿。」可見孫權也善於用人，若能有先祖孫武用兵之神，東吳將大有可為。

　　其後有周瑜、魯肅、呂蒙（斬關羽父子者）、諸葛瑾（諸葛亮的哥哥）等輔助孫權，自固於江東，曹操、劉備、孔明都把他無可奈何！

四、三國之中，最賺人熱淚、最叫人千年還懷念不已的，
　　該是蜀漢的劉備、孔明、關羽（公）他們的故事。
　　在民間社會到處有他們的廟，可見中國人對他們的
　　推崇，現在就請陳老師說說他們的建國戰爭。

　　確實，在中國歷史上，三國時代的劉備、孔明、關羽、張飛、趙雲等人，最讓人千古懷念，尤其前三人最著。孔明是名將名相，關羽享祭受祚最久遠，有華人的地方就有「關公廟」。而劉備似乎受到不公平待遇，歷史開劉備的玩笑，說他的江山是「哭出來」的。我認為劉備最值稱道的地方，是他創造了兩個最完美、典型的「神話」，即「三顧茅廬」和「桃園三結義」，因此至德才有蜀國的建立。

　　劉備開國之戰，最要者便是進擊益州（四川）之戰，這是依照孔明「隆中對」戰略步驟完成的。建安十六年（西元二一一年）十二月，劉璋迎劉備入蜀幫忙平亂，十七年十二月劉備襲劉璋，十九年六月劉璋投降，劉備領益州牧。建安二十三年元月，劉備北攻漢中，二十四年五月，魏撤漢中守陳蒼，備遂有漢中之地，蜀漢建國完成。

　　劉備一生最大遺憾應是對東吳發動戰爭，因而卒於白帝城（長江巫峽東約三十公里），應是氣死的。對吳之戰乃違反蜀國的大戰略構想，但劉備一心要為義弟關公報仇。建安二十四年（西元二一九年），關公父子在荊州大戰中，被吳將呂蒙擒斬，當哥哥的劉備不顧一切，挺身為弟復仇，至死不悔。蜀國雖元氣大傷，但「桃園結義」成為永恆的佳話，也算一種安慰。

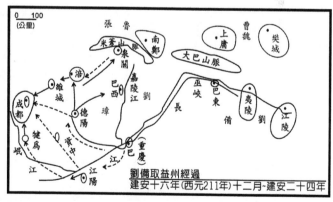

劉備取益州經過
建安十六年（西元211年）十二月-建安二十四年

　　劉備一走，蜀漢舞台依然熱鬧，但只靠孔明一人撐住蜀國一片天。孔明有生之年發動五次北伐都失敗，他也知道北伐統一是機會不大的，他只是告訴千百年的中國人一句話：「漢賊不兩立，王業不偏安。」

五、三國紛紛建立，而建國的過程都是靠戰爭，這麼說
　　中國之分裂也戰爭，統一也戰爭。三國的存在只是
　　短暫的，又是怎樣的戰爭？又是誰？使中國重回統
　　一的局面？

　　其實全世界皆如此，人類社會的分合進化就是以戰爭為動力，而這個動力的「原動力」只是一個「利」字，所以經濟學稱「利」是「一隻看不見的手」，推動歷史的巨輪向前滾動。

　　蜀國在孔明死後（西元二三四年），炎興元年（西元二六三年，魏景元四年）五月，司馬昭派四路大軍十餘萬人攻蜀，是年十一月劉禪阿斗投降，蜀亡。至此，魏吳形成南北對峙，三國鼎立成為「兩國對局」。

　　這時候魏國內部正在「質變」，相國晉公司馬昭以滅蜀有功封王，他又大封自己人六百多人，蓋為晉陰謀代魏，預籌未來晉國之規模也，此「司馬昭之心」由來。

　　魏元帝咸熙二年（西元二六五年）八月，司馬昭卒，太子司馬炎繼為相國晉王，十二月廢魏元帝奐，封為陳留王，魏亡。是月十七日，司馬炎稱帝，是為晉武帝，這一天是晉開國的第一天，改元太（泰）始。

　　晉武帝上台，最重要的大事是消滅東吳，統一中國，乃積極準備伐吳之戰。因為晉若未完成統一，也只是割據，建國便不算完成。要打仗就得先有「戰爭內閣」：

　　㈠ 尚書左僕射羊祜都督荊州軍事，鎮襄陽。

　　㈡ 征東大將軍衛瓘都督青州軍事，鎮臨淄。

　　㈢ 鎮東大將軍東莞王伷都督徐州軍事，鎮下邳。

　　㈣ 咸寧三年以安東將軍王渾督都揚州軍事，鎮壽春。

　　而東吳方面，孫權早已走了，孫皓在位，一代不如一代。皓淫慾奢侈，政治黑暗，離心離德，民間女子漂亮的盡捉入後宮達數千，完全未警覺到國之將亡。

> 六、看樣子中國結束分裂，趨向一統的大勢已然形成。
> 這場統一之戰打起來應不會太辛苦，也不會拖太久，
> 因為雙方戰力相差太懸殊，我們還是看晉武帝如何
> 完成統一之戰？

　　天下大勢到了要分的時候，山都擋不住；要合的時候，如水到渠成。晉武帝做了十年的備戰部署，最後羊祜、張華、王濬、杜預等，都覺得天下一統時機已到。其理由「以一隅之吳，當天下之眾，勢分形散，所備皆急。巴漢奇兵，出其空虛；一處傾壞，上下震盪，雖有智者不能為吳謀也，……將疑於朝，士困於野，無有保世之計。」

　　咸寧五年（西元二七九年）十一月，晉武帝以六路大軍伐吳，依羊祜的方略部署：

　　㈠ 太尉賈充為大都督，將軍楊濟為副，統一指揮。

　　㈡ 遣鎮將軍琅邪王伷出涂中（今安徽涂縣）。

　　㈢ 安東將軍王渾出江西。

　　㈣ 建威將軍王戎出武昌。

　　㈤ 平南將軍胡奮出夏口。

　　㈥ 鎮南大將軍杜預出江陵。

　　㈦ 王濬、唐彬兩將軍，浮江東下。

　　這是一場「不對稱戰」，吳國面對晉大軍，除沿江守軍外，並無其他防衛之策。因此，次年（西元二八〇年）正月，晉軍全面進擊，三月十五日吳王孫皓就投降了。結束九十年的三國大亂，苦了人民。按東漢桓帝永壽三年（西元一五七年），中國總人口是五千六百四十八萬六千八百五十六人，三國結束時人口一千六百一十六萬三千八百六十三人。即大亂九十年，人口損失五分之四。

　　萬萬沒想到，晉武帝統一中國後，即無遠大謀國之志，沉迷酒色之中，且器量狹小，又弄得離心離德，眾叛親離。「八王之亂」、「五胡十六國」，大戰又起，苦了蒼生。到南北朝三百年大動亂，史稱「黑暗時代」。

輯十八
黑暗時代的戰爭(一)
西晉統一與東晉北伐

一、我們在講「戰國」、「三國」時，深感那已經是最亂的時代了。但若
　　和今天開始要講的「黑暗時代」相比，可能還不算最亂或最黑的時
　　代，到底為甚麼三國結束，天下一統才不久，又陷入三百年的「黑暗
　　時代」？

　　我們確實很難解釋這是歷史的偶然，還是必然！但是治亂總有因，戰爭的勝敗或政權離合大多只是一種「果」，其背後一定有因（政治鬥爭、利益爭奪等）在推動。晉武帝終結三國時代後，中國重回統一局面，接著不久又陷於動亂戰爭，這一亂就亂了三百年，「兩晉五胡十六國與南北朝」史稱「黑暗時代」。

　　黑暗時代（Dark age）本來是指歐洲從五到十五世紀這一千年，因為各種戰爭（多為宗教原因），民不聊生，為西方歷史最黑暗最悲慘的時代。西方的黑暗時代長達一千年，我國才三百年，顯然我國的黑暗時代不算最黑，也不算最慘。

　　三百年黑暗時代幾乎年年有戰爭，選取對中國歷史發展有決定性影響，或重大意義者，在兩晉有匈奴劉漢滅西晉、東晉歷次北伐、前秦統一中原、淝水之戰。在南北朝有拓跋魏統一北方、南北朝戰爭及周統一中原等。

　　晉武帝雖結束九十年的三國紛爭，使中國復歸統一。可是晉朝統一之初，國家已經存在兩大隱憂，一是社會風氣消沉、生活靡爛，形成精神解體；一是五胡（匈奴、氐、羌、鮮卑、羯人）雜居邊地，勢力龐大，形成民族之威脅。另一個危機是晉武帝恢復封建制度，大封同姓諸王，引起「八王之亂」。綜合這些原因，統一的大帝國又快速解體。

二、大帝國的解體是因為一場戰爭，晉武帝所建立的一個晉王朝，只有三十七年就結束了，史稱「西晉」。
據說，結束西晉王朝的就是匈奴，說說這場戰爭吧！

是，終結西晉王朝的正是匈奴人劉淵，晉惠帝時為匈奴五部大都督，略通中國經史兵法，原是漢室外甥，見晉室腐敗，有復興大漢之志，於是在永興元年（西元三〇四年）建國，號「漢」，自稱漢王，都離石（今山西省離石縣）。

而劉淵的對手晉武帝，是中國歷史上有名的淫慾之君，後宮佳麗上萬人，都是從民間納來。士大夫流行清談，「竹林七賢」縱情詩酒，放誕形骸之外。「八王之亂」二十年，國家元氣大傷。

劉淵即有復興漢室之志，乃北聯鮮卑，假漢為號召，立漢高祖劉邦、漢光武帝劉秀、蜀漢昭烈帝劉備之廟，以收漢人之心。可見劉淵對中國是了解的，他知道「漢」與「非漢」（中國或非中國）的道理，想在中國政壇上得到最多支持，非得要回歸到正統中國不可。而族群、種族、身份，都是次要的問題，這也是今天台獨是死路，最原始的原因。

匈奴劉漢建國後，以四年時間擴張，永嘉二年（西元三〇八年）開始對晉發動攻勢，經五年戰鬥，終使西晉覆亡。這是一個複雜漫長的鬥爭，但匈奴漢國劉淵的戰略目標卻始終簡單明確，可以簡圖示之，攻陷晉之長安、洛陽兩都為戰略目標。

西晉宗室諸王正忙於內鬨，同姓異姓藩鎮相繼割據，並無防衛匈奴漢國進擊的全套戰略，形勢上也顯不利局面。

假如這是一盤棋（實即也是），雙方並未進入主力大戰，晉方已經輸了，這就是《孫子兵法》所說的「勝敗在形勢，不責於人。」的道理。

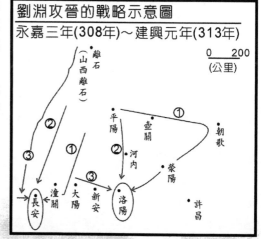

劉淵攻晉的戰略示意圖
永嘉三年(308年)～建興元年(313年)

0　200
(公里)

> 三、勝敗雖說「先知」，但在當時的晉室君臣應是未知
> 或無知，因為晉有數十萬大軍，也還有的打。陳老
> 師就簡述一下匈奴漢國滅西晉之戰。

永嘉二年（西元三〇八年）十月，漢主劉淵遣兵五萬攻洛陽，月餘不能克，改採孤立洛陽之策，先攻洛陽周邊各戰略要域（滎陽、開封、許昌、項城等。）

永嘉四年七月，劉淵遣劉聰、劉曜、石勒等攻河內，是月劉淵病卒，子劉聰即位。是年十月再發大軍圍攻洛陽，到永嘉五年五月，洛陽已陷入全面飢困，人相食，到處流亡大亂。晉懷帝在銅駝街竟遭盜搶掠。六月十一日洛陽城陷，懷帝被俘到平陽，王公貴族平民死三萬餘人，史稱「永嘉之禍」。

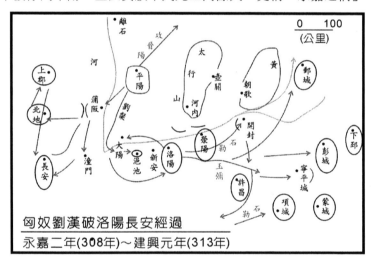

匈奴劉漢破洛陽長安經過
永嘉二年(308年)～建興元年(313年)

建興元年（西元三一三年）二月，劉聰殺懷帝於平陽。四月，晉皇太子即位於長安，是為晉愍帝。是月，劉聰再發大軍八十萬圍攻長安，至次年無功退軍，建興三年九月再攻。到十一月十一日，愍帝乘羊車肉袒銜璧輿櫬出降，虜至平陽，封為懷安侯，西晉至此滅亡。

洛陽、長安淪陷後，瑯邪王司馬睿即位於江左建業（今南京），東晉開始。這時大批中原貴族百姓，紛紛流亡江東，造成一次民族大遷徙，史稱「衣冠南渡」。接下來數十年，歷史又再演著「北伐統一」的劇碼。

四、山河被胡人侵佔，理當北伐收復，完成國家統一局
面，這是東晉的歷史責任，推不掉也不能推，因為
在中國歷史長期「偏安」是不合法統的，陳老師說
是不是？

東晉保有江南半壁，又延續了一百零二年，西部和北方則是五胡及若干漢人建立的國家，史稱「五胡十六國」。其實有二十二國，包括漢（前趙）、北涼、夏、後趙、前燕、後燕、西燕、南燕、西秦、南涼、遼西、代（魏）、成漢、前秦、後涼、仇池、後秦、前涼、魏、西涼、北燕、後蜀。我們常說「東晉偏安」，其實是偏而不安，因為南方政權要北伐，北方政權也在合併和南征，目的則一，統一中國。基本格局和今天兩岸相同。

東晉志士積極進行北伐之戰有祖逖、桓溫、褚裒、殷浩等人。建興元年（西元三一三年）晉王司馬睿（元帝），給祖逖一個「奮威將軍」空銜，准他自行募兵北伐，他募到兩千多人渡江北伐，初有進展，但東晉朝廷不給他任何支援。元帝太興四年（西元三二一年）祖逖逝世於軍中（應是氣死），收復的失地又落入北方後趙之手。

永和五年（西元三四九年）六月，征北大將軍褚裒上表請北伐趙；同時桓溫在西，上表配合褚軍攻趙之西側，朝廷不許其北伐。褚裒大軍戰至是年十月，無功敗回，裒上疏自貶。是役之敗，敗在朝廷之內鬥腐敗及偏安心態也。

永和七年十二月桓溫再請表北伐，因朝廷軍政被殷浩把持，阻止桓溫北伐。溫再憤而上表，若不同意北伐，將率五萬大軍包圍朝廷，殷浩上疏自將北伐，朝廷同意，東晉一場即將爆發的內戰，於焉以息。

次年春，殷浩親自率軍北伐，但這樣的戰爭是打不贏的。晉室不准桓溫北伐，是怕他坐大不能控制，可見這時晉（晉穆帝聃）政之腐敗和無能。果然殷浩大軍無功而回，準備擇時再北伐。

永和九年殷浩北伐又告失敗，朝野爭相指責，朝廷不得已免殷浩為庶人。自此內外大權，落桓溫之手，以後便是桓溫北伐了。

> 五、晉室偏安心態真是奇怪，叫祖逖北伐，卻不給他軍隊，叫他自己去募兵。同意褚裒、殷浩北伐，又不讓桓溫配合北伐戰事，等到都打了敗仗，再由桓溫北伐，能成功也是「天上掉下來的禮物」！

　　桓溫鬥倒殷浩後，穆帝永和十年（西元三五四年）三月，率步騎四萬自江陵（今湖北江陵）出發，水軍自襄陽（今湖北襄陽）溯漢水北上。又派梁州刺史司馬勳率軍自漢中出子午道（今陝西長安與洋縣間），攻秦之側背；涼秦州刺史王擢亦攻陳倉（寶雞東），以呼應桓溫軍。（如圖）

　　秦主苻健遣太子萇、丞相苻雄、淮南苻生、平昌生苻青、北平王苻碩等，率軍五萬，兩軍大戰三個月。桓溫先勝後敗，退軍回襄陽。

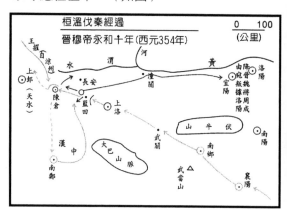

　　晉廢帝太和四年（西元三六九年）三月，桓溫再率五萬軍北伐，以鄧遐、朱序為前鋒。燕主暐聞桓溫北伐，遣慕容垂、慕容德統兵迎戰，並求救於秦。秦主苻堅初不救燕，認為「昔桓溫伐我，燕不救我，今溫伐燕，我何救焉？」謀士王猛進言說，「慕容評非溫敵也，燕亡我危，不如與燕聯合退溫兵，溫退燕亦病矣，我可乘其弊而取之，不亦善乎！」苻堅曰「善」。

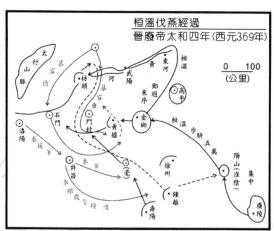

　　秦燕聯軍果然大破桓溫軍，斬溫軍三萬首級，十月桓溫全軍退敗。桓溫北伐中原之計，從此成為泡影。

> 六、東晉北伐無功，從另一面看也表示北方強權已經壯大，並無懼於東晉，主動對東晉發起南征。這本是國與國之間，力量的自然消長，歷史總有意外，東晉在結束之前，僥倖打了一場漂亮的「淝水之戰」，歷史上傳為美談。

淝水之戰是前秦苻堅統一北方後，第二次南征伐晉，時間在晉孝武帝太元八年（西元三八三年）九至十一月。複雜的過程少述，司馬光在《通鑑·肥水之戰》說：「堅發長安，戎卒六十餘萬，騎二十七萬，旗鼓相望，前後千里。九月，堅至項城，涼州之兵始到咸陽，蜀漢之兵順流而下，幽冀之兵至於彭城。東西萬里，水陸齊進，運漕萬艘，陽平、公融等兵三十萬，先至潁口。」

淝水之戰經過
太元八年(西元383年)
0 ____ 100
(公里)

當時東晉兵力八萬，謝安為吏部尚書，重要出戰將領有謝石（安弟）、謝玄（安姪）、謝琰（安子）。

雙方對陣在淝水、洛澗東西岸，苻堅遣朱序（原晉梁州刺史在襄陽被俘）來說謝石等，「以強弱異勢，不如速降。」朱序私下告訴謝石說，秦軍百萬未集，宜作速戰，若挫其前鋒，可以得志。謝石乃遣使和苻堅商議，意思說百萬大軍逼近淝水，晉軍無法渡河決戰，不如秦軍稍退，讓出空間，待我晉軍渡河決戰，這才是速戰速決的辦法。

苻堅同意退軍，朱序、謝石早已安排好人馬，當前方開始後退時，便在陣中喊叫「秦兵敗了、秦兵敗了。」後方以為真敗，人馬狂奔，不可收拾，兵敗如山倒，晉軍殺來，死傷無數。苻堅回到北方，剩殘卒十萬。晉軍大勝，謝石派人向謝安報佳音，安正和人下圍棋，客人問話，安說：「孩子們已經把苻堅那老賊打跑了！」

是役東晉贏在僥倖，前秦輸在輕敵與戰略素養的低落。司馬光評之曰：「堅之所以亡，由驟勝而驕故也。」也使東晉再偏安獨存（獨立）三十六年。

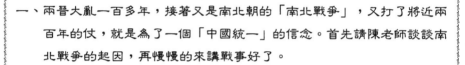

輯十九
黑暗時代的戰爭
㈡南北戰爭

> 一、兩晉大亂一百多年，接著又是南北朝的「南北戰爭」，又打了將近兩百年的仗，就是為了一個「中國統一」的信念。首先請陳老師談談南北戰爭的起因，再慢慢的來講戰事好了。

「統一」信念確實是中國文化的一個「神咒」，千年不壞，萬年如新，永恆的成為古今中國子民的理想，與力行實踐的目標。

話說淝水之戰後，是東晉恢復的良機，可惜不久謝安死了。東晉依然腐敗，政客內鬥不休，而孝武帝仍然酖飲作樂，一日竟酒醉而死。子司馬德宗繼立，是為晉安帝。到元興二年（西元四〇三年），桓玄（桓溫子）晉位相國，封楚王，是年十一月逼安帝禪位，於是楚王即位皇帝，廢安帝為平固王，是「桓玄篡晉」，晉第一次亡。

桓玄篡晉，各方不滿，紛紛起兵聲討。元興三年，劉裕、劉道規、劉毅三兄弟率大軍戰桓玄，玄大敗被殺，劉裕迎安帝還都，東晉又「活」了。義熙十二年（西元四一六年）劉裕北伐後秦，到十三年收復洛陽、長安，後秦亡，劉裕因北伐有功，升為相國，封宋公。

義熙十四年關中大亂，劉裕為固權威，派人縊殺安帝，立其弟司馬德文，是為晉恭帝。隔年，劉裕便逼恭帝禪位，自立為宋武帝，至此東晉正式亡國。

北方五胡諸國經不斷「洗牌」，最後被拓跋魏統一。於是形成南北兩大勢力，北方政權企圖南征統一中國，南方政權企圖北伐統一中國。在將近兩百年的南北戰爭中，南方政權有宋、齊、梁、陳，北方政權有魏、齊、周。

二、南北兩大勢力既然都在找機會要統一對方，這種趨動的力量必然日愈增強，而不會趨弱。就像歷史發展的巨輪，向前輾壓，似在呼應統一的「神戒」或稱「神咒」，不久就爆發了第一次「南北戰爭」。

第一次「南北戰爭」爆發在宋文帝元嘉七年，魏太武帝神䴥三年（西元四三○年）三月，戰爭爆發必有因。這次近因有二，㈠宋武帝劉裕卒（西元四二二年）後，魏乘喪伐宋，奪取宋之河南地區；㈡宋文帝即位六年，認已完成備戰，有能力完成北伐之舉。當然，遠因是雙方都正謀天下一統之機，時機已到。

宋軍作戰部署如下，㈠前方統帥到彥之，安北將軍王仲德率舟師五萬自淮泗北進。㈡驍騎將軍段宏率精騎八千直指虎牢，豫州刺史劉德武率軍一萬為後援。㈢長沙王義欣（道憐之子）率軍三萬進駐彭城，為諸軍預備。㈣前南廣平太守尹沖為司州刺史，準備接收洛陽。

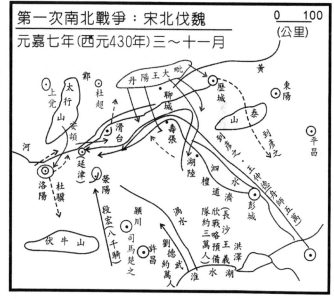

第一次南北戰爭：宋北伐魏
元嘉七年（西元430年）三～十一月
0 100
（公里）

是年三月宋軍發動，初有小勝，但八月魏軍大舉反攻，宋軍大潰，宋文帝又派檀道濟挽救宋軍頹勢，已來不及了。是役之敗，宋元嘉之盛，從此衰敗。

檢討宋軍失敗，還在用人上出了問題。宋文帝因到彥之有親戚關係而用為統帥，實彥之只是一個庸才。而檀道濟有能有才，因怕用之坐大威脅皇室，數年後（元嘉十三年），道濟因此種原由遽遭殺害。國家如此用人，便難有富強之勢，亦可見成敗關鍵即在用人得當。

三、第一次南北戰爭宋軍潰敗，即北魏佔了上風。據史
　　書所述，北魏對統一中國的企圖心比南方宋國更旺
　　盛，更有戰略眼光。是故，北魏是否也正在準備發
　　動第二次南北戰爭？大舉南征伐宋呢？

　　北方魏政權之所以也處心積慮要南征，目的也是統一中國，但壓力則是來自南方的宋政權。換言之，南方的宋要北伐，北方的魏要南征，南北朝時代就是這樣，雙方都在給對方發動戰爭的壓力。

　　第二次南北戰爭發生在元嘉十九年（西元四四二年）到元嘉二十七年，前後八年多，距第一次有十幾年。這是因為當時宋魏大致以黃河為界，以南是宋，以北是魏。但魏鄰國尚有西夏、北涼、西秦、吐谷渾、仇池、柔然，尤其柔然有如漢時匈奴，屢屢阻撓魏統一中國之行動，所以魏花了將近十年，給予徹底打擊，北方統一大業初告完成，便轉兵向南伐宋。

　　南方的宋國也在做北伐的整備，惟此期間發生一件殺害忠良的黑案。大將軍兼江州刺史檀道濟，立功多又有威名，手下人才多是百戰之士，兒女多有才氣，宋文帝怕他坐大威脅朝廷，又受劉湛、義康等人讒陷，於元嘉十三年三月召入朝中給罪殺害，除孫輩童孺外，全家十餘人都遭誅殺。北方的魏人聽到此事說，「道濟死，宋無人知兵矣。」果然宋的北伐大業從此不振，國祚也不長。

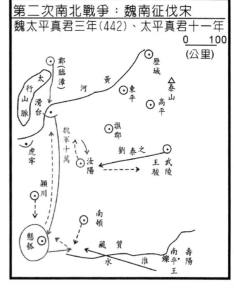

第二次南北戰爭：魏南征伐宋
魏太平真君三年(442)、太平真君十一年
0　　100
（公里）

　　魏太平真君三年、宋元嘉十九年（西元四四二年）七月，魏大舉南征伐宋（如圖），戰至十月，柔然國死灰復燃，並謀聯宋攻魏。魏軍只好轉兵攻柔然，乃暫時罷伐宋之兵。

　　太平真君十一年，魏對柔然、吐谷渾、鄯善之戰事又大致抵定，乃再啓伐宋之戰，魏軍圍懸瓠四十二天，久攻不下，乃引兵北歸。退軍時，魏帝寫了一封信給宋文帝說，天下統一之勢已到，四方都被我平定，你尚能獨立多久？不如早早投降！

四、宋帝看到魏帝的信應該不可能投降，在中國歷史上
的統一戰爭，好像沒有任何一方是不戰而降的，還
是得透過戰爭決定最後的贏家，第二次南北戰爭還
是持續打下去了！

是的，中國歷史上的統一大業都是透過戰爭解決的（西方亦如此），沒有
一開始就一方投降的事。宋國再不行也還控領黃河以南的半壁江山，所以魏軍
北退後便積極籌備北伐統一事宜。宋文帝決心全國總動員，發起最大規模以期
一次完成統一大業。江南兵力不足，乃再徵青、冀、徐、豫、南、北兗州等六
州之兵，凡家中三丁發一，五丁發二，符到十日裝束。軍費不足，令全國富民
家，有財產五十萬以上者，國家借用四分之一，戰後償還。

元嘉二十七年七月，大軍分東西兩路北伐（如圖），戰至是年十一月，東
線大敗，西線小贏，宋文帝只好退軍。

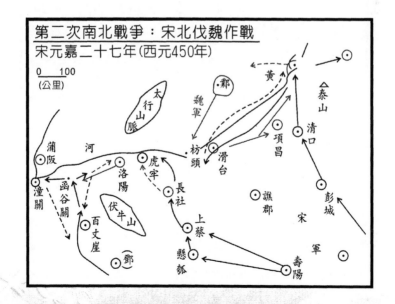

當宋文帝退軍時，魏太武帝發更大規模兵力南進（如圖），宋軍一路潰

敗，從黃河岸潰退到長江沿岸，國都建康（今南京）危在旦夕。宋文帝「求和請婚」，願獻貢，並以皇室公主嫁魏皇孫。是時，正是宋元嘉二十八年（西元四五一年）正月，冬天已到，魏帝怕對魏軍不利，乃同意所求，引兵北歸。

宋之國勢日衰，政治惡鬥十餘年，相國進爵齊王蕭道成於昇明三年（西元四七九年）廢宋順帝，國號齊，史稱南齊，是蕭道成篡宋。接下來的南北戰爭，就是魏齊對決。

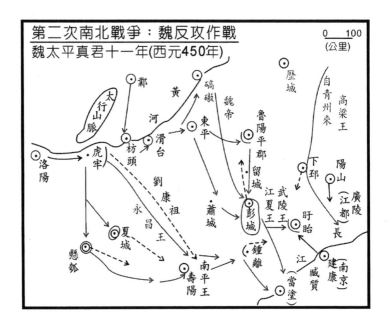

> 五、宋之亡國，實在是不戰而亡的實例，但蕭道成篡宋
>   也是一種非法行為，和我們所謂的「竊國者」大概
>   相同吧！不過宋剛亡，齊初建，不正是給魏國發動
>   統一戰爭的好時機嗎？

這確實是發動統一之戰的好時機，就在蕭道成篡宋，建國號「齊」，年號「建元」這年年底（西元四七九年），魏就對新建的齊國發動戰爭。齊魏一共只有三次戰爭，因為齊只建國二十二年，又被篡而亡國（後述）。

主持人提到，為甚麼歷史上總有些篡國者或竊國者？用偷竊（作弊）手段謀取大位謂之「竊國者」，臣下奪取大位謂之「篡國者」。但二者異曲同工，都屬非法行為，很難解釋為甚麼「有」此事？只能說這世上有君子就有小人，有正義就有邪道，歷史亦然，古今都有。如民初袁世凱竊國，公元二○○四年三月十九日中華民國總統大選，以民進黨為首的台獨黨派，用假槍擊等各種作票、作弊及作假的方法，讓陳水扁、呂秀蓮非法謀取大位，這是現代典型的篡竊者。既然古今都有，就不足為奇！

但我們仍可以從這些事件，看出那個時代人們的道德勇氣和社會正義，袁世凱竊國，當時的人們有勇氣起來推翻他。現在的台獨黨派竊國、賣國，公然行之，而人們漠視、縱容，表示我們這代人的道德勇氣是很弱的，社會正義也在潰敗邊緣，此國亡（或被另一朝代取代）之前兆也。

建元元年十一月，魏發大軍二十萬南征伐齊，到建元三年正月，魏軍多次敗於齊軍，可能是齊初建，氣正勝。而齊也因初建，需要時間做基礎建設，乃連年派使節往還，維持了十多年南北和平的局勢。

齊之拒魏，全恃大別山、桐柏山、淮水、漢水等諸天然地障，加強築城防禦，保障國境線安全。此外，南朝積弱太久，內亂內鬥頻仍，亦已無力問鼎中原。所以，再一次的南北戰爭（魏主動伐齊），隨時都可能爆發。

六、這麼說所謂「南北戰爭」，實際上南齊是處於挨打的狀態中嗎？齊也因內亂、內鬥，國勢日衰，也等於給北方的魏國有發動戰爭，統一天下的機會吧！

　　南齊初建，利用外交和政治關係維持了十餘年和平，齊武帝經過十多年休息備戰，又開始想要收復北方失土，大造兵車。魏孝文帝知情，決定先發制人，積極準備南征，太和十七年（西元四九三年）八月，魏帝親帥四十萬大軍伐齊。戰事拖到太和二十年三月，到壽陽之線久攻不下（如圖），又發生魏北地民支酉叛魏，戰事乃作罷而歸。不過也因這次魏孝文帝親自看了南方華夏文明景緻，決定加速徹底華化（即中國化）。㈠遷都洛陽，以利問鼎中原；㈡尊孔子立學校；㈢用華人；㈣變易風俗。

　　執行最力影響最大的，令魏人皆講華語，穿華服。改「拓跋」為「元」氏，改「丘穆陵」為「穆」氏，改「步六孤」為「陸」氏等，胡姓均成中國姓氏。

　　魏教文帝北歸再整軍經武，準備南征。太和二十一年

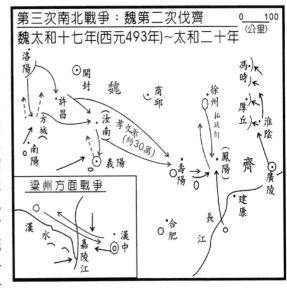

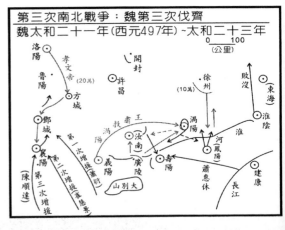

六月，發大軍三十萬伐齊（如圖）。戰事又拖到太和二十三年三月，文帝因病殂於軍中，遺言加速南北統一及華化（中國化）的腳步。

至於南方的齊政權，因政治黑暗，內鬥不休。相對於北魏的積極「華化」，吸收了華夏文化與文明的養份，國力日強。而南齊日愈「去中國化」，國勢衰亂，幾年後（西元五○一年）蕭衍篡齊，新國號是「梁」，齊又不戰而亡。接下來的南北戰爭，就是北魏南梁的對決了。

輯二十

黑暗時代的戰爭(三)
大分裂到隋統一之戰

一、自從南北朝開始，統一之戰已打了快一百年了，至今似乎還沒有趨向「整合」的方向發展。而且接下來日趨分裂戰亂，統一豈不遙遙無期？

兩晉南北朝稱中國歷史上的「黑暗時代」，而正當第三次南北戰爭打完，才正要進入黑暗時代中「最黑」也最亂的一段，之後才從「谷底」向上爬昇，趨於統一。好像歷史法則總是這樣走，世間事物也遵守這樣的「自然法」，正是所謂「物極必反」也。

當梁武帝蕭衍篡齊的時候，齊明帝蕭寶寅亡降北魏，不久明帝故將蕭齊也奔北魏。天監二年（魏景明四年，西元五○三年）三月，蕭寶寅伏在洛陽宮闕下，慟哭流涕日以繼夜，請魏帝發兵助他復國。是年八月，魏帝發四路大軍南伐，大破梁軍邵陽洲（今安徽鳳陽）。次年四月，淮水暴漲，時會大雨，梁軍水軍盡出，卻不利魏之步騎軍，魏軍乃暫時撤退壽陽（今安徽壽縣），是魏第一次伐梁之戰。

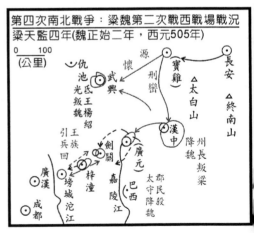

第四次南北戰爭：梁魏第二次戰西戰場戰況
梁天監四年（魏正始二年，西元505年）

再次年（魏正始二年、梁天監四年、西元五○五年），魏再發大軍南征伐梁，這次的魏梁大戰持續十二年之久，大小戰役數十回，擇其第二次東、西兩

戰場簡述之（如圖）。

西戰場梁軍大敗，被魏佔去十四郡，梁數十戰將皆死。東戰場則各有勝敗，天監六年春淮水大漲，大利於梁之水軍活動，梁乃水陸並進，在鍾離（今安徽鳳陽）大敗魏軍，魏軍死十餘萬，被俘五萬。這一戰是梁魏南北戰爭的關鍵，魏人攻勢受挫，梁得以穩定淮水流域。

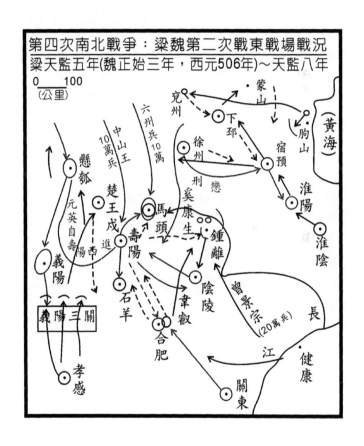

第四次南北戰爭：梁魏第二次戰東戰場戰況
梁天監五年(魏正始三年，西元506年)～天監八年

> 二、北魏多次大軍南征，梁武帝能在鍾離之戰重挫魏軍，
>   顯然梁武帝也是一個厲害的角色。這南北兩個政權
>   誰都想統一對方，看來這兩個帝王在有生之年想要
>   統一中國都是「不可能的任務」吧！

　　確實，梁武帝和魏宣武帝在有生之年，都沒有能力再發動大規戰爭，第四次南北戰爭後，兩國都陷於內亂及內戰，魏也因內戰分裂成東魏和西魏，不久俱亡。

　　但現在戰爭還沒有結束，鍾離會戰是主力決戰結束，南北戰爭仍在持續中。天監十三年十月，魏降將王足，向梁武帝獻計水淹壽陽（時魏軍佔領），武帝從之。大發徐、揚兩州民丁及士卒二十萬人，大築「浮山堰」（在淮水和今洪澤湖間），堰長九里，天監十五年四月完成，準備利用淮水高漲時淹壽陽城。

第四次南北戰爭：梁魏第三次大戰
梁天監十三年(魏延昌三年，西元514年)~天監十五年
0　　100
(公里)

　　果然，是年淮水氾濫，漫漶幾百里，壽陽城周邊都成澤國，百姓廬舍都沒入水底，淹死百姓十幾萬人，到是年十月，「浮山堰」也被洪水沖垮，於是敵軍、我軍、百姓、淮堰、城池俱毀，梁魏大戰也到此劃下句點。

　　為一場戰爭不惜淹死十幾萬百姓，確實不人道，但梁武帝在位期間還算勵精圖治，史稱「梁武中興」或「天監之治」，也算黑暗時代中的一段「光明」。梁普通元年（西元五二〇年），菩提達摩東來，向梁武帝傳佛法，武帝不解，達摩北走渡江，後棲止在嵩山少林寺，是為中國禪宗初祖。

　　但梁武帝晚年篤信佛法，曾三度到建康（今南京）同泰寺出家。在當時政壇引起強烈震憾，群臣以不可一日無君，每次都用一億錢把「皇帝菩薩」贖回，三請而後還宮。這或許是我們講戰爭史外的閒話，只是兩晉南北朝這段中國的「黑暗時代」，卻是文學、藝術、美術、學術、佛法最盛的「光明時代」。

　　戰爭對人類歷史、文明、文化等的作用，到底是功？還是過？就由聽者讀者您來做結論吧！

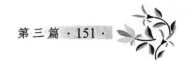

> 三、南北兩大政權，北方的魏國因內戰分裂爲二，南方
> 的梁國不僅有內亂，皇帝還出家當了和尚。南北朝
> 結束就到了隋朝，這是大家都知道的常識，只是南
> 北朝這盤殘局是怎樣收拾的？大概也是經由戰爭吧！

當然，在中國歷史上（西方亦然），要收拾一個大分裂、大動亂的「最後殘局」，通常也要經由更殘酷的戰爭手段，才能使亂局趨平，使割據回歸統一。

首先講到南朝殘局，梁武帝死後，梁國陷於內亂。一度同時存在「兩帝一王、四個獨立政府」，湘東王蕭繹（武帝第七子）稱帝於江陵，是爲梁元帝；蕭繹之弟益州刺史武陵王蕭紀稱帝於成都，岳陽王蕭詧在襄陽稱梁王，京都建康（今南京）被司徒王僧辯把持，四個「僞政權」展開大戰，最後蕭詧是贏家，即位於江陵，是爲梁宣帝，史稱「西梁」或「後梁」。

梁太平二年（西元五五七年）冬十月，梁相國陳霸先稱帝廢梁敬帝，改新國號「陳」，是爲陳武帝。

其次北朝的魏，也因政權之爭分裂成東魏和西魏，兩魏相攻伐十餘年。東魏武定八年（西元五五〇年）五月，相國高洋篡位廢東魏帝，建新國號「齊」，是爲北齊文宣帝。陳霸先篡梁之年，西魏也亡於大司馬宇文護之手，國號周，是爲周明帝。故此時的中國，成爲北周、北齊和南陳三國鼎立，三國中以北周疆域最廣，實力最強大。

三強繼續「洗牌」，周先滅了北齊，統一了紛亂的中原。陳禎民三年（隋文帝開皇九年，西元五八九年），陳亡，這是楊堅篡周後八年的事。從周、齊、陳三國鼎立，到隋文帝統一天下，這三十二年間也是戰爭不斷，但最重要的是周統一中原，及隋統一天下這兩部份戰役。

四、從東、西晉開始一路亂下來，黑暗時代已經過了快
　　要三百年，人民水深火熱，自然希望結束這種分裂
　　分治又相互攻伐的割據局面。首先談談北周如何完
　　成中原的統一？

　　北周完成中原統一的基本戰略，是先聯合北方突厥和南朝陳國，共同伐齊，最後在「處理」南陳。這個戰略和秦始皇「遠交近攻」有些神似，戰爭過程分兩階段。

　　第一階段周齊之戰有三個戰場（如圖）：晉陽、洛陽、宜陽和汾北。突厥參戰的條件是周室公主嫁突厥王，周武帝邕保定三年（齊河清二年，西元五六三年），周軍達奚武、楊忠及突厥攻晉陽，可惜是役敗退。

　　是年六月，又發動三十萬兵伐齊攻洛陽，攻打半年不克，無功而回。周天和四年（西元五六九年），再有宜陽和汾北之戰，是役周齊在宜陽方面相持不下，汾北方面又打了敗仗。

　　周武帝檢討三戰三敗原因，是掌軍事的宇文護並無將

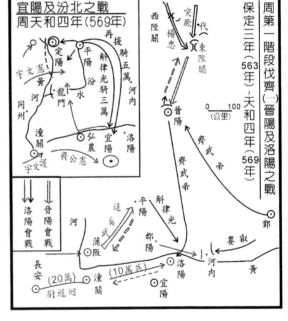

略之才，武帝決定親自「內閣改組」。以尉遲迥爲太師，竇熾爲太傅，李牧爲太保，齊公憲爲大冢宰，陸通爲大司馬。經一番改組，周政果然改變了戰場上的形勢。齊之內政此時有一個突變，因朝政腐敗與內鬥，唯一的國之干城左丞相斛律光被害而死（此爲周之反間計），國勢瀕臨崩潰。

　　另外，周聯陳伐齊也有了功效，陳太建五年（西元五七三年），陳發三十萬軍北伐，竟收復了壽陽、彭城等失地，至太建七年閏九月戰事告一段落。

五、第一階段北周、北齊和南陳三強，各有輸贏，但周
　　武帝好像是最積極主動的一位，論實力周也最有機
　　會統一中國。接下來就看看周武帝的表現了。

　　周武帝重新部署後，建德四年（西元五七五年）二月，再啟動伐齊之戰
（如圖），到九月連拔數城。卻以不明原因又快速退軍（按周書，武帝紀說
法，武帝顧慮吐谷渾襲其後方。）武帝退軍，結束第二階段第一次伐齊。

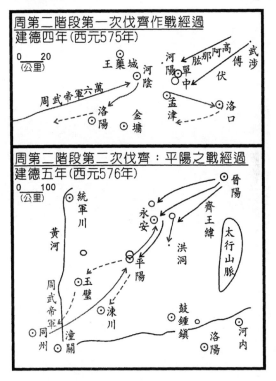

　　次年十月，再啟動第二次伐齊，由此開始有平陽、晉陽及破鄴之戰，這三
場戰役齊軍已兵敗如山倒（見圖），建德六年元月二十五日齊幼主被擒，齊至
是遂亡。周武帝終於完成中原統一，最後剩下南陳要解決，便完成全中國的統
一。

　　周建德七年二月便開始伐陳之戰，數月間陳國江北之地全部淪陷，陳軍拒

江而守。旋因突厥入侵，武帝率軍伐突厥，六月因病殂於軍次。大子贇即位，是為宣帝，他是一個昏君，他父親南征北討，統一的中原，三年後楊堅（隋文帝）便篡周，周亡。

史稱周武帝，「慮遠謀深，內難既除，外略方始，乃克己勵精，乘仇人之有隙，順天道而推亡。五年間，大勳斯集，盛矣哉，其有成大功也。」（引《周書·武帝紀》），可惜繼起者是敗家子也。

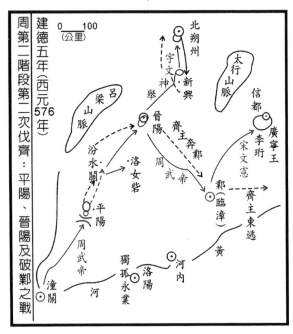

由此觀之，國家興衰，戰爭成敗，皆在人謀之臧否。主政者賢能，國富兵強，戰必勝；反之，主政者昏庸，上下爭權，政治腐敗，國必趨於衰亡，這是興亡之真理。

六、楊堅篡周，建立隋朝，但這時成爲北隋南陳的對峙局面，統一尚未完成，所以隋陳二者還要對決，才能出現最後的贏家，他才是最後統一中國的人。這個人是隋文帝楊堅，只是請陳老師簡述「洗牌」的經過。

中國自秦朝大一統之後，大一統（完整統一的國家）觀念已經成爲一種「普世價值」，甚至是中國歷史的定律，已是人民心中牢不可破的普遍性觀念。凡是已經統一中原者，必進而謀求統一江南。

隋代北周後，先討平周的反對勢力（平尉遲迥），再北征突厥，這些都是爲南征滅陳的佈局準備，到開皇五年（西元五八五年）突厥爲隋之藩屬國。隋國勢日強，而侷處於江左之陳，則昏君專權於上，姦臣奪利於下，政治腐敗，奄奄一息。是以隋併陳，乃勢所必至，順天理應人心而已。

隋開皇八年十二月，隋文帝發五十餘萬軍伐陳，區分東西兩戰場，西戰場以秦王俊爲元帥，才月餘便瓦解陳軍。東戰場以晉王廣爲元帥，亦月餘戰事便平定，開皇九年（西元五八九）元月二十日，陳後主被俘，陳亡。這一天是隋文帝楊堅正式完成中國之統一，紛亂的南北朝劃下句點，所謂的「黑暗時代」告終，但「黑暗」並未在歷史上永久消失。

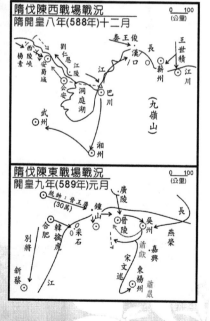

隋文帝統一天下後，在他十年治下，國家富強，國力遠播。東自倭寇（今日本鬼子）、百濟、新羅、高句麗；北到靺鞨、契丹（今遼、吉、熱等地）；西到伊吾（新疆）、突厥（蒙古）；南至交州（今越南北部），都是隋之版圖範圍。隋文帝在中國歷史上也算是雄才大略之主，他的氣魂之遠大，爲漢以來第一人。

第四篇
第二帝國
時期戰爭

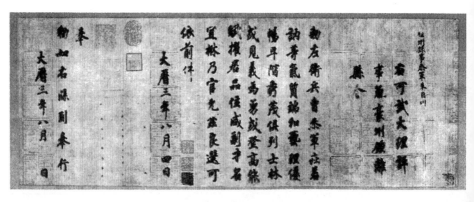

◆唐代官吏派令

資料來源：張元著，《高中中國文化史》頁三二，台北，龍騰文化（八十四年教育部公

◆凌煙閣功臣畫像。唐太宗命閻立本繪開國功臣二十四人的圖像於凌煙閣。本圖為明本陳
　洪綬所臨摹的功臣像部分圖，圖中所畫為房玄齡、秦瓊、尉遲恭三人。
資料來源：張元著，《高中中國文化史》頁一二五，台北，龍騰文化（八十四年教育部公布）。

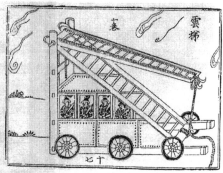

◆宋，戰船、戰車。
資料來源：張元著，《高中中國文化史》頁一四五，台北，龍騰文化（八十四年教育部公布）。

◆宋岳鄂王墓。

資料來源：本書作者於二○○三年遊杭州時所攝。

◆本書作者。

資料來源：本書作者於二○○
三年遊杭州時所攝。

資料來源：本書作者於二○○三年遊杭州時所攝。

◆西湖之美，難怪南宋君臣不想北伐了。

資料來源：本書作者於二○○三年遊杭州時所攝。

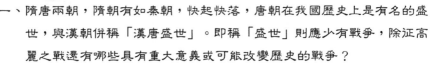

輯二十一
隋唐征高麗之戰

一、隋唐兩朝，隋朝有如秦朝，快起快落，唐朝在我國歷史上是有名的盛
　世，與漢朝併稱「漢唐盛世」。即稱「盛世」則應少有戰爭，除征高
　麗之戰還有哪些具有重大意義或可能改變歷史的戰爭？

　　現代戰略家鈕先鍾先生，稱從「淝水之戰」（西元三八三年），到「薩爾
滸之戰」（西元一六一九年），中間有一二三六年並無所謂「決定性會戰」，
也就是改變歷史的戰爭，這個看法頗有可議之處。

　　這一千多年，包含第二帝國時代（隋、唐、五代、宋的六百九十八年時
段，史家黃仁宇稱「第二帝國」；而以前講過的秦漢則稱「第一帝國」。）還
有接下去的元、明兩朝，這之間還是有「可能」改變歷史的戰爭，也有的已經
是改變歷史的決定性會戰，如宋元之戰，將逐一提出講給大家聽。

　　僅就征高麗之戰，也是改變歷史的戰爭。因為唐貞觀時，發生「高麗蓋蘇
文政變專國」事件，推翻自漢朝建立朝貢中國的規矩，且北連靺鞨（後稱「女
眞」、「滿州」）、南連百濟、倭國（後來的「日本鬼子」），西抗唐朝，隱
然有東方盟主之勢。改變歷史的戰爭，不一定和國土大小或人口眾寡有直接關
係，蒙古族以不到百萬族人，約十多萬兵力，建立元朝，成為第一個入主中國
的異族，也是空前絕後的世界大帝國（國土大於羅馬帝國）。

　　假如隋唐征高麗無功，最後遭致大敗，則當時便有「高麗大帝國」雄居東
亞，或建立如元朝橫跨歐亞的更大帝國也說不定，以後便沒有甚麼「貞觀之
治」了。歷史的自然法則給中國機會，高麗經歷代多次征討，今天的中韓邊界
才在鴨綠江。

　　再者，我們常稱「漢唐盛世」，世人不智，大多僅見盛世之表象，不知盛

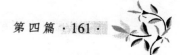

世背後的代價（戰爭）。古今中外的「盛世」都建立在戰爭勝利的基礎上，漢朝盛世建立在漢匈大戰四十年勝利，唐代盛世也是建立在對外戰爭致勝及平定內亂的基礎上。

美國不在第二次世界大戰及後來的戰爭取勝，哪有「美國夢」的存在？「八二三砲戰」若不取勝，哪有後來的「台灣奇蹟」？所以國家的盛世乃建立在戰爭勝利的基礎上，這是人類社會的叢林法則「進化論」使然。

二、據史所載,高麗也曾是中國的一部份,她後來沒有
　　發展成「東亞大帝國」,應該和地理關係有關係!
　　隋唐征高麗是何時、如何啓動的?

　　高麗即高句麗,是周初封殷宗室箕子的封地,名曰「朝鮮」。歷來皆中國臣屬,漢時設樂浪、玄菟、眞番、臨屯四郡,其種族、文化已大致同於中國。隋煬帝時,高麗私通突厥,不朝中國,至大業六年(西元六一〇年)十二月,煬帝以「國家殷盛,朝野皆以高麗爲事」之人心所趨,征高麗之戰乃起。

　　隋煬帝征高麗有三次,第一次在大業八年(西元六一二年)正月,編成水陸共二十四軍,總兵力一百一十三萬人,加後方運補號稱二百萬兵。高麗抗隋主賴遼水、鴨綠水和薩水三個天然防線。(如圖)

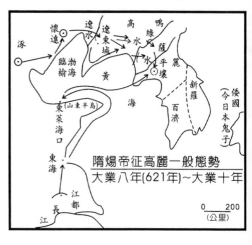

隋煬帝征高麗一般態勢
大業八年(621年)~大業十年

　　戰事拖到八月,只攻下遼東一個小城,煬帝只好班師,可謂慘敗。大業九年正月,煬帝不甘敗辱於高麗,再行親征,雙方在遼東城攻防戰死傷慘重,是年六月隋發生「楊玄感叛亂」,煬帝班師回國平亂。

　　大業十年二月,煬帝又詔百僚議伐高麗,朝野均無贊同者,煬帝乃一意孤行,下詔第三次征高麗。其實此刻政局已不安。各處動亂時起時落,民變大盜蠢起,煬帝視而不見,一味以大軍鎮壓。大戰至七月,高麗王上表乞降,煬帝也想快快結束,班師回國,但此時天下大亂,社會糜爛,各處反隋勢力已無法鎮壓。

　　隋之亡,亡於爲謀個人私欲,過度耗損國力。隋煬帝驕暴荒淫,殘害忠良,大營宮苑,爲遊幸江都開運河,都是個人私欲,而非民之所欲。

　　此種以個人私欲,取代民之所欲者,不亡何待?大業十四年五月,唐王李淵稱帝,隋亡。這一年也是唐高祖武德元年(西元六一八年),一個新的盛世於焉開啓。

> 三、這麼說，隋是因征高麗而亡。但繼起的唐代也在征高麗，卻創造了一個美麗的盛世，個中玄機在哪裡？就請陳老師談談唐代征高麗之戰及其重要的歷史意義為何？

　　隋征高麗時，國力尚未恢復，百萬徵兵及過度建設遠超人民所能承擔，已非民之所欲，故為暴政。但唐代征高麗在鞏固中國北疆之國防安全，確保中國在當時國際領導權之地位，制壓高麗壯大（可能成為一個新帝國）的可能性。就像今之美國，不計一切方法維護其霸權地位，實即維護美國利益，乃民之所欲也。

　　唐第一次征高麗在貞觀十八年（六四四年）七月，事因高麗自「蓋蘇文政變事件」後，北連靺鞨（後之女真）、南連百濟和倭國（今日本鬼子），大有西抗唐朝，主盟東亞之志。為征高麗，唐太宗已做多年「安內攘外」的準備和部署。

　　此次征高麗有二個戰場，一在遼東，一在安市（如圖），遼東之戰大勝，安市久攻不克，至是年九月，冬天將至，國內發生薛延陀（突厥一部）入侵，唐太宗乃引兵回國，並即轉兵征薛延陀（下輯再述）。

　　唐太宗這次親征，雖半途而回，但今遼河以東至千山山脈西北之地，均在此役取回。其退軍原因，恐後方陷隋煬帝之覆轍使然，未敢冒險乘危也。

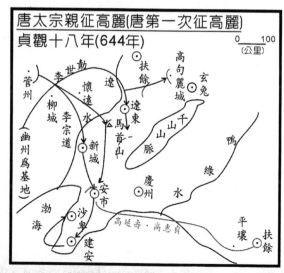

唐太宗親征高麗(唐第一次征高麗)
貞觀十八年(644年)
0 100
(公里)

四、唐太宗在中國歷史上算是英明之主，乃有「貞觀之
　　治」，但征高麗卻未竟全功，其難在何處？有何理
　　由讓唐太宗再次發動征高麗之戰？

　　基本困難有二，先是天候地形不利，再是後方突厥與吐蕃入侵。貞觀二十年五月時，高麗王蓋蘇文遣使奉表，然言皆詭誕（以現代術語，如今台灣獨派，獨不敢，統不願，盡玩些統獨的文字遊戲。）唐太宗不接受，次年三月再啓第二次征高麗，以陸軍進軍，七月進至平壤西境，破高麗兵而回。二十二年正月，再自水路進軍，四月進至義州及平壤北回。至此，高麗已陷於困弊。

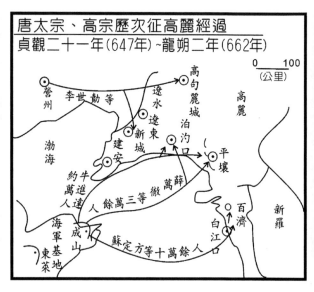

唐太宗、高宗歷次征高麗經過
貞觀二十一年(647年)~龍朔二年(662年)

　　貞觀二十二年六月，太宗欲乘高麗困弊，議於明年發兵三十萬，一舉解決「高麗問題」，命各州府造大戰船千艘。貞觀二十三年（西元六四九年）春，太宗有疾，五月崩（年五三歲），遂罷東征之役。

　　高宗即位，永徽六年（西元六五五年）正月，高麗與百濟、靺鞨連兵侵新羅，取三十三城，新羅王遣使向唐求援。唐先後有蘇定方、薛仁貴征高麗，均破高麗兵，開啓第四次征高麗之戰。

　　顯慶五年（西元六六○年）三月，百濟又侵新羅，新羅王求援。唐乃決策先下百濟，次屠高麗，然後滅新羅之戰略。（如上圖）到龍朔二年（西元六六二年）已先平定百濟，至此已破壞高麗、百濟、倭國之聯盟，而威脅高麗之後也。

五、唐征高麗至此已是「行百里半九十」，但要解決「高
　　麗問題」，最後仍難免使用戰爭手段！她不會自動
　　稱臣或投降。

當然，這就是唐初第五次征高麗之戰，其實只是對朝鮮半島最後的收尾工程，唐高宗在找一個適當的出兵機會。

麟德二年（西元六六五年）十二月，高宗祠泰山，劉仁軌率新羅、百濟、倭國（今日本鬼子）使者共參與祭泰山，可見高麗已陷孤立。乾封元年（西元六六六年）五月，高麗王蓋蘇文卒，三子爭位，相互發兵攻打，長子不敵向唐求援。唐得此千載難逢之機，立即作進軍部署，以水陸並進征討高麗。

參與此次東征的唐代名將有薛仁貴、李世勣、龐同善等人。到總章元年（西元六六八年）九月，高麗平定。分高麗為九都督府四十二州、百縣，置安東都護府於平壤，以大將軍薛仁貴為都護（軍政首長）。

唐征高麗之戰，前後達二十五年之久，乃一次雙方傾國力之大戰。以當時全亞霸主之盛唐，幾為此一小國之戰所拖垮，這固然有其特殊的環境因素，也可見戰爭之凶險也。如同當代世界超強的美國，險被越戰拖垮，十萬美國青年葬身異域，其傷者及財務損失更是不可計量。這麼多生命的犧牲，只用「國家利益」就輕易換取，對在世的生者也只用國家公墓的一座碑交代過去，如此詮釋生命的意義，有多少人可以接受？

為征高麗死那麼多人，唐太宗心中也很痛苦。最後他決定在幽州（今北京）蓋一座廟，叫做「憫忠寺」，以安陣亡將士英靈。到清雍正九年（西元一七三一年）整修時，改名「法源寺」。作家李敖有一本書叫《北京法源寺》（西元二〇〇〇年出版），就是以法源寺的背景源流，述說一千多年來淒美和感人的故事，該書是諾貝爾獎的提名文選，深值一讀，可以對唐征高麗有更深刻的領悟。

六、是，戰爭真是凶險，萬不可輕易啓動，要開打也得「師出有名」，獲得人民的支持。但戰爭雙方因立場各異，對所謂「師出有名」或「無名」，解釋必然不同，還是以征高麗之戰爲例，做一個客觀的評論。

　　各個不同的陣營（國家）立場不同，所堅持的價值和解釋也截然不同，乃必然的道理。例如，伊拉克人或阿富汗人可以（亦有權）堅持其信念，或保留他的解釋權，但這些對一場戰爭爆發、過程及結局，沒有太多的影響力。

　　說得白一點，戰爭其實是一種「力」的較量，包括「有形力」和「無形力」，僅是人類社會中「叢林法則」的自然操作之結果。更白的說，戰爭是一種生存遊戲，強者生存，贏者通吃，乃永恆不易之戰爭定律。

　　回頭看唐太宗的時代，太宗在征服東突厥後，東亞的國際形勢爲之丕變，太宗成爲「天可汗」。中國成爲當時的國際強權，爲國家長治久安，對國防戰略已有決策，西北必須取得蔥嶺、天山爲國防前線（緣），東北必須取得遼東爲國防前緣。爲確保這些國防線，唐太宗除了征高麗，還有其他對外（突厥、吐蕃等）戰爭（下輯述）。

　　故唐太宗征高麗，乃中華民族生存發展之戰。其事同秦始皇統一中國後，修築長城，發兵匈奴，及漢武帝大戰匈奴數十年，乃爲爭國家之生存權。凡稍知中國歷史及國防地理者，都知道在中國處於強盛統一的時候，都首在充實邊防，特別是西和北（歷代外患均由此來，十八世紀後亦有自海來，如倭國日本。）而當國力衰弱，便有異族入侵，西晉八王之亂後，五胡亂華，使中國大亂二百年。到隋文帝再統一，唐太宗應最能體驗這種「生存威脅」，所以當高麗壯大，可能發展成一個對中國有威脅的帝國時，必須儘快處理，以確保中華民族的生存發展，也確保大帝國的領袖地位。

　　總之，強權興衰都得經過戰爭洗禮，付出許多寶貴子民的生命。戰勝則興，不勝則衰，戰敗則亡，是叢林鐵則。當愛因斯坦相對論不適用的空間和時間，叢林鐵則依然是管用的法寶。

輯二十二

唐代對外戰爭：征突厥、回紇、薛延陀、吐蕃

一、我們談過強權與衰都是經過許多戰爭的洗禮，大唐帝國之興起也是如此。在唐代開國之初，平定群雄已有許多戰爭，等到國內大致抵定又有異族入侵，於是展開對外戰爭，今天陳老師為大家講唐代對外戰爭。

確實，我們看世界史上的大帝國，羅馬帝國、大唐帝國、大英帝國，乃至今天的美國，都是經由戰爭「比武」，打敗一個個對手而成就其大帝國。看大唐征高麗和今天美國打伊拉克，那個「樣子」何其相似啊！

大唐開國，李淵父子經過許多戰爭，打敗群雄（主要有進取長安之戰，平定北方和南方競爭者。）又有李靖、魏徵、房玄齡、杜如晦等一流人才，帝國統一很快趨於完成。但就在隋唐政權轉移之際，天下紛亂，中國週邊異族開始入寇，故唐代對外戰爭含已講過的高麗，共可分四個階的戰爭。㈠征東突厥、薛延陀、回紇諸戰役；㈡征吐谷渾、高昌、龜茲及西突厥諸戰役；㈢征高麗、百濟戰役（已講）；㈣征奚、契丹、突厥、吐蕃及突騎施之戰。

唐初自武德二年（西元六一九年）起，突厥有八次大型入侵，其第七次（武德八年六月）四路大軍進犯山西、甘肅，有一路犯至幽州（北京），幸賴李靖擊退，時正醞釀「玄武門之變」。次年六月，突厥又大舉入寇，太宗以「國家未安，百姓未富」，與突厥簽訂「渭水之恥」的不平等條約。

考突厥入侵之意，有其大戰略目標之企圖，蓋當時突厥已是中國北方最大強權，彼不欲中國統一，用盡方法阻擾唐帝國的統一大業。其最終目標則是入統中國，頡利可汗積極推行「華化」，就是做入統中國的準備。

唐太宗君臣對突厥的企圖當然清楚，也清楚這是中華民族生存發展的鬥爭。第一階段對外戰爭，征突厥（含薛延陀、回紇、鐵勒、奚結等十五個支部）之戰於為開始。

> 二、提到唐太宗征突厥、薛延陀和回紇，現代人大多沒
>   有聽過這些族群名，請陳老師先簡介他們的源流，
>   再談戰爭經過和結果好嗎？

　　是，突厥是匈奴的一支苗裔發展下來，南北朝時分裂為二，東突厥在今之外蒙古，西突厥在今新疆西北和中亞細亞地區，領導人稱「可汗」。突厥數百年來發展出許多支部，薛延陀和回紇只是其中一部，隋唐之際已是擁兵數十萬的政體，故有侵唐之本錢。

　　貞觀四年（西元六三〇年）正月，李靖率十萬大軍兵分五路大敗東突厥於白道（今山西平魯以北），三月俘頡利可汗送長安。其殘部有附薛延陀，降唐有十餘萬口。到貞觀二十三年（西元六四九年）正月，高侃再擊突厥殘部車鼻可汗，大敗突厥軍於今之阿爾泰山和唐奴烏拉山間。至此，東突厥及其支部盡亡。

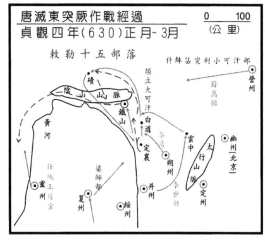

唐滅東突厥作戰經過
貞觀四年（630）正月～3月
0　100（公里）

　　貞觀十三年十一月，大宗遣高侃、李世勣五路大軍征薛延陀，十

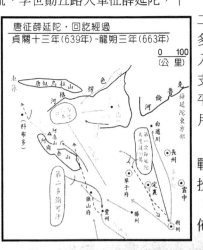

唐征薛延陀·回紇經過
貞觀十三年（639年）～龍朔三年（663年）
0　100（公里）

二月大破於漠南，貞觀十九年，真珠可汗卒，多彌可汗立，乘太宗東征高麗未回，引入大軍入寇河南。但此時多彌部有內亂，回紇及同羅支部聯合攻打多彌，多彌大敗。唐軍乘機一舉平薛延陀部，到龍朔元年（西元六六一年）三月平回紇，至三年二月漠北悉定。

　　唐第一階段對異族用兵之能成功，戰略戰術上賴李靖的奇襲與機動，李世勣的迂迴抄截戰，故能屢敗東突厥軍。而唐太宗能「兼聽廣納」和「獨運權威」之領導，開誠佈公之心胸，也顯示大帝國之君的風範。

> 三、好像中國自古外患不斷，但那些外患入侵或與中國
> 發生戰爭，被臣服後，很快就「漢化」或「華化」。
> 接下來是征吐谷渾、高昌、龜茲及西突厥諸戰役，
> 陳老師為大家重新回憶我國在唐代的民族生存競爭
> 發展概況，了解我們祖先開疆拓土的辛勞！

　　對外戰爭的第二階段，對唐帝國威脅最大是西突厥，其領土東起今阿爾泰山，西至裡海，天山以南及今俄境錫爾河、阿姆河等地區。西突厥因地理關係，與當時東羅馬帝國（都君士坦丁堡）和波斯（都今德黑蘭）之關係，較與唐之關係密切。

　　吐谷渾族分布在今青海及新疆省南部，亦常在柴達木盆地、黃河上源、祁連山等地區遊牧生息。因與中國接壤，今威武、蘭州等地常被寇患。

　　高昌（今吐魯蕃）、焉耆（今縣）、龜茲（今庫車）則在中國通西域之途中，且均服屬於西突厥，該三國也常徘徊於兩強（中國和西突厥）之間。是故唐征三國，實即征西突厥之緒戰也。

　　唐太宗的大戰略指導分三期，㈠先擊滅東突厥（已完成），再征吐谷渾和高昌；㈡再征焉耆、龜茲，以取得蔥嶺、天山之國防線為屏障；㈢最後以高屋建瓴之勢，展開對西突厥長驅直入之遠征。

　　貞觀八年（西元六三四年）三月，吐谷渾又遣兵寇蘭、廓二州（今甘肅皋蘭、青海化隆黃河北岸）。太宗乃遣大將軍段志玄率兵兩路進擊，大敗吐谷渾，太宗欲一舉解決，乃遣李靖統五路大軍，沿黃河兩岸西進。次年五月，戰爭抵定，貞觀十三年諾曷鉢可汗朝長安，太宗封為河源郡王，並把弘化公主嫁給他為妻。

　　貞觀十三年十二月滅高昌，以其地設西州、庭州；貞觀二十一年十二月滅龜茲，設都督府。龜茲乃西域大國，其國已歸大唐，各小國紛紛來朝長安。當時的長安已成國際大都會，經貿文教中心，西方各族人在中國久住、經商、為官者甚眾。

四、當唐太宗擊滅東突厥後，就被周邊各民族共推為「天
　　可汗」，其意即為「亞州盟主」，這個地位似乎高
　　於今第二次世界大戰時先總統　蔣中正先生被推舉
　　為「亞太地區盟軍最高統帥」。但是，現在唐太宗
　　碰到的西突厥，也是當時中國西部第一強權，兩邊
　　相爭，難免一戰吧！

　　這是當然，隋唐之際正是西突厥的全盛時代，從玉門關以西，各西域諸國莫不臣屬，在統葉護可汗在位時，一再擊敗波斯帝國。向東發展必然要碰上大唐帝國，在那個時代並沒有甚麼「國際協商機制」。各族群都在大叢林中求生存，謀發展，是誰的地盤？誰的勢力範圍？誰是主盟者？戰爭是唯一的「有效、快速」方法。

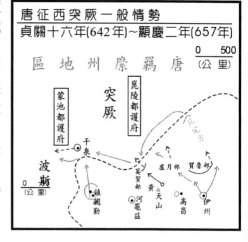

　　大唐與西突厥的長期戰爭，其實早已開始，前面滅東突厥、吐谷渾、薛延陀、高昌等，都是做「去葉剪枝」的工作，消滅西突厥周邊的勢力，最後剩下一個孤立無援的西突厥，直接的征討才開始。

　　唐太宗征西突厥主要靠大將蘇定方（有李靖用兵之精神）為統率，共有四次大型戰役。貞觀十六年（西元六四二年）九月，安西都護郭孝恪擊破西突厥進犯，不久西突厥發生內亂，其東部之魯賀率處月部向唐投降。

　　永徽二年（西元六五一年）賀魯復統一西突厥，七月侵唐之庭州（今迪化），翌年正月遭唐軍擊敗，以處月之地置金滿州。永徽六年再進討賀魯部，再敗之。

　　最後一次顯慶二年（西元六五七年）閏正月，唐軍蘇定方、薛仁貴（也是征高麗大將）大敗西突厥軍於今之伊犁河畔，追其殘兵至波斯邊境。西突厥告滅，設其地為六都督府，波斯以東地區皆歸大唐統治。

> 五、到目前爲止，大唐帝國已是亞洲盟主，對外戰爭含
> 東征高麗在內，已完成三個階段。東、北、西三方
> 都已臣服，只剩南方或西南方，難不成還有誰敢出
> 來和大唐同台較量嗎？

　　有，正是所謂「樹大招風」，越是大帝國樹敵越多，要將敵人同化或變成朋友，常需百年以上時間。唐代最後一階段的對外戰爭，就是征奚、契丹、吐蕃、突騎施及再征突厥之戰。其中以吐蕃（漢稱「發羌」，現在的西藏民族。）之戰最重要。

　　奚爲「庫莫奚」之簡稱，與契丹同是今熱河境內的少數族群，爲東胡種之後裔。人少（唐初有四萬兵力）強悍且反覆無常，營州（熱河朝陽）爲其軍政中心。唐自睿宗太極二年（西元七一三年）開始，四次征討，雖一時平定，均未告解決，時叛時服，成爲唐中葉以後東北的困擾和負擔。

　　突騎施，爲西突厥之別部，酋長烏質勒，唐滅西突厥後，烏質勒率殘部徙居碎葉川（今俄境楚河一帶）發展，兵強馬壯又寇唐境。開元五年（西元七一七年）到二十五年，征撫兼用，時有叛服，二十六年始告討滅。唐高宗調露元年（西元六七九年），單于都護府之東突厥部落突然叛變，共推阿史那裡首夫爲可汗，塞北二十四州酋長紛起響應。東突厥竟死灰復燃，到武則天時全盛有兵力四十萬，大唐又經三十年斷斷續續征討。後因內亂被再度興起的回紇消滅，於是回紇又取代東突厥，成爲中國北方的強敵，時降時叛。從唐高祖到唐玄宗，前後一百二十餘年，唐人與東突厥之鬥爭，頗似漢人與匈奴的戰鬥。

六、原來早期民族生存發展的鬥爭是如此艱困，不過大
    唐最後的對外戰爭，征吐蕃之戰，因有文成公主嫁
    吐蕃傳為歷史上一段美談。今天，西藏能為中國之
    一部，文成公主是否與有功焉？

文成公主遠嫁吐蕃（今西藏，時貞觀十五年），確實促進漢藏文化交流，
對後來建立良性的中藏關係與有功焉。但並未能就此消弭戰爭的爆發，時戰時
和，因為唐初時吐蕃已經逐漸強盛，當大唐征服吐谷渾（青海）、党項（川
邊）後，吐蕃與中國的關係有了直接接觸，兩強都在尋求發展，戰爭於焉爆發。

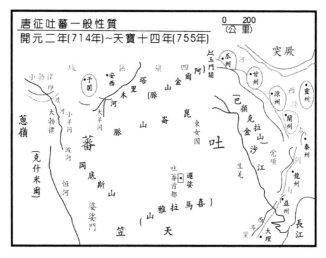

大唐與吐蕃的戰爭，是一長達數十年，在一極為廣大的戰場上進行。東起
今四川邊界，西到蔥嶺，東西約三千兩百公里；北起玉門關與羅布泊之線，南
至喜馬拉雅山與岡底斯山北側，戰場面積廣達五百四十萬平方公里，真是史無
前例的大國戰爭（一般情況如圖）。

征吐蕃之戰自唐開元二年（西元七一四年），至天寶十四年（西元七五五
年），四十年間大小戰不可估，主要戰役有隴右、河西、安西、劍南及小勃律
等。大唐帝國只能暫時取得較佳優勢，當唐朝漸弱後吐蕃又再度入侵。蓋當時
吐蕃、大食（Arabes）與大唐都在爭奪一塊戰略要域，即東西陸路交通孔道西域。

輯二十三
衰唐至五代重回
黑暗時代之戰爭

> 一、我們講過大唐帝國盛世，勢力範圍與中國文化的影響力，遠達波斯和裡海東岸，四鄰諸邦都來長安、洛陽朝拜。為甚麼大唐帝國到了中葉就衰落，接下來又回到割據紛亂的「五代十國」呢？

是的，歷史真的很弔詭，但也只是一個簡易的道理。戰爭打贏了，帝國盛世就能維持；不贏則衰，戰敗則亡。當然背後還有政治明暗為支撐，制度建立與人才運用等，這些是「因」，戰爭勝敗已是難以改變的「果」。

唐代到天寶十四年（西元七五五年），正是大唐中葉，發生「安史之亂」，這是盛唐走向衰亂的「亂源」。此後到唐亡，便是代宗、德宗、憲宗時代的「蕃鎮」戰亂，安祿山就是最大的藩鎮。

「藩鎮」亦稱「節度使」，是唐睿宗時代首創的官制，等於是地區的軍政領袖，一身兼攝軍事、行政、財賦三大權，有土地、人民、甲兵，成為一股地方勢力。此在中央控制力強時，尚能運作維持，但到衰唐時藩鎮出現下列現象。

第一、他們和朝廷關係處於半獨立狀態，上表稱臣受命，實際上政軍經自專，對任何人有生殺大權。

第二、各藩鎮得自由擴編軍隊，組織龐雜，這些軍隊上不知有君，下不知有民，藩鎮間常相互攻伐兼併。

第三、儼然一種新封建勢力，職位父死子繼，亦有叛變者取代，再上報朝廷正式任命，國家紀綱亦蕩然。

第四、藩鎮嚴重時，有公然抗命，稱帝稱王，朝廷只好發兵征討，唐中葉後便如此紛戰打了一百多年。

從以上現象看，藩鎮便是現代所謂「軍閥」割據，破壞了國家主權（王權）與領土的完整性，威脅國家統一，此在中國歷史及政治思想，是不許可的。若有進而稱王稱帝，實際上等於形成大唐帝國的分裂，戰爭乃不可避免。

大唐中葉以後這一百多年的軍閥混戰及朝廷的「統獨」征戰，大小戰役不計其數，無暇細說。僅擇平安史叛亂之戰及憲宗平諸藩解說，蓋其他也都是軍閥，對國家統一的傷害同樣深刻，勿須贅言。

> 二、提到安史之亂，少不了說到唐玄宗和楊貴妃那段淒
> 美的愛情故事，千百年後，似乎關心大唐帝國衰落
> 和戰爭的人較少，而聽到這段愛情故事則多數人顯
> 得神彩豐美，有的說他們二人就是亂源？

　　人們總是對美人玉隕，傳奇淒美的愛情有興趣。但千百年來能讓人永恆不忘，應歸功白居易的「長恨歌」：

　　　　漢皇重色思傾國，御宇多年求不得，楊家有女初長成，
　　養在深閨人未識。天生麗質難自棄，一朝選在君王側，回眸
　　一笑百媚生，六宮粉黛無顏色……六軍不發無奈何，宛轉蛾
　　眉馬前死……在天願作比翼鳥，在地願作連理枝。天長地久
　　有時盡，此恨綿綿無絕期。

　　白居易已經道出唐代中葉衰落的原因、戰爭起因等，似乎不必筆者多言，故此處僅簡略帶過。安祿山一身兼平盧、范陽、河東三節度使，掌兵四十萬人（佔大唐總兵力三分之一）。天寶十四年（西元七五五年）叛變，到廣德元年（西元七六三年）平史思明、史朝義，共亂了九年。此期間朝廷大將顏杲卿、李光弼、郭子儀、張巡等，為平叛亂，先後有常山，潼關、睢陽、南陽、太原、邙山等重大會戰，最後雖把亂事平定，但大唐受此受創，從此不振。

　　安史之亂的影響不止有唐一朝，也影響到五代十國的政局與社會，更影響到後來宋太祖削弱地方軍權，建立「強幹弱枝」的國策。又因安史餘孽盤據在河北，構成河北諸藩鎮的跋扈，始終獨立割據在外，有以後燕雲十六州國防要塞的喪失，使契丹、女真興起，入侵中國。這種影響就是好幾百年，所以平安史叛亂之戰是改變歷史之戰。

　　就好像「甲午戰爭」台灣割給日本鬼子，百年後日本鬼在台灣的影響仍在，你看漢奸李登輝為首的這群獨派，躲在鬼域的金美齡不就是日本鬼子的代言人嗎？這也是甲午戰爭百年不斷的影響力，至今鬼影幢幢。

三、是啊！雖然說「戰爭是政治的延長」，但往往一場重大戰爭的成敗，卻影響往後的政治、歷史發展，例如一八九五年的甲午戰爭。大唐帝國在「安史之亂」後，就不斷有討藩鎮的平亂戰爭，成敗也影響那之後國家的完整性數百年，不知有多少人深懂其中道理？

中肯點說，人是容易忘記的動物，很少人學會歷史的教訓，所以戰爭才永不止息，大唐從安史之亂平定後，藩鎮開始成為一種地方割據的軍閥。代宗時代有懷恩、周智光與田承嗣之亂，經郭子儀討平，但田承嗣叛亂則屢討無功。

德宗時代有魏博、淄青、成德、朱泚、李希烈等叛亂，李希烈在淮西獨立稱楚帝，朱泚入據長安稱漢帝，朝廷時討又叛。至憲宗即位（元和元年，西元八〇六年），志在僭叛，所向有功，可謂唐代中興之王，逐一敉平各藩鎮。在政治上任用杜黃裳、裴度、李絳諸賢為相，朝廷紀綱為之一振，天下耳目為之一新。六十幾年的藩鎮之亂到憲宗末年暫告一結束，史稱「憲宗中興」。

其實「憲宗中興」，藩鎮平息只是形式上暫時平息，也可以說是大唐帝國的迴光返照。蓋因中央與地方並未有結構上的改變，前面說的四點藩鎮問題依然存在。元和十五年（西元八二〇年）憲宗卒，各地藩鎮叛亂四起，朝廷亦無力全面平亂，唐朝成了一個支離破碎的殘局，一直到「五代十國」。

唐懿宗以後，還有僖宗、昭宗和昭宣帝，這是大唐帝國的崩亡期。此期間，國家政治糜爛到極點，宦官、藩鎮、流寇，三患交積。唐昭宣帝天祐四年（西元九〇七年）四月，梁王兼相國朱全忠廢昭宣帝為濟陰王，不久又殺了他。朱全忠自己改名朱晃，是為後梁太祖，以汴梁為東都，洛陽為西都。李唐政權，凡歷二十一帝二百八十九年而亡，開啟中國歷史上第二個黑暗時代：五代十國。

四、為甚麼人民過沒幾天好日子，天下又要大亂，而且進入了所謂中國歷史上「第二個黑暗時代」，是甚麼原因？五代十國有那些改變歷史發展的戰爭？

五代十國是「殘唐」的延長，盤據在中原中央前後相承的五個政權：梁、唐、晉、漢、周，習稱「五代」。或各加一「後」字，叫做後梁、後唐、後晉、後漢、後周。除了中央五代外，散處在四方還有十個割據政權，稱為「十國」，有吳、南唐、前蜀、後蜀、南漢、楚、吳越、閩、南平、北漢。從唐亡（西元九○七年），到宋太宗太平興國四年（西元九七九年）滅北漢，中國重回統一局面，計五代十國亂了六十二年。

為甚麼出現五代十國紛戰六十二年，原因㈠五胡長期亂華，外裔大舉內遷居住，夷夏之防輕弱。㈡楊廣、李唐本身就是華夷混血兒，重用番將番人，影響很大。㈢唐太宗即稱天可汗，世界大帝國，形成一種「世界主義」，外族力量日漸壯大。㈣唐初邊官採「不久任」規制，玄宗改久任，演成藩鎮之禍。㈤寵任宦官，干預朝政，導至安史之亂。

此六十二年間戰爭頻仍，但對中國歷史發展影響至鉅（傷害亦大），有後晉石敬瑭引契丹滅後唐（晉陽之戰），和周世宗謀恢復大一統諸戰役。

石敬瑭為河東節度使，天福元年（西元九三六年）五月叛後唐，又借契丹兵於晉陽（今山西太原）一戰，消滅唐軍，是為後晉之開國。（如圖）

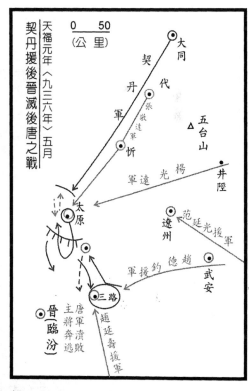

契丹援後晉滅後唐之戰　天福元年（九三六年）五月

是役戰後，契丹立石敬瑭爲大晉皇帝，割燕雲十六州給契丹爲代價。中國北疆國防屏障從此盡失，禍延至宋代三百年，不能恢復中國之國運，爲禍之烈可知。

　　歷史上像石敬瑭這樣臣事異族，進而父事之，又奉款割地，一割十六州，賣國求榮之罪行，事例不多，曠古未有。以下舉例給大家比較參考。

年代	政權、統治者	取位方法	事於	身份	代價	結果
西元九三六年	後晉石敬瑭	借契丹兵力	契丹	兒皇帝	割燕雲十六州給契丹、奉款	被消滅統一
西元二〇〇四年	中華民國陳水扁	製造假槍擊案，作弊、作假	美國	兒總統	繳給美國6180億保護費（未成）	拖垮台灣有利統一

五、確實像石敬瑭這種無恥的人，能事敵人異族如父，
　　自稱「兒皇帝」，割大片國防要地給人，只為得到
　　大位，實在曠古未有。所幸五代十國戰亂不算太久，
　　五十多年又歸統一，這個統一何人啓動與完成？

從晚唐到五代後周，割據大亂又是一百多年，重新啓動中國統一機制，也有能力完成的人應是後周世宗郭榮，郭威之子。郭威即周太祖，後周開國之君，中原政權經後唐、後晉、後漢三個沙陀君主，後周又回到漢人手中。

周顯德元年（西元九五四年）周世宗即位，當時除周外尚有六個政權共存（北漢、後蜀、南唐、吳越、南平王、南漢）。周世宗有統一中國之志，展開南征北討。

即位之初，北漢聯絡北方遼人，大舉南侵，周世宗率軍親征，大敗北漢和遼人聯軍，是為「高平之役」。這一仗是北周強盛的關鍵。次年展開伐蜀之戰，年底盡佔隴右之地，是為伐南唐做準備。

顯德二年十一月伐南唐，至顯德五年二月，盡克淮南，這是周世宗謀大一統之戰中之主要戰役。征南唐最後一戰如圖，唐軍大敗，李璟（李後主的父親），自去帝號，奉周正朔，上表稱臣，並獻出江北殘存的四州之地，周唐暫時以長江為界。

南唐降之次年，周世宗伐契丹，準備收回中國北疆國防屏障燕雲十六州。不幸取幽州（北京）後，病卒，年三十六歲。

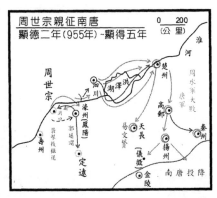

周世宗去世，宰相范質等擁皇子梁王宗訓繼立，是為周恭帝，年才七歲，由符大后臨朝，這是一個孤兒寡婦的局面。不久趙匡胤就廢了恭帝，周亡，五代結束，這年是宋太祖建隆元年（西元九六〇年），宋朝開始。

縱觀周世宗，不失為雄才大略之主，不幸大業未成身先死。宋太祖趙匡胤所以能完成統一，皆賴世宗所建立基礎所達致也，故周世宗對結束五代，重回大一統局面，與有功焉。

> 六、宋太祖終於又使中國回到統一的格局,但我們看宋
> 　代情形,始終並存著宋、遼、金、夏四個國家,等
> 　於說中國在宋朝並沒有統一吧!還有,五代殘存的
> 　政權,如南唐也還在,也說明太祖即位之初仍是割
> 　據局面。

是,如果我們從狹義的漢族觀念,或從中原(黃河、長江流域)狹區看,這自然是兩宋時代。但從廣義的中華民族看,也是宋、遼、金、夏四個政權,四個國家的時代,這我們留待下輯說,先把五代殘局一些收尾講完。

周世宗征南唐時,南唐李璟自動去帝號,上表稱臣,世宗乃轉兵北征契丹,不幸中道病卒。後周亡時,不久李璟去世,傳位李煜,就是中國最偉大的文學詞家南唐李後主,宋太祖代周後自然要來收拾這個殘局。其實這是一場「大鯨魚對小蝦米」的戰爭,不打也知其結果,千百年來人們更有興趣的是這場統獨之戰,引起的一段哀怨淒美的故事。

宋太祖即位後,召李煜入朝,他稱病不赴。太祖派曹彬伐南唐,把李煜俘至京師,他被俘北去,渡江時回看故國,有一首詩說:

　　江南江北舊家鄉,三十年來夢一場;吳苑宮闈今冷落,
　　廣陵台殿已荒涼。雲籠遠岫愁千斤,雨打歸舟淚萬行;兄弟
　　四人三百口,不堪閒坐細思量。

到了北國日子愈過愈苦,〈虞美人〉詞的文學境界達到最高:

　　春花秋月何時了?往事知多少?小樓昨夜又東風,故國
　　不堪回首月明中;雕闌玉砌應猶在,只是朱顏改,問君能有
　　幾多愁,恰似一江春水向東流!

宋太祖看到這首詞,知道他還有故國之思,便賜毒酒結束他的生命。宋太祖伐後蜀,俘花蕊夫人,才色雙絕,太祖愛其才,留於後宮,問她,蜀何以亡?她答:「君王城上樹降旗,妾在深宮那得知?十四萬人齊解甲,更無一個是男兒!」

一千多年走了,現在也沒幾人記得宋太祖做了些甚麼?但無數的人仍在朗讀李後主的詞。他被中國文學史封為「文壇上永恆不倒的君王」,那管他是亡國之君!

輯二十四
宋代戰爭㈠宋遼之戰

一、中國歷代戰爭現在講到「宋遼夏金蒙」，這是一個頗叫人驚訝的問
題，因為在當時，遼、夏、金、蒙等族是「非中國」的，也就是這些
族群不是中國人，為甚麼這段戰史成為中國史的一部份？

這確實是很複雜，很大的問題，但我們可以最簡單的方式解釋。遼、金、
夏族在當時都不是中國人，而叫「夷」，就是異族，因為使用中國的政治制
度，讀孔孟詩書，也是因為被華夏文明文化所吸引，後來完全「漢化」或「中
國化」了。遼、金、夏史也成中國二十四史之一部份，現代我們血液中也可能
流著他們的血。

可是，在當時的漢、遼、金、夏族，可是戰火漫天，陳屍遍野。這也可以
解釋成中國歷史發展到了宋朝，出現曠古未有之變局。之前漢族在中原建立強
大政權，而周邊少數民族力量較弱，成為「南強北弱」的局面；但宋朝一反往
昔，成為弱勢政權，周邊異族強大，「北強南弱」的格局。

未講戰爭前，先簡單介紹遼、金、夏族之緣起與建國。「遼」是契丹的別
支，住在今遼河草原地帶的遊牧民族，唐末時耶律阿保機統一契丹各部，正式
建國稱帝，是遼太祖。宋初時遼國已是中國地區最大國，疆域東起海，西到金
山（阿爾泰山），北到克魯倫河，南到今蒙古、熱河、察哈爾、綏遠、東北九
省，及山西、河北兩省北部。可見其發展之快，對宋構成強大的威脅。

「女真」是住在松花江、黑龍江與長白山的一支民族，屬東胡種，唐朝時
靺鞨人，原有七部，其中黑水靺鞨就是女真。其族人勇敢善戰，平時漁牧射
獵，戰時全族皆兵，作戰時一切糧草由戰士自備，不需政府負擔。宋政和五年
（西元一一一五年）阿骨打建國號「金」，是為金太祖。

「夏」就是大夏，或稱西夏，唐末党項人拓拔思恭的後裔，助唐平黃巢之
亂，賜姓李。到宋初已發展到十八州領地，居黃河上游，賀蘭山一帶。

宋代正是對遼、金、夏的征戰過程，戰爭本有涵化作用，是故，打完後大
家才都成為中國人，真是「不打不相識」，相信也是本時代（宋）的戰爭意義。

> 二、一個弱勢的宋朝，要對付強勢的遼、金、夏三國，
> 這仗打起來一定特別辛苦，難怪宋代的悲劇英雄，
> 如岳飛、文天祥、千百年來最能感動人心。現在我
> 們開始講這個時代的戰爭吧！從哪裡開始？

中國歷史發展到宋朝，異族紛紛興起，宋太祖平定南方後，接下來是宋遼戰爭、宋夏百年戰爭、金滅遼、金滅北宋、金侵南宋。等到南宋晚葉，蒙古崛起，金、夏、宋又都亡於蒙古，精彩的戰役我們慢慢道來。

當五代十國的殘存者一個個被宋太祖消滅，只剩下建國在太原（今山西太原）的北漢未能搞定，原因是北漢乃遼國之附庸國。惟自石敬瑭割燕雲十六州給遼人，北漢又成遼之附屬，中國北方幾無國防屏障。職是之故，中國內部不統一則已，一經統一，必進而謀收回失土，以求國家生存與安全，乃勢所必然之事。

故伐北漢乃宋遼戰爭之緒戰，宋太祖於開寶元年（西元九六八年）、二年及九年，三次親征北漢都因遼人援軍而失敗，九年十月，太祖崩，太宗即位，乃暫罷北漢戰爭。宋太宗新即帝位，經一番整頓，太平興國四年（西元九七九年）五月，終於滅了北漢，宋遼大戰亦一觸即發。

宋遼戰爭共持續二十六年，大戰十餘役，遼九次南侵，結局是宋真宗被迫訂下「澶淵之盟」的屈辱條約。

太平興國五月，宋滅北漢時，遼人知宋必征遼，早在宋遼邊境佈下騎兵十餘萬。宋太宗趙匡義亦沿太原、鎮州（河北正定）伐遼，兩軍大戰於高梁河（如圖）。

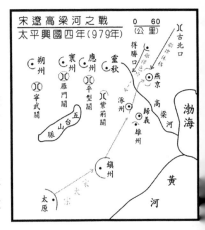

初期兩軍對峙，遼軍出戰卻先敗北，宋軍後追，不料太宗陷入亂軍包圍，宋軍因而潰敗。太宗在亂軍中，衛士找到一輛驢車，急速南逃。遼將耶律休格也因重傷，不能追。

宋軍殘部潰回，不見太宗，以為被敵所虜。眾臣商議立太祖長子德昭為君，準備再戰。議論間太宗乘驢車逃回，結束一場烏龍。只是由此判斷，宋太宗的戰爭準備、兵力部署、敵情判斷及戰略素養等，均顯不足也。

三、以這種方式慘敗，趙匡義還走丟了人，差點也丟了
　　大位，他想必始料不及吧！他可能也太過自信輕敵。
　　接下去的戰役他應有更充份的準備吧！

　　遼為報宋軍圍燕京之役，連續三年三次
大軍南侵。第一次太平興國四年，遼乾亨元
年九月，以韓匡嗣為都統侵宋，兩軍大戰於
滿城（河北今縣），遼軍不幸慘敗。宋軍西
戰場的楊業，多次以少勝多，遼人稱他「楊
無敵」（如圖）。

　　次年遼又以駙馬蕭咄李，率大軍十萬進
攻雁門關，被楊業所敗，且斬蕭咄李。同年
十月，遼再啟大軍，主力指向雄州（如圖），
兩軍大戰於瓦橋關。遼軍又先勝後敗，乃率
軍北走。

　　太平興國六年底，遼又南侵，測試宋之
反應，以備次年大舉南征。七年四月，遼三
路大軍攻宋（如圖），三路皆敗，且遼主於
九月以疾卒。十二歲的長子隆緒嗣位，是為
遼聖宗，更其國號叫「大契丹」，由太后蕭
氏執國政，兩國都無力再戰，乃暫時休兵。

　　如此過了三年多，太宗認為準備已足，
想乘遼孤兒寡母掌政之際北伐。雍熙三年（西
元九八六年）正月，四路大軍攻遼，不幸皆
敗，重要戰將如楊業等均戰死沙場，此後宋
就無力與遼再戰，遼乃不斷南侵，直到簽訂
「澶淵之盟」。

四、堂堂大宋朝，卻敗在遼人手下，這也是中國歷史發
　　展的異數。宋軍戰敗，則遼軍必士氣高昂，也必將
　　更積極南侵，大宋子民豈不岌岌可危？

　　宋太宗雍熙三年七月，宋軍才在新敗未定。遼軍已在做南征準備，十一月以耶律休格爲先鋒都統，自燕京對宋發動攻勢，兩軍大戰於君子館（今河北河間縣）附近，宋軍全軍覆滅，死者數萬。遼軍大勝，死傷亦相當慘重。是役後，西夏派使者送款至遼邊，願永作遼之藩屬，從此遼夏同爲宋之邊患也。

　　端拱元年九月，遼又南侵，太宗發大軍，雙方戰於徐河（今河北徐水）一帶，宋軍先敗後勝（如圖）。是役，爲宋太宗與契丹族最後一役，隔二年太宗崩，太子恆即位，是爲眞宗。

　　眞宗新立，宋夏邊境開始多事，蜀亂未已。遼乃又乘機連續大舉南侵，咸平二年七月遼主與蕭太后三路大軍南伐，宋眞宗以傅潛在定州（今河北定縣）屯兵八萬迎戰。可惜傅潛見遼軍氣盛，閉城自守，坐視契丹俘掠生民財貨而去，其他將領如范廷召則在裴村大戰時逃遁。凡此，己見宋君臣愚庸無能，武將之虛弱更暴露無遺。

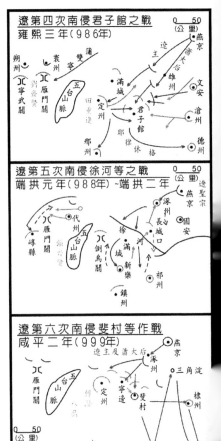

五、這麼說宋代的軍人，到眞宗時代簡直不能打仗了，
　　不是給契丹更多侵掠機會嗎？兩國打不完的仗，還
　　不乾脆看要怎麼辦？一次解決。

　　宋遼戰事已拖了二十多年，確實到了最後解決的時刻。咸平四年、遼統和十九年（西元一〇〇一年）十月，遼第七次侵宋；次年又第八次侵宋，宋軍皆無力反擊。宋君臣驚恐，有勸眞宗駕幸金陵，有勸駕幸成都，眞宗拿不定主意，問宰相寇準，準曰：「拋棄宗廟，南幸楚蜀，人心必然崩潰，天下將不可收拾。」眞宗也以爲是，決定親征鼓舞士氣。

　　景德元年（西元一〇〇四年）八月，遼軍第九次大舉南侵，眞宗親自督師澶淵（今河北濮陽），宋軍士氣大振，終於和遼軍打出平手。遼主與蕭太后見軍事上佔不到便宜，乃打出「和平攻勢」，而宋眞宗也不想打仗了，只想花錢了事。宋遼於是簽訂了歷史上有名的「澶淵之盟」，條約最重要的有二：

　　(一)宋歲輸契丹銀十萬兩，絹二十萬匹。

　　(二)宋遼爲兄弟國，遼主尊宋主爲兄，而宋主尊蕭太后爲叔母。

　　宋遼雖簽訂不平等條約，堂堂大宋每歲輸遼大把白花花的銀子，但兩國維持一百一十三年和平狀態，也算值得。和平是要花錢的，直到宋徽宗重和元年（西元一一一八年），因金攻遼，乃有宋金聯盟攻遼之舉。那是一百多年以後的事，眼前宋眞宗和人民要的是和平。

　　宋遼依約成爲兄弟國，不打仗了，宋夏百年戰爭緒戰已經開始，正一幕幕要搬上歷史舞台。比宋遼之戰更慘烈，一場戰役動輒五十萬、八十萬，死傷數十萬已很平常，且戰爭拖的很長達一百年。

六、「澶淵之盟」確實對大宋不公平，似乎也只有如此
可以終結宋遼間不休止的戰爭。宋遼問題解決了，
宋夏百年戰爭又要開打，到底西夏有何能耐？為何
可以糾纏宋朝百年？

　　西夏或夏，在中國歷史上是一個頗為神秘的國家。我們提過，他們是魏拓跋氏的後裔，居地夏州（今無定河之北，陝西橫山縣北境故長城外。）唐太宗賜姓李，唐末拓跋思恭領夏州。宋太宗時征北漢，夏人派兵助戰。到宋太平興國七年（西元九八二年），西夏分裂為二，由李繼捧所領導的一派回歸中國，李繼遷一派叛中國，遠走地斥澤（陝西橫山縣東北）。所謂「宋夏百年戰爭」，是由此開始，到元豐四年（西元一〇八一年）宋軍大敗，又簽訂了不平等條約。百年間有許多戰事，這輯先開場白，下輯再接著講百年戰爭經過。

　　宋夏就人口、土地與資源比，夏只是一個小國，但因戰略運用得宜，使大宋國陷於困境。從李繼遷叛宋後百年間，不斷採取和戰並用之策，久戰力疲則換和平攻勢；戰力恢復則轉取軍事攻勢。在大戰略上，採連遼攻宋，或相互聲援，兩面夾攻宋軍。在野戰戰略上，利用大漠原野，敵進則退，敵退則進；敵駐戍不出，則窺破良機，集中絕對優勢兵力，對一部宋軍行殲滅戰；在情報與政治戰上，不斷重金延攬宋之失意文武官員，以窺測宋廷之內情。西夏這套戰略，在近代國共內戰時期，中共用的出神入化，這是叢林鬥爭永遠管用的法則。

　　反觀大宋，固然是軍力不足，缺乏用兵之將才有關，這已是「果」的問題。主「因」是始終沒有固定國策，時攻時守，時和時戰，而這種舉棋不定並非主動的戰略運用，只是身不由已的被動措施。形成這種局面背後的原因，當然是政治環境，此期間宋朝正在進行「變法運動」，變與不變的兩派勢力沒有妥協空間，很像台灣現在的統獨對決，於是國家力量分裂為二，沒有國家目標了。

輯二十五

宋代戰爭(二)
宋夏百年戰爭

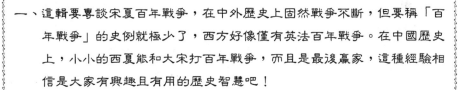

一、這輯要專談宋夏百年戰爭，在中外歷史上固然戰爭不斷，但要稱「百年戰爭」的史例就極少了，西方好像僅有英法百年戰爭。在中國歷史上，小小的西夏能和大宋打百年戰爭，而且是最後贏家，這種經驗相信是大家有興趣且有用的歷史智慧吧！

　　確實是有用的歷史智慧，宋夏之戰的背景我們已概略提過，現在直接切入這個千年前的古戰場。宋夏百年戰爭分三個時期：

　　第一期：宋太宗太平興國七年（西元九八二年）李繼遷叛宋，到眞宗咸平五年（西元一○○二年），夏軍敗宋軍於靈州（今寧夏靈武縣）。

　　第二期：眞宗咸平六年，李繼遷卒，子德明立；到慶歷八年（西元一○四八年），元昊卒，子諒祚立。

　　第三期：諒祚立，到北宋亡於金（西元一一二七年）。說是百年戰爭，實際是一百四十五年，結局是北宋亡。

　　首先是第一時期戰爭，宋採「以夷制夷」，夏以「連遼抗宋」。李繼遷稱臣於遼，遼封遷爲夏國王；宋以捧爲節度使，詔討繼遷而無功。至道三年（西元九九七年），李繼遷忽然遣使至宋，表求蕃任，此時因宋內外交困，爲收攏人心，授繼遷以夏、綏、銀、宥、靜五州節度使。

　　表面上夏主李繼遷同時稱臣於遼宋二國，實際上從該二國不斷撈到許多好處。他在暗中擴張地盤，眞宗咸平五年攻取靈州（寧夏靈武），咸平六年奪西涼（今甘肅武威）。此時，大宋正困於遼軍，自救不暇，安有餘力攻夏，第一時期宋夏之戰，宋全盤皆輸。

> 二、百年戰爭才進入緒戰，大宋就居下風，這個時代的
> 中國人確實生病了。歷史記錄曾說，宋代「積弱」，
> 或許從戰爭就看出來了，接下來宋夏之戰怎樣打？

　　咸平六年正月，夏主李繼遷因戰傷而卒，其子德明即位，進入宋夏之戰第二時期。德明為爭取休養生息時間，再度展開和平攻勢，向宋遼兩國稱臣，宋遼兩國為拉攏夏國，給德明封官加爵，賞賜極厚。

　　經幾年整軍休養，大中祥符二年（西元一〇〇九年）又開始東征西討，河州（今甘肅臨夏）、甘州（今張掖）、大理河（今陝北無定河）、興州（今寧夏銀川市）、瓜州（今甘肅安西）等，皆成夏國領土，且建都興州。宋仁宗天聖九年（西元一〇三一年）十月，德明卒，子元昊繼立，他是雄才大略之主，從此宋遼兩大國皆被他一人所苦。

　　元昊積極向四方擴張，寶元元年（西元一〇三八年）時，疆域範圍東據黃河，西抵玉門關，南臨蕭關（今鎮原），北控大漠，有五十萬正規兵力。十月正式稱帝，國號大夏，一個大帝國於焉誕生，其政制仿中國，另創西夏文。

　　元昊稱帝，開始對宋有大規模入侵，宋仁宗康定元年（西元一〇四一年）正月，元昊率大軍十萬攻延州（陝西今縣），圍攻延州七日，會大雪來，夏軍乃解圍而去，延州得以不陷。宋廷已為之震動，因延州是西疆國防重鎮，仁宗乃派范仲淹至延州坐鎮。

　　元昊知范仲淹能用兵，故亦不與范對決，轉兵攻三川寨（今甘肅固原附近）、好水川（甘肅隆德）等軍事要塞，又大敗宋軍。轉兵又攻豐州（陝西府谷縣北），宋軍皆潰，至范沖淹率蕃漢聯軍來援，元昊乃引軍還，宋夏之戰又暫時告一段落。

三、這元昊還真厲害，每戰皆勝，在戰略、戰術上必定
　　有原因？西夏越來越壯大，而宋廷積弱不振，元昊
　　對宋的戰爭，必然再擴大規模吧！

說到小小一個西夏，為甚麼屢次大敗宋軍？在野戰戰略上有一個重要原因。宋代朝廷對戰地指揮官並不授與指揮權，一場戰役的攻守進退，前線將領無權決定，而要朝廷批准。但是，戰機稍縱即逝，朝廷又遠在千里之外。反觀夏軍，元昊是夏國統治者兼戰地指揮官，夏軍可以打機動戰，來去飄忽。宋軍像一隻肥重的大象，處處挨打，卻無從反擊。

惟西夏與大宋比，畢竟還是小國，長年戰爭，國力亦敝，百姓怨苦，有「十不如」之謠，遂又對宋打出和平牌。此時宋仁宗也不想打仗，只想花錢了事，慶曆四年（西元一○四四年）宋夏簽和平條約，其內容：

(一)宋每年納夏絹十萬匹，銀十萬兩。

(二)冊封元昊為夏國王，另賜銀二萬兩，絹二萬匹，茶三萬斤及黃金寶帶銀鞍勒馬。

對宋朝而言，無異又是另一個澶淵之盟，不過經由這次和議，宋夏維持二十多年和平，未知值得否？

當宋夏才簽完和約，夏遼亦爆一場戰爭。原因是遼山西節度使屈烈叛遼降夏，遼興宗要求歸還叛徒，元昊不從，遼興宗親率大軍十萬征夏，被元昊用計引遼軍深入大漠，待遼軍馬疲士飢，再斷其退路，大敗遼軍。

觀元昊對宋、對遼，勿論是戰是和，都能保持其自主性，周旋於兩大之間，謀取所要之利。充分表現他非凡的才力和智慧，能創大夏帝國，誠非偶然也。

> 四、宋夏簽訂不平等條約，卻僅能維持二十年和平，這表示問題沒有根本解決。但兩國之間有甚麼「問題」呢？其實沒有，所爭的是「中國」與「非中國」，這最後仍要經由戰爭解決，何種時機又燃起戰火？

宋夏幾十年之戰仍不能解決問題，說是「中國」與「非中國」之爭也許不夠明確，用「一個中國」的說法不僅明確，而且直接指出事情的核心思維。因為在中國這地盤上只許有一個「最高和最後的統治者」，那就是中國的領導人（天子）。週邊異族縱使建國，仍是中國的屬國，必須定期朝中國，西夏若不來朝中國（宋），戰爭就必然持續下去，直到最後解決為止。

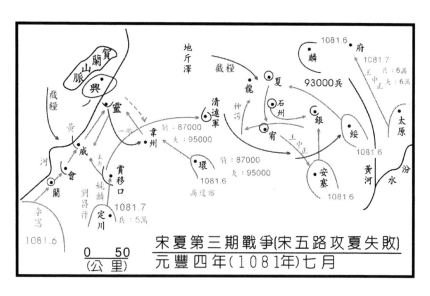

宋夏第三期戰爭(宋五路攻夏失敗)
元豐四年（１０８１年）七月

宋神宗早謀解決這個問題，即位後用王安石變法，將大有可為，且已和吐蕃（今西藏）取得聯盟。元豐四年（西元一〇八一年）七月，即發動五路大軍征夏，先以靈州為總目標，俟克靈州，再渡黃河趨夏都興州（如圖），其部署：

㈠王中正自河東（太原）西進。

㈡种諤率七軍向西北進。

㈢高遵裕率蕃漢聯軍北進。

㈣劉昌祚受高遵裕節制。

㈤李憲將熙河秦鳳兵，自熙河向東北進。

　　另詔吐蕃首領董氈集兵三萬，遣將會師。以上共計四十萬人，可見宋神宗這回下大決心要解決「一個中國」問題。可惜這場大戰宋軍五路大敗，死傷不計其數，故過程亦不需描述。宋神宗心有不甘，決定再啓更大兵力伐夏，當宋軍再舉之事未行，夏已傾其全國之兵力開始攻來，宋夏最後之戰即將開始。

五、宋神宗大軍征夏，表示他還是有大魄力，爲何五路
　　皆敗，其中必有不能克服的難題。夏傾其全國之兵
　　攻來，必定是一場大廝殺，結果如何？

　　宋軍不能克服的大難題，是後勤糧草在大漠運補不能解決，四十萬兵之中民夫佔一半，運糧的民夫苦不堪言，大多「開了小差」。兵無糧草，活生生被敵人殲滅。這也表示宋神宗雖有兵，卻無知兵事之戰將，例如王中正竟是一個沒有兵學常識的人，也當了大軍指揮官。

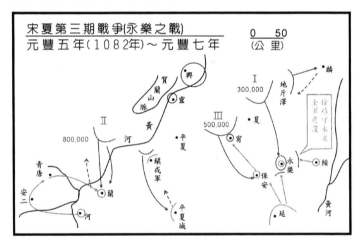

　　宋神宗不甘大敗，正欲啓更大兵力征夏，八十萬夏軍已經攻來。元豐五年（西元一○八二年）九月，夏軍包圍永樂、保安二城，宋軍又告「彈盡糧絕」，支持到十月城破，宋軍被殲滅。計靈州和永樂兩次敗仗，宋軍官兵和保甲兵（似民兵）死六十萬人，宋神宗茶食不嚥，早朝時對著群臣慟哭。無奈，他爲何不看歷史？漢武帝如何和匈奴打仗的？

　　元豐七年正月，夏又以八十萬軍攻蘭州，圍攻十晝夜，因糧盡解圍而去。元符元年（西元一○九八年）夏又攻宋，卻敗於平夏城，以後西夏漸漸衰落，宋夏沒有戰事。但另一個民族叫女眞崛起，建立金國，不僅滅了遼國，不久也滅了北宋，整個南宋就是宋金之戰，岳飛和文天祥等人譜出人類歷史上最悲壯的史詩，表現出人性中最偉大的情操。

> 六、提起女真族所建立的金國，在中國歷史上確實大放
> 異彩。他們快速崛起，先滅遼國，再滅北宋，先簡
> 略的講講金國的起家。

女真族最早居於今合江省依蘭地區及東到黑龍江、松花江合會處，其先祖再西遷至今哈爾濱東南，原臣屬於遼。西元一一一四年九月，女真攻遼之寧江州，竟敗遼軍，次年稱帝，國號金，是爲金太祖阿骨打。

阿骨打稱帝後，開始對遼發動一連串猛烈攻勢，此時宋夏已告沒落，遼國勢日衰。宋徽宗政和六年（西元一一一六年）正月，阿骨打攻佔遼東，次年攻佔遼西。宣和三年（西元一一二一年）阿骨打又攻陷遼之上京（今熱河林東縣）、中京（今熱河寧城）、西京（今山西大同）、燕京（今北平），金兵所向無敵，大遼帝國竟兵敗如山倒。

宋徽宗見遼軍大敗，有機會收回燕雲十六州故土，乃與金太祖謀宋金聯攻遼之議，金太祖同意。結果宋遼之戰，宋軍又敗，所幸金兵取得大勝。宣和五年（西元一一二三年）宋金簽訂條約：

㈠宋收回燕京等六州。

㈡宋歲輸銀二十萬兩、絹二十萬匹，外加「燕京代稅錢」一百萬緡。

㈢宋遣使賀金主生辰及正旦。

㈣置榷場貿易。

宋朝一開始和金人接觸，又簽訂了不平等條約，未來命運可想而知。宋金和約完成，金兵又向西北窮追遼天祚帝，遼帝奔西夏，宣和七年被金兵所俘，遼亡。金人從建國開始攻遼，前後十一年滅遼，遼國土盡爲金人所有。

輯二十六
宋代戰爭㈢宋金之戰

一、當遼、夏不再侵宋，新崛起的女真族卻建立金國，成為宋一朝最大的威脅者，成為大宋子民最可怕的夢魘，而且宋金一接觸，宋就居下風，本輯開始講宋金戰爭，陳老師，是不是開始金便滅了北宋？

可以這麼說，建國才十餘年的金兵，挾其滅遼之威勢，可謂所向無敵，宋軍毫無招架之力。

宣和七年金滅遼時，已在準備南伐，當時宋金雖已簽訂和平條約，但「條約是靠不住的」。適有遼之降將劉彥宗進言，南朝可圖，且不必動用大軍。

是年十月，金太宗下詔，東路以斡離不（宗望），西路以粘沒喝（宗翰），兵分兩路攻宋（如圖）。當時宋對金的兩條國防前線如圖所示，均有重兵把守，太原守軍指揮聞金

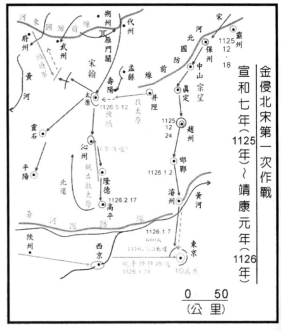

金侵北宋第一次作戰
宣和七年（1125年）～靖康元年（1126年）

兵來了，竟臨陣脫逃。幸賴太原知府張孝純固守，金兵久攻不下，但東路長驅南下，宋朝廷震恐到極點。宋徽宗下詔罪己，皇帝也不幹了，讓位給太子，是為宋欽宗，改靖康元年。

　靖康元年（西元一一二六年）元月，金兵圍汴京（宋之東京，今河南開封），迫欽宗訂下不平等條約：

　㈠宋須一次給金國黃金五百萬兩，白銀五千萬兩。

　㈡表緞百萬匹，牛馬萬頭。

　㈢宋主尊金主為伯父。

　㈣宋割中山（河北定縣）、太原、河間（河北河間）三鎮之地。

　㈤以親王宰相為人質（經商量由肅王樞為質）。

　二月和約成，金兵解圍北還。宋朝廷終於鬆了一口氣，上下慶祝金兵走了，可見宋君臣之昏庸荒唐，國家不亡何待？

> 二、好像每個朝代結束前，都是一批昏君庸臣，按照歷
> 史推演，北宋亡國就在此時。只是宋金和約已成，
> 金兵又為何南侵？

靖康元年二月金兵已退，八月又兩路大軍沿第一次南侵路線，大舉伐宋，這回北宋就亡國了。原因是宋朝廷中有前遼國舊臣任事，勸欽宗聯西遼（金滅遼後，部份遼人由耶律大石率領，逃走西夏之西北所建之國。）夾攻金人。不幸，欽宗致西遼書信被金將粘沒喝所截獲，奏於金主，金主乃決定再次伐宋。

金兵兩路大軍（路線約同前圖），以雷霆萬鈞之勢傾巢南犯，宋軍守備城鎮一個個被攻下，十一月金兵主力已大抵渡黃河。是年冬閏十一月初三日，金兵開始圍困京師，是月三十日，欽宗投降，史稱「靖康之恥」。

靖康二年（西元一一二七年）四月，金俘宋欽宗、徽宗二帝及宗戚三千多人北歸，凡宋之冠服、禮器法物、樂器、祭器、寶鼎圭璧、渾天儀、書冊、天下府州圖、科技人才等，皆擄獲而去。北宋從趙匡胤開國，到徽欽被俘亡國，共一百六十八年。

當宋徽宗蒙塵北去，金主封徽宗為昏德公，欽宗為重昏侯，正好是兩個「昏」君。北地生活不如意，徽宗有這樣一首詞述說內心的苦：

> 玉京曾憶舊繁華，萬里帝王家；瓊樹玉殿，朝喧弦管，
> 暮列笙琶。花城人去今蕭索，春夢繞胡沙；家山何處？忍聽
> 羌管，吹徹梅花。

此情此景，猶如當年的南唐李後主一般。巧的是，宋徽宗書法「瘦金體」，在中國書法史上也有「永恆不倒的君王」之讚嘆。

三、北宋亡了，所幸宋之國祚並未斷絕，甚麼機緣使南
　　宋又延續一百多年？金兵擄走徽、欽二帝，似乎對
　　中國並沒有領土野心，甚麼原因又啟宋金之戰？

　　當時金人對宋確實沒有領土野心，只想要些金銀財寶，立了傀儡政權張邦昌為楚帝後，便又北還。也許天不絕宋祚，宋徽宗第九子也是欽宗之弟康王趙構，當金兵圍京師時，他正在河北，故未被擄走。靖康二年（西元一一二七年）五月，宋人擁立康王在應天府（河南商邱）即帝位，是為宋高宗，改元建炎元年。

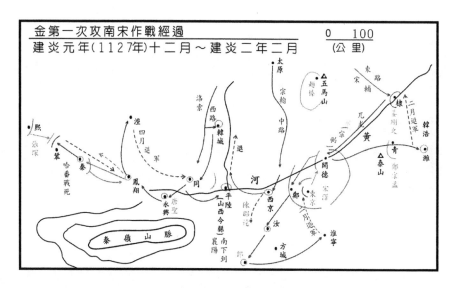

　　高宗即位廢張邦昌，金太宗得知，認為宋破壞南北和約，十二月起八路兵，分三道南征（如圖），東路宗輔、中路宗翰、西路洛索，三路並進。當時宋朝廷雖近乎瓦解狀態，但各地勤王義師風起雲湧，如宗澤、張復、少年岳飛等。因宗澤堅守河南，趙榛在河北起兵，金東路兵無功而返；中路雖直下到襄陽，但孤軍深入，不得已還師；西路洛索亦敗。故此次金人三路大軍征宋，實未達其戰略目的，初立的南宋得以暫時穩住陣腳。

四、康王趙構也是有天子命，否則也不會成為宋高宗。
　　但歷史對他的評價不高，甚至是很低的。就在金兵
　　才剛北還，又因宋高宗個人原因，吸引了金兵南侵，
　　到底是甚麼原因？宋高宗又惹惱了金主？

　　宋高宗的歷史評價確實很低，秦檜害死岳飛，宋高宗是背後黑手（後敘），
他其實是自私自利，眼光短淺的人。當「靖康之難」，高宗正要續大統之時，
兵荒馬亂，朝野社會呈現瓦解狀態，靠一批忠臣志士力撐危局，如李綱、宗
澤、馬擴、趙榛、岳飛、韓世忠等。金兵不敢久留，匆匆回到北方，就是因為
這些忠臣義士戰力尚存。

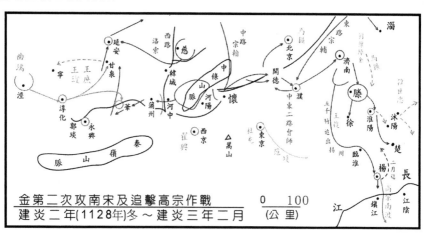

金第二次攻南宋及追擊高宗作戰
建炎二年(1128年)冬～建炎三年二月　　0　100（公里）

　　宋高宗即帝位後，卻擔心這些忠臣義士力量太大，威脅自己帝位，疑忌這
些忠臣義士。一方面高宗正和汪伯彥、黃潛善等一批人密謀向南逃亡（即南幸
揚州），忠臣義士被罷官的罷官，被殺的被殺。才穩定的局面又大亂，豪傑離
心，群盜四起，軍隊不知為誰為何而戰？時已入秋，金主覺得必須出兵平亂。

　　建炎二年冬，金兵三路大軍南征（如圖），翌年正月宋高宗南渡，二月時
適「天雨連降，平地水發，道塗泥濘，馬步俱不能進。」金兵始退。建炎三年
冬，金兵又南征貫徹金太宗「窮追高宗」決策，高宗沿海路逃亡到浙江，改杭
州為臨安，作偏安江南之計，金人亦未越長江。南宋與金第一階段之戰到此暫
時休兵，這年是建炎四年，亦為紹興元年（西元一一三○年），南宋局面開
端，實際從此開始。

> 五、宋高宗到了杭州，有長江天險阻擋金兵，若能穩住
> 政局，延續宋祚也是功德一件。但不久戰事再度爆
> 發，南宋與金人第二階段戰爭因何啓動？

首先要解釋一個概念，長江在軍事上只是一個「障礙」，並非「天險」，古今戰爭中長江並非決定戰爭勝敗的主因。金兵之沿長江對峙，據宋史記載是韓世忠率七千水軍在鎮江大戰十萬金兵，世忠妻梁氏親上戰場擊鼓助陣，金將金兀朮敗北。

此後金人知南宋不易即滅，中原爲以「宋人治宋」，立劉豫（原濟南守將，投降金人，典型的漢奸。）爲皇帝，國號大齊，奉金主爲父，世修子禮。紹興四年（西元一一三四年），劉豫向金主提金齊聯軍征宋構想，大意說南宋秦檜當道，官吏生姦，政治腐敗，雖有少數戰將，如韓世忠、岳飛等，然孤立在外，未受重用，是滅宋良機也。

是年九月，金齊大軍征宋，戰事拖到是年冬，時岳飛守鄂州（今武昌），韓世忠守鎮江。正在此時，國際情勢有微妙轉變，首先是金太宗病危，新起的蒙古威脅金人北方，西遼與西夏有聯合謀攻金人之虞。金將金兀朮乃連夜引軍北還，金齊南征算是失敗，金人廢劉豫。

金人衡量情勢，決定趁優勢尙在，對南宋打出和平牌，金人也知道宋高宗等人不想打仗的心理，提出了嚴苛的和議條件：

㈠歸還徽宗及皇太后梓宮（高宗之母韋氏）。

㈡冊封康王爲宋帝，稱藩於金。

㈢年貢銀五十萬兩，絹五十萬匹。

㈣金歸還廢齊之地（河南、陝西）。

這種條件在中國是史無前例的，向來只有夷狄稱臣於中國，沒有中國向夷狄稱臣。宋朝廷議論沸騰，貢金銀均可容忍，獨稱臣於金，多以不可。只有宋高宗和秦檜以爲可以接受，和議乃成。故他二人不僅是宋國罪人，也應是民族罪人。

和議成不久，金國內部發生政變，認爲主持和議之人完顏昌把河南，陝西之地歸還南宋，乃出賣金國利益，完顏昌被誅。金主決傾全國之兵再次南征，要收回「失地」。

六、這麼說金國內部也不穩，還有河南，陝西本是中國
　　之土地，金人有何立場說要「收回失地」？但無論
　　如何！金兵南犯，苦了我宋朝子民！

　　金人確實沒有立場說這種話，但戰爭是現實，是誰的土地必須用實力來實現。河南和陝西依約已經歸宋所有，也完成交割手續，金人想要拿去，只有戰爭一途。

　　紹興十年五月，金人啓十萬大軍，兵分兩路南征，以金兀朮爲統率。南宋有韓世忠、岳飛、張俊三大將迎戰，主要戰場在陝西、隴右、河淮、淮東、淮西、河南、淮河南北等地，戰事拖到次年春。宋金雙方各有勝負，誰都沒有制對方死命之能耐，且岳飛和韓世忠已大敗金兵，不斷收復部份失土。只是，大軍在前方拼命打仗，宋高宗和秦檜在後方與金人議和，此歷史已有許多批判，這裡不再贅述之。僅將賣國者的無恥勾當，提其大要以警告台灣當代這些台獨的賣國行爲，逃不過歷史的批判。

　　紹興十一年七月，金兵元帥金兀朮寫信給秦檜，大意說和談的條件就是殺掉岳飛。秦檜照辦，先斬岳飛兒子岳雲，再把岳飛先關入大理寺，宋金和議再告完成。宋高宗上表金主，「臣構言，既蒙恩造，謹守臣節，每年皇帝生辰並正旦，遣使稱賀，不絕。歲貢銀絹二十五萬兩匹。」金人也冊命宋高宗說，皇帝若曰：「宋康王趙構，冊命爾爲帝，國號宋，世服臣職，永爲屛翰。嗚呼欽哉，其恭聽脫命。」

　　此實爲自周秦以來，漢族在中原建立大一統帝國，二千年間空前之奇恥大辱，全由宋高宗私心促成，秦檜執行之。高宗決要和金人議和，另一主因是怕宋欽宗回來，威脅自己皇帝地位。古今中外，國家統治者最大優先的利益，通常是自己的大位，而不是甚麼國家利益，只有程度之別而已。能把國家利益放在自己大位之上者，如孫中山、蔣經國等人，是叢林中的少數動物。像宋高宗，秦檜之流，歷史上其實很多。就在台灣當下眼前，以李登輝、陳水扁、邱義仁這些爛貨，爲得大位，不惜製造假槍擊案、假國安機制……用作弊、作假、作案等無恥手段，無非想得大位，享權力的滋味，和宋高宗、秦檜也頗神似。

輯二十七
宋代戰爭(四)宋蒙之戰

一、上輯我們講到，宋高宗和秦檜爲鞏固自己利益，不僅殺害岳飛，也出賣國家民族，到底能否眞正帶來宋金和平呢？若能，岳飛死的也算有代價吧！

近世也有史家爲秦檜辯護，不過當時宋朝處境是和是戰，是另一個問題。秦檜爲人罪無可逭，其罪不在他的議和，而在議和前後的行爲，用種種卑劣陰毒手段，入人於罪（被殺被關者甚多）。說穿了，統治者（高宗）爲固大位，秦檜迎合高宗心理。

這次宋金和議後有二十年雙方相安無事，此期間宋之政局並未有提昇，且日漸沉淪。就國際情勢看，宋、西夏和高麗都稱臣於金國，惟金內部政局也在變化。紹興十九年（西元一一四九年），金國太保完顏亮（本名迪古乃，金太祖庶長孫）弒金熙宗自立，即海陵帝，改元天德元年。

海陵帝少讀春秋、孔孟詩書，一向的政治思想是南併宋，東併高麗，西併西夏，建立大中國帝國。（注意，大一統思想不僅漢人有，少數民族也有，若漢人無力完成大一統，其他少數民族有能者亦將完成之。）海陵帝即位，開始推行漢化政策，爲入主中國做準備，並積極整軍經武，準備討伐南宋。

紹興三十一年（西元一一六一年）九月，海陵帝親帥六十萬金兵，號稱百萬之衆，以雷霆萬鈞之勢，長驅南下。宋高宗大爲恐慌，時秦檜已死，高宗欲再向南逃亡，群臣力陳不可，果爾則大事全去，並勸高宗下詔親征，抵抗金兵，維繫人心，是年冬十一月，金兵已攻陷長江北岸的揚州和瓜州，海陵築台江上，殺黑馬祭江，誓剋日渡江滅宋，南宋危在旦夕，正在此時，金國內部發

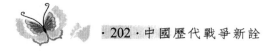

生政變。

原來海陵南征時，以完顏烏祿爲留守，他是太祖阿骨打之孫。烏祿策動政變，大殺海陵人馬，宣佈自立，是爲金世宗，改元大定，並下詔宣佈海陵帝十大罪狀。正要渡江的金兵聞訊，紛紛潰逃，宋軍士氣大振，海陵被自己部下叛將殺害，殘兵北歸，南宋化險爲夷。

金國的新政權不久與宋重訂「乾道和約」，還是一紙不平等條約。這是因爲南宋和戰兩派永遠相互抹黑，說對方賣國（如台灣現狀），政治日愈黑暗沉淪，以至於亡。

二、統治者不顧一切手段，只爲鞏固自己權力地位，眞的很可怕，傷天害理的事做絕，歷史應該嚴厲批判，否則世間豈有正義？回到現實面，宋金的最後解決如何？

　　統治者確實大多數是不擇手段的鞏固大位，只是「好看與難看」而已。西元二〇〇四年三月十九日陳水扁取得大位，不也用作弊、作票、作假、作案，也就不足爲奇了。美國總統布希也有半數人認爲，他是「行竊總司令」（Commander - in - Thief）。

　　話題拉回八百多年前，「乾道和約」之能成，且有三十年和平，因簽約時宋金兩國的自私君王已死，換宋孝宗和金世宗在位，二位都算賢君，和議目的均有與民休息的共識。且「乾道和約」是平等條約，不同於高宗時代的不平等條約。

　　人民過了三十年好日子，但「收復失地，恢復中原」始終是宋朝野有志之士的理想。光宗、寧宗以來，恢復之議漸漸抬頭，恰好蒙古崛起，經常入侵金邊，金人年年忙於興師。宋朝謠傳金國內部空虛，國勢衰落，宋寧宗也被說動，以爲機會來了，開始部署北伐。金國也早已得知情報，開始部署南征，南北戰端又啓。

　　開禧二年（西元一二〇六年）春，宋寧宗下詔北伐，起初宋軍頗爲順利，不料九月間宋軍發生吳曦（西蜀王）叛變向金國投降，宋軍又節節敗退。宋寧宗又向金人求和，金人也因蒙古之患，鐵木眞稱帝，後方大受威脅，乃同意和議。宋金又簽訂一紙割地賠款，稱金爲伯的不平等條約。這是宋金最後一戰，最後一個條約「嘉定和議」，時在嘉定元年（西元一二〇八年）夏。

　　不久，蒙古滅西夏、滅金，成吉思汗西征，回過頭來又滅了南宋。爲讓宋代戰爭有連續性，將宋蒙之戰提前講。

宋蒙之戰，由宋金之戰啓其端。蓋「嘉定和議」後，蒙古連年侵金，而金人已無力抵抗蒙古入侵，國脈岌岌可危。宋朝廷內部恢復中原之聲再起，決定聯蒙古攻金國，收復失土。

　　宋紹定五年（蒙古窩闊台三年，西元一二三一年），宋蒙合議攻金約成，次年聯軍攻金，金亡，大宋子民莫不爽快，以為亡金後可以恢復中原。

　　不料，亡金後，原金國領土盡歸蒙古所有，宋人依然被拘束在長江南岸。朝廷開始有乘機進取三京之議（東京開封、西京洛陽、南京商邱），這也等於向蒙古宣戰，用武力歸復中原。從此時開始，宋與蒙古人有三十多年戰爭，結果是宋亡，中國進入另一個時代。

　　宋蒙之戰分兩階段，第一階段有窩闊台汗和蒙哥汗征宋，第二階段是忽必烈滅宋。

　　首先，是宋端平元年（西元一二三四年）六月，宋為進取三京，乃先出兵河南，七月佔洛陽（空城一座）。八月初蒙古兵臨洛陽城，決黃河水淹宋軍，於是宋軍又引兵南歸，收復三京遂成幻滅，卻又引起蒙軍南征，此時宋朝廷真是無人知兵事。

　　當時情勢，窩闊台大汗謂群臣，先帝肇開大業，垂四十年，今中原、西夏、高麗、回紇諸國，皆已臣附，唯東南一隅，尚阻聲教。這正是東亞地緣戰略上自古以來的大一統觀，次年六月蒙軍兵分三路征宋，西路由次子闊端領軍攻略四川，中路由三子闊出率軍進取襄漢，東路由大將口溫不花攻江淮。戰事打了五年多，因窩闊台大汗死而休止。五年多之間，蒙古鐵騎蹂躪面積甚廣，但未能突破江漢、江淮防線。

　　窩闊台汗征宋未竟全功，主因是蒙古此時主力尚在西征歐洲和中亞，東征高麗。其次是蒙古對宋尚在試探與了解之中，宋軍力戰也有功。

四、即然蒙古人也抱大一統觀，窩闊台大汗死應不影響
    征宋之戰，等他們大位問題解決，必然會重啓戰事。
    重要的是，宋朝廷何人在想這個大難題？

　　繼窩闊台汗後，有蒙哥大汗征宋，蒙哥於宋淳祐十一年（西元一二五一年）七月即大位，是爲元憲宗，亦積極佈置南征之計。此時蒙古已盡得西域之地，對宋之戰略有重大改變。用郭寶玉大包圍戰略，不從長江北岸正攻南下，先從西南進兵，得大理（今雲南）與吐蕃（今西藏），再迂迴南宋後方，然後配合自河南南下之兵夾攻宋軍。

　　元憲宗二年七月，蒙哥命忽必烈征大理，次年底平定大理，不久亦平定吐蕃和交趾（今北越河內）。憲宗七年十月，蒙哥親征，九年八月攻重慶時，痢疫流行，憲宗蒙哥亦染病卒（宋人說是中流矢卒）。蒙哥死，重慶、大理戰事亦失利。

　　另一方面的忽必烈軍則進展順利，九年九月已進圍鄂州（今武昌），宋理宗正準備逃亡。此時，蒙古內部發生內亂，忽必烈又聽說阿里不哥稱帝，無心戰事。但宋理宗和宰相賈似道均不察，仍一味求和，許以稱臣，劃江爲界，歲奉帛各二十萬兩匹，忽必烈正不想打仗，就同意和約，然後撤軍。

　　忽必烈北還到開平（今察哈爾多倫），斟酌利害，就在開平宣布即帝位，是爲元世祖，改元中統元年（1260年）。而南宋方面，賈似道隱瞞全部不平等條約，僞稱大捷，宋理宗不知情，封賈似道衛國公，真荒唐可笑。

　　理宗之後是趙祺度宗，荒于酒色，毫無作爲，南宋政局更不堪問矣！度宗更重用賈似道，任其誤國誤民，有此階層，國家焉有不亡之理。

> 五、按時序推演，忽必烈即位到滅宋，只有十多年，這
> 麼短的時間裡，南宋朝廷君臣尚能苟延殘活，有誰
> 想到要如何抗敵？

有權力的沒辦法，有辦法的沒權力，古今皆同，南宋殘局持續敗壞中，賈似道還故意扣留元人使者，成為宋元之戰釁端，用台灣現在的術語叫「草蜢仔弄雞公」，加速死亡而已。

元世祖忽必烈上台首要之務，正是成吉思汗的遺命：統一中國。故甫一稱帝，宋賈似道派密使求和，請稱臣納幣，忽必烈不許（因違反大一統原則）。元中統三年（西元一二六二年）九月，命阿朮南征，接下來有以下重要戰役：

元至元六年（西元一二六九年）圍襄陽、樊城，到至元十年城陷，樊城守將范天順仰天長嘆曰：「生為宋臣，死為宋鬼」。國之將亡，才見人之氣節。

至元十一年十二月，元兵攻鄂州（武昌），沿江各州均逐一淪陷。十二年陷建康（今南京）、江陵；十三年元兵三路攻臨安（如圖），這是宋元最後一次決戰，城陷，宋亡，這一天是宋德祐二年（元至元十三年）元月十八日。文天祥臨時被任命為右丞相，與元軍和議，結果被拘北去。

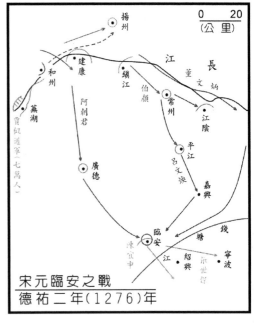

宋元臨安之戰
德祐二年（1276）年

最後忽必烈又花了約三年時間，追捕兩個王字輩的小朋友：益王趙罡和廣王趙昺。自溫洲，而福州、漳州、泉州、潮州、惠州、廣州沿海，以至雷州，追到一二七九年二月，陸秀夫背著宋最後一個才八歲的小皇帝昺，在厓山（今廣東新會縣南）跳海而死，宋朝到此正式告終。

六、宋朝三百多年，和遼金夏蒙四個少數民族打了數百
　　年仗，最後一個才八歲的小皇帝，由最後的忠臣背
　　著跳海而死，這樣子結束了宋代，真叫人嘆惜，可
　　憐！陳老師為宋代做個總結，告訴大家最珍貴的啟示。

　　宋朝是中國歷史上，漢人政權和最多少數民族打仗的朝代，宋三百二十年間，宋遼戰爭二十多年，宋夏戰爭百餘年，宋金之戰約八十年，最後宋蒙之戰約三十多年。很意外的，這些戰爭最後都是漢人政權戰敗，異族勝利，但最後都成為中國人。原因是異族有武功，缺少文治（指文化、文明），漢人政權武功雖弱，惟有文治，故異族想要入主中國，必須接受華夏文化與文明。所以，最後都「中國化」了。

　　再者，我用文天祥最後的故事與大家共勉。文天祥在五坡嶺（廣東海豐縣北）兵敗被俘，途中作〈過零丁洋詩〉：

　　　　辛苦遭逢起一經，干戈寥落四周星，山河破碎風拋絮，
　　身世飄零雨打萍，皇恐灘頭說皇恐，零丁洋裡嘆零丁，人生
　　自古誰無死，留取丹心照汗青！

　　他被元世祖囚於牢中三年不降，獄中作〈正氣歌〉曰：「天地有正氣……風簷展書讀，古道照顏色。」最後臨刑就死，年四十七歲，死後人們在他衣帶中發他寫自勉的話：「孔曰成仁，孟曰取義；惟其義盡，所以仁至。讀聖賢書，所學何事；而今而後，庶幾無愧！」

　　末了，讀南宋史，發現台灣現狀正是「現代版南宋」，提其要點以警世人：

㈠南宋是宋的殘局，中華民國在台灣也是中華民國的殘局，結果已愈似南宋；殘局的困境是陷於統一與偏安（獨立）兩難中，無路可走。

㈡因此，政局始終有統獨對立與不斷對決，一派主張北伐中原，統一中國；一派主張偏安或獨立。國力便在內鬥過程中損耗，直到被統一。

㈢偏安局面一旦形成，獨派便就取得執政權，於是漢奸當道，如宋高宗、秦檜、陳水扁、李登輝、外加一批漢奸走狗，如這些台獨人馬、忠良之士，於焉遭殃！

第五篇
世界大帝國興亡史
元朝與蒙古帝國

◆蒙古西征攻城圖
　左下為投石機
圖片來源：國立編譯館主編，《國民
　　中學歷史·第二冊》（教
　　育部七十四年四月公
　　布，），頁六一。

صفحة آخر از نسخة آ

Supplément persan 205, f. 174b.

◆波斯文抄本秘籍《世界征服者》一書，記述蒙古人西征的情形，這是西元一二九〇年該書出版抄本的一七四頁背面。

◆《世界征服者》中的插圖：花剌子模王在絕望中死去。

◆波斯文獻插圖：成吉思汗享受著至高無上的尊嚴。

◆公元一二一九年秋，成吉思汗率領蒙古大軍，從土耳其斯坦附近開始了對穆斯林世界的征服。

圖：

◆波斯文獻插圖：在庫里台大會上，蒙哥被推選為大汗。

以上五張照片來源：翻拍自《梁越，大汗的輓歌》，中國民族攝影藝術出版社，二〇〇四年九月北京新華書店。（提供者：阿拉伯流浪者，詩人好友方飛白先生。）

輯二十八
世界大帝國興亡史(一)
大元戰爭與西征

> 一、南宋殘局尚在清理之際，一個空前絕後的世界大帝國，已迫不及待要
> 走上人類歷史的大舞台，這是蒙古人所建立的「蒙古大帝國」，在我
> 國二十六史中稱「元朝」。陳老師先介紹一下這是怎樣的帝國？有那
> 些重要的戰爭？

在我國二十六朝代史中，元朝確實最特別的朝代，有許多「最」。㈠第一
個異族（非漢人）統一中國，為最強大的少數民族；㈡建國版圖最大，極西到
達地中海、黑海東岸，即今之土耳其、敘利亞、匈牙利及俄羅斯以東，全在統
治之下。㈢亦為世界最大帝國，超過羅馬帝國。㈣為西方人帶來最大驚恐，至
今八百年了，仍驚魂未定，把中國的崛起，說成新的黃禍以警西方人。以上是
很特別的地方，可惜又是有武功缺文治，九十年便結束了，可見國家民族要源
遠流長，非得要有文化不可，這便是中華文化的可貴和可愛處。

蒙古人發祥在黑龍江上游的斡難河（Onon，今稱鄂嫩河），東起克魯倫河
（Keruleu，今稱額爾古納河），西抵阿爾泰山，北達貝加爾湖（Baikal），一
片大草原。由此不斷壯大擴張，南宋高宗時有領袖合不勒可汗宣佈獨立，到忽
圖刺可汗在位時建號稱大蒙古國（宋紹興十七年，西元一一四七年），忽圖刺
去世，也速該繼位，但被別族塔塔爾人害死，留下十三歲的孤兒鐵木眞和寡母。

鐵木眞是天才型英雄，能征善戰的本領超過秦皇漢武，二十五歲被推為
汗，稱成吉斯汗（時在宋寧宗開禧二年，西元一二〇六年）。由此開始統一蒙
古諸部，滅克烈部王罕、滅乃蠻大陽汗、滅西夏、滅金、西征、滅宋，建立橫
跨歐亞的大帝國。一部大帝國興亡史，便是連續戰爭史。

也速該（鐵木眞父親）和鐵木眞後來被推為成吉思汗，他們的親族體系，
據拉施特「史集」（見參考書目說明）第一卷，第二分冊如下二表。

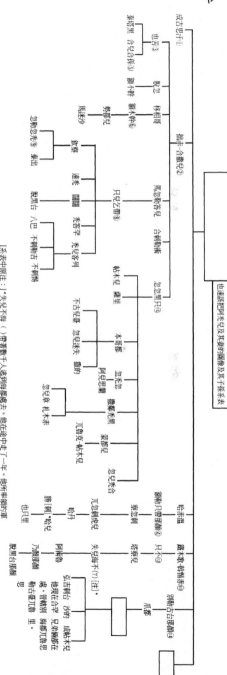

也速該把阿禿兒之子及其親屬圖像及其子孫系表

【撰譯者圖】*

【撰譯者注】*

【拉施特原注】*

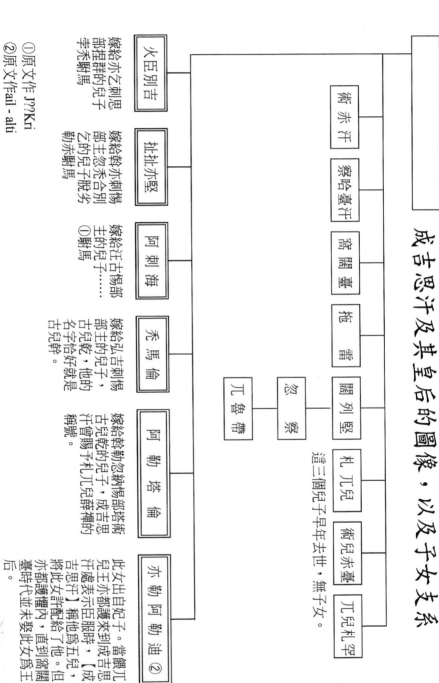

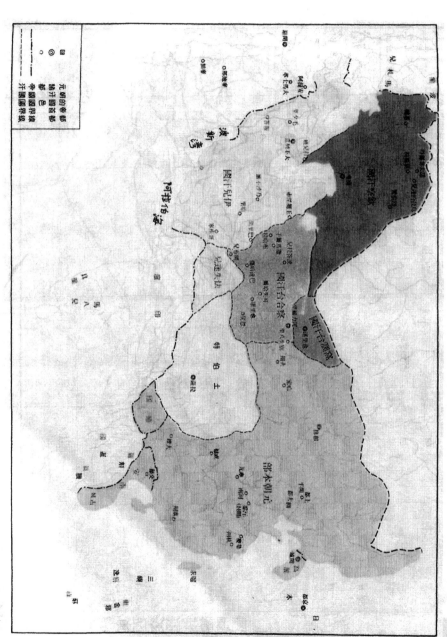

蒙古帝國全盛時疆域形勢圖

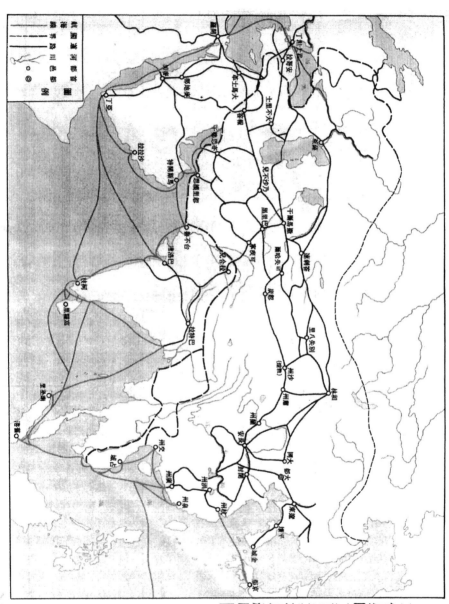

元代盛時東西交通路線略圖

二、一個孤兒能成為世界級英雄，難怪東西方不僅史學
　　家，就連影壇、電視等，對成吉斯汗鐵木眞都很有
　　興趣。他的成長背景對他影響應該很大，一生都在
　　打仗，那些是最重要的？介紹給大家。

　　鐵木眞能從孤兒長大成才，按蒙古秘史所述，得力於母親訶額侖夫人。原來他父親也速該死時，留下六個孩子，鐵木眞是老大十三歲，其餘是合撒兒、合赤溫、帖木格、別克帖兒、別勒古台。東西方的偉人故事似乎類同，都出自孤兒寡婦的淒涼環境中，到處受到欺凌打壓，才能產出大器龍象之才。

　　鐵木眞從二十五歲為汗起，開始率領族人屢戰蒙古不服之各部落，統一蒙古各部是鐵木眞早已訂的計畫，這段時間共花二十四年。即宋涼熙六年（西元一一七九年），到嘉泰二年（西元一二○二年）。接著，滅克烈部王罕（西元一二○三年）、滅乃蠻大陽汗（西元一二○四年），這時他已是蒙古諸部領袖，年五十歲。此時期，就像中國歷朝開國者，必先平定同台競爭群雄，才有可能是新朝代的創建者，鐵木眞的這段戰事又多又長，只能略過，本文從征西夏開始講起。

　　自從宋夏百年戰爭結束，西夏承平太久，武備失修，故未作戰爭準備。加上碰到鐵木眞時，夏國王不知「以小事大」的智慧，故亡的更快（亡只是遲早，鐵木眞認為西夏是蒙古的後顧之憂。）蒙古征西夏，前後五次始滅之。

　　第一次征夏在夏桓宗天慶十一年（西元一二○五年）秋，鐵木眞率大軍圍攻力吉思城（今寧夏居延海東南），數十天城堅不能下，自此他知攻城之難，與草原作戰不同，乃撤軍而回。次年（西元一二○六年）他膺選成吉思汗，開始準備攻金國，但金國有更多堅固城池，鐵木眞為研究攻城法，於成吉思汗第二年（西元一二○七年）八月率軍攻夏斡羅孩城（今綏遠包頭南），四十天而城始陷，這回有進步。

三、這麼說鐵木眞是以戰爭做爲一種學習，不僅學習戰
法，也當成練兵。小小一個西夏，那經得起蒙古鐵
騎蹂躪？

　　也確實，滅西夏是鐵木眞的優先目標，故西夏之亡只是遲早。成吉思汗第四年，蒙軍第三次圍攻夏國都興慶城（今寧夏銀川市），攻月餘而未克，夏主納女求和，成吉思汗不得已同意，引軍退去。此後的十年，成吉思汗轉兵攻金，西定今新疆及貝加爾湖以西各國。

　　第四次征夏在成吉思汗十三年（西元一二一八年），蒙軍要西征，令夏國出兵隨同西征，夏主拒命，且告蒙古使者曰「力既不足，何必爲汗？」這下之意，才這點能耐，有何資格當大汗？成吉思汗聞言大怒，遂親率西征大軍攻夏國都。攻二十餘日不克，夏國王亡走西涼（今甘肅武威），成吉思汗不想追擊，決定先西征歐洲，回頭再收拾西夏。

　　成吉思汗西征歐洲七年，日夜不忘西夏主奚落之言。成吉思汗二十一年（西元一二二六年）春，西征歸來才隔年，即對西夏實行第五次全力進攻，大破夏軍於賀蘭山。時夏國土幾爲蒙古鐵蹄夷爲平地，白骨蔽地，慘絕人寰，次年五月夏亡。

　　夏國之亡雖是遲早，但其國王不智譏諷成吉思汗，用現代術語曰「草猛仔弄雞公」，找死嘛，國家之亡也就罷了，徒增加平民百姓的死，實在罪惡。不知古人言「以小事大以智」，西夏亡也給現在台灣領導人警示。

　　成吉思汗滅夏後，因戰傷卒於六盤山（正確位置始終成謎，應在西夏之南。）時窩闊台汗人在西域，遂由第四子拖雷代行蒙軍統帥。西夏亡，蒙古無後顧之憂，可一意向南，攻取宋、金，或西征。

四、蒙古滅夏後，下一個要消滅的目標是金國。此時，
　金實際上仍是東亞強國，高麗、西夏和南宋都稱臣
　於金，亦為金之屬國。成吉思汗雖強悍，金兵也不
　好惹， 想必有一場惡仗要打吧！

　　確實，金兵擅長攻城、守城；蒙軍擅長機動、奇襲、連續衝擊及大迂迴
戰，各有專長。惟金國因漢化已深，武備日漸退化，加上金國朝野自恃強大，
亦不信蒙古有能力攻金。曾有金之旅人，回報蒙古已做攻金準備，金主不信反
加罪於報告之人。可見此時的金人，對蒙古的崛起毫無警覺，更是一無所知，
未繕軍備乃亡國前兆。

　　鐵木眞之要征金另有用意，為復曾祖俺巴孩汗及叔祖斡勤巴兒哈汗被金人
殺害之仇，早已秣馬厲兵，勤修武備多年，包含滅西夏亦為準備工作之一部份。

　　成吉思汗五年（西元一二一〇年）春，成吉思汗統兵攻烏沙堡（蒙古呼為
旺兀察都），百餘日攻陷並毀城。次年春率大軍攻會河堡（今察哈爾萬全之
西），金兵是一支由女眞、契丹及漢人組成的四十萬聯軍，結果被鐵木眞軍殺
得伏屍偏野。這年九月，蒙軍再攻興德府（今察哈爾涿鹿）、白登城（今山西
陽高）、大同府（今山西大同）及翠屏山（今察哈爾萬金之北）。金兵非敗即
降，這種情況就像歷代戰爭史中，原是一支所向無敵的虎軍（如戰國秦軍），
統治者及其政治環境開始腐化後，虎軍很快成為「軟腳蝦」。金兵在宋金之戰
時也是所向無敵，如今成為軟腳蝦，其理其因皆同。

　　成吉思汗七年，蒙軍敗金兵於居庸關，拔河北、河東諸州，至十年，金在
黃河以北土地全部淪陷。金國實際上已形成必亡之悲慘頹局，惟此時成吉思汗
因西征之事，金國得以再殘存幾年。

　　成吉思汗二十二年（西元一二二七年）西征回來先攻西夏，六月西夏亡，
八月成吉思汗死，窩闊台大汗繼續攻金政策，西元一二三四年始滅金國，西元
一二七九年又滅了南宋。但是，蒙古人滅宋建立元朝，固然是改變中國歷史；
而對世界史最有影響，對西方世界產生劇烈震撼，則是蒙古三次征西的戰爭，
許多西方人至今談起仍餘悸猶存，讓我慢慢道來。（有興趣者，可先看電影或
電視連續劇「成吉思汗鐵木眞。」）

五、是，有興趣了解更多細節的人，可先看電影或電視
連續劇「成吉思汗鐵木真」影片。但今天陳老師還
是要按歷史發展時序，從第一次西征講起。

　　蒙古西征，前後三次，初為成吉思汗征花剌子模，次為拔都征俄羅斯及匈牙利，三是旭烈兀征波斯。成吉思汗西征後，分建窩闊台汗國和察哈台汗國，及封長子朮赤於鹹海以西，拔都西征後建欽察汗國，旭烈兀征波斯建伊兒汗國。

　　再者，蒙古人西征各戰役，不同於往昔中國歷代戰爭，其戰場絕大多是在中國。蒙古西征許多戰場均在歐洲，在元朝統治時期也許可以解釋成中國領土，因為四大汗國都直轄中國本部。數百年後早已不是中國領土，因此，西征戰場附圖需要閱覽，方便對歷史情節有深入了解（如圖）。

　　西征之緣起，先是成吉思汗滅乃蠻時（西元一二○四年），乃蠻大陽汗之子屈出律西走，投奔西遼。成吉思汗十年（西元一二一五年），成吉思汗攻金之中都（今北平），聞悉屈出律篡西遼，並謀恢復乃蠻故土，汗深慮其死灰復燃，十二年遣大將速不台、者別及皇子朮赤，滅西遼並斬屈出律。西遼歸蒙古所有，蒙古遂與花剌子模國相接壤。此後不久，發生蒙古一隊商旅（約四百多人），被花剌子模守將亦納勒兀（Inalcng）所殺害，財貨被奪一空。成吉思汗聞報大怒，決定西征復仇，時為西元一二一八年。

　　元太祖十四年（即成吉思汗十四年，西元一二一九年）十月，西征第一戰錫爾河之役拉開序幕。時花剌子模王阿拉丁，國都撒馬爾干。蒙古六十萬鐵蹄，兵分四路：（見圖）

　　第一軍：次子察合台，三子窩闊台，攻訛脫拉耳。

　　第二軍：長大朮赤，循錫爾河西北，氈的為目標。

　　第三軍：大將阿剌黑（Alca）、速客圖（Sougtou）、托海（Togai）、循錫爾河東南，攻伯納克特（Benaket）、浩罕（Kukand）等地。

　　第四軍：成吉思汗與四子拖雷，渡錫爾河，直趨布哈爾，斷阿拉丁與各圍城之交通指揮體系。

　　錫爾河之役，蒙軍大勝，花剌子模守軍敗逃烏爾達赤。蒙軍續向阿母河前進，圍攻花剌子模國都撒馬爾干。

> 六、花剌子模，好熟悉的國名，國王叫阿拉丁，他現在
>   碰上成吉思汗。前線錫爾河已被蒙古軍攻破，阿拉
>   丁有甚麼辦法？

花剌子模（Khwarizm），或稱回回國，唐朝時稱大食國，在阿母河與裏海之間，包括今波斯與阿富汗之地。西元一二○○年時，國王阿拉丁謨罕默德（Ata ud din Mahammed），野心勃勃，開始東征西討，不幸碰上成吉思汗西征。

成吉思汗率軍渡錫爾河，向阿母河前進，成吉思汗十五年春佔領布哈爾城，收全部壯丁從軍，再東趨撒馬爾干，四月城陷。是年夏，成吉思汗駐蹕於撒馬爾干休息，並準備進攻烏蘭達赤（Uryanj, keurcandje）。原先阿剌丁之子札蘭丁自裡海逃至烏爾達赤，時城中尚有九萬軍，因情勢叵測，札蘭丁又率部份兵力出走，尚餘六萬兵，公推一將叫馬爾（Humar）為帥負責領軍抵抗蒙軍。

太祖十六年（西元一二二一年）秋，蒙軍十萬攻烏爾達赤，約十日攻下該城，有降兵及壯丁五萬充軍，婦孺夷為奴婢，焚城後蒙軍繼續追擊逃亡中的花剌子模國王阿拉丁（如圖）。

成吉思汗派者別、速不台率軍追擊，命令「窮追勿捨」，阿拉丁最後逃到裡海中一叫阿必思民（Abiskun）之小島，病重不起，乃立札蘭丁為嗣，令光復故國。不久就死，時為成吉思汗十五年（西元一二二一年）一月，其子與母均為蒙古兵所俘，花剌子模國乃亡。

花剌子模亡後，成吉思汗繼續掃蕩高加索附近各國，及西征俄羅斯，欲知詳情，下輯分解。

補記：《史集》一卷二冊（見參考書目說明），對花剌子模有如下記載：

花剌子模王不願成吉思汗的詔敕，沒經深思就發出了殺死商人、沒收商人財產的命令。他沒想到，這個殺死商人、「沒收商人」財產的決定，竟成了「他和他的臣民們的」末日，詩云：

聰明人要看到事情的後果，

當你動手做一件事時，

務必先將出路看好。

海兒汗奉命殺害了他們，〔這一下〕他就把全世界毀了，使所有的人民都

遭到了不幸。

這個命令下達到〔那裏〕*之前，有一個〔商人〕從牢裏巧妙地逃了出來，跑到一個偏避的角落裏躲了起來。當他得知自己的同伴死去以後，他馬上來到了成吉思汗那裏。報告了其餘諸人的悲慘遭遇。這些話在成吉思汗心裏起了作用，他再也不能忍耐和平靜了。他憤怒地獨自登上山頭，將腰帶搭在脖子上，光著頭，將臉貼到地上。他祈禱、哭泣了三天三夜，對主說道「偉大的主啊！大食人和突厥人的創造者啊！我不是挑起這次戰亂的肇禍者！請佑助我，賜我以復仇的力量吧！」然後他感到了吉祥的徵兆，便精神抖擻、愉快地從那裏走了下來，堅定地決定將作戰所需的一切事情布署起來，由於古失魯克在前面，他遂拿他開刀，派遣軍隊殲滅了他，這件事〔前面〕已經詳細敘述過了。〔然後〕他派遣使者到算端處，申述了起因於他的背叛行為，告訴他軍隊已經向他這方面出動，讓他準備作戰。花剌子模王由於傲慢自大，不考慮〔行動的〕後果，遂陷於災禍、不幸和苦難之中。「請看那〔天〕遣之日的結局吧！」

敘述花合謀算端接到成吉思汗軍隊向他出動的報告；〔成吉思汗軍隊〕同邊防軍展開激戰，〔花剌子模王〕嚇得跑回去了。

對花剌子模王朝，在《史集》第一卷，第二分冊，第二編也有簡述。沒想到一個大王朝的國王，竟如此不智，殺害蒙古商旅而刺激了成吉思汗，才引起驚天動地的蒙古西征諸戰爭：

花剌子模(1)：掌握花剌子模最高政權的是塞爾柱朝柱石，阿忒、昔思、伊賓、馬合謀、伊賓、必勒格·的斤(2)。他還將突厥斯坦和欽察草原(3)的若干領地（mamalik）奪取到了手裏。伊斯蘭教歷五五一年〔公元一一五六一五七年〕，他患麻痺病死去，享年六十一歲。其子亦勒－阿兒思蘭(4)繼承花剌子模沙尊號治理國家。

伊拉克·額者木：坐在伊拉克·額者木京城亦思法杭(5)王位上的是塞爾柱王朝的馬合謀·伊賓、馬合木·伊賓、馬合謀·伊賓，滅里沙算端(6)。那一年他從附近地區把軍隊召集起來圍攻了報達；雙方展開撕戰。這時他聽得其弟滅里沙和脫黑魯勒（一世）的兒子阿兒思蘭(7)及其繼父帖必力思阿答畢亦勒迭吉思(8)一起圍攻下了哈馬丹(9)。他因此懷著對他兄弟的怨恨，回來反擊他們，（但在半途中）他的軍隊散了。當他到達哈馬丹後，便出征亦勒迭吉思的領地（bilad），（途中）患肺炎死去了。臨死之前，他命異密們騎上馬，並將全部財物，如珠寶、金錢之類以及王室金庫中的全部貴重物品，俊美的奴隸和心愛的女奴，全都擺在他面前。他從樓上看到這一切後，哭著說：「這些異密、士

兵、臣民（atba'）、親信（asia'）、僕役（khadam）與侍從（hasam），織物、布匹、寶石、珍珠和種種珍寶全都絲毫不能減少我的痛苦，也不能延增我的片刻生命。那些拼命聚斂世界榮華富貴的人眞是不幸啊」！

(1)花剌子模，爲古代中業阿母河下游的文明地區。這個地名最早見於（古波斯）阿赫明王朝的楔形文字碑上和《阿吠陀經》上。中世紀時，它成爲獨立的花剌子模沙王朝的領地，最初其中心在乞牙忒，後來則在玉龍杰赤（庫尼亞・烏爾根齊）。蒙古人侵花剌子模後，直到十六世紀初月即別人（今烏茲別克人）建立希瓦汗國之前，花剌子模一直沒有人建立過獨立的王朝。如今，花剌子模爲烏茲別克加盟共和國的一部分。

(2)阿忒昔思，事實上爲花剌子模沙王朝的頭一個獨立君主（522〔西元一一二八〕－ 551〔西元一一五六年〕）。原文將他訛稱爲塞爾柱朝異密必勒格・的斤的孫子，實際上他是必勒格・的斤的部將和奴隸、塞爾柱朝君主滅里沙時的花剌子模都督阿訥失・的斤的孫兒。

(3)拉施特和東方著述家所謂的「欽察草原」是起自額爾齊斯河以迄第聶伯河的草原地區。

(4)花剌子模王（551〔西元一一五五〕－ 568〔西元一一七二〕年）。

(5)伊拉克・額者木，即波斯伊拉克。

(6)伊朗的塞爾柱王朝君主（548〔西元一一五三〕－ 544〔西元一一五九〕年）。

(7)阿兒思蘭沙，伊朗的塞爾柱王朝君主（556〔西元一一六一〕－ 573〔西元一一七七〕年）。

(8)亦勒迭吉思系君主。

(9)哈馬丹，古代額克巴塔納，伊朗西北部（波斯伊拉克）最古老的城市之一，今爲巨大的工商業中心。

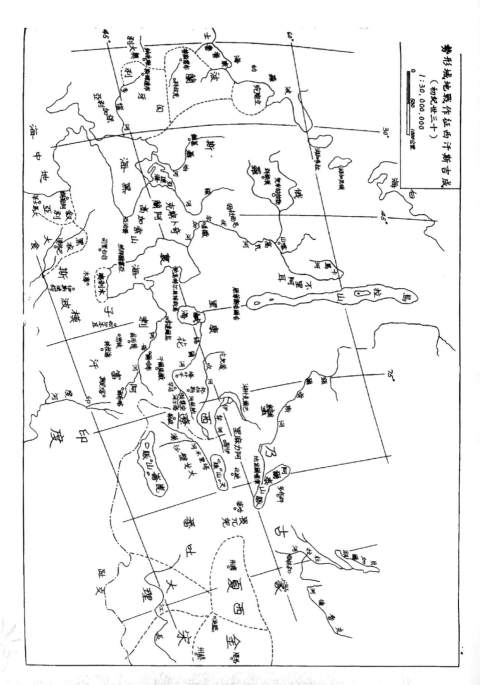

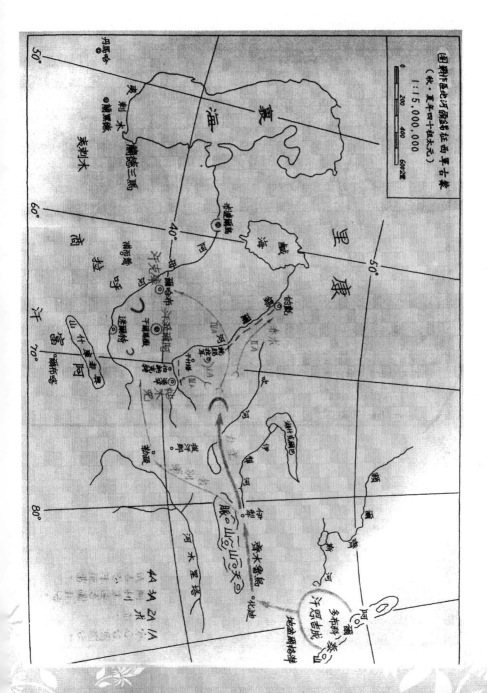

（第五篇）亚历山大东征西军古来路线图
（米．五奈四十海太元）
1:15,000,000

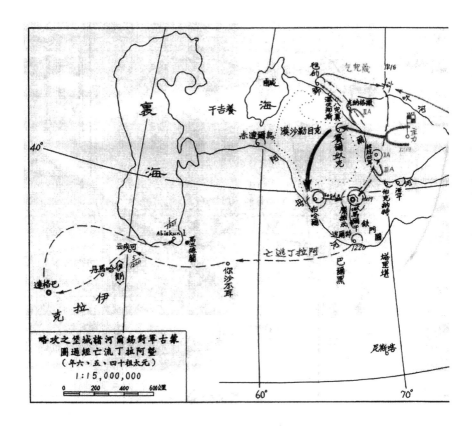

輯二十九
世界大帝國興亡史㈡
蒙古西征

一、上輯講到成吉思汗滅花剌子模，接著西征高加索山地區和俄羅斯，這
　　一帶自古有些像世外，大部份人都很陌生。沒想到中國戰爭史會涵蓋
　　到這裡，是很意外的事。

　　這地區正是現在的伊朗、伊拉克、阿富汗、獨立國協、俄羅斯和土耳其東
部，自古就是全球地緣戰略的關鍵地帶。所以，八百年前蒙古鐵蹄在巴格達
（Baghdad，今伊拉克首都）和喀布爾（Kabul，阿富汗北方重鎮）這一帶拚戰，
八百年後的冷戰時期換成蘇聯紅軍，西元二○○四年則是美軍在此蹂躪。這裡
自古是強權帝國「騎馬打仗」的遊戲戰場，小國寡民都身不由已。

　　成吉思汗滅花剌子模後，便引軍在裏海岸木罕（Magan）駐冬。喬治亞國
主密約亞賽爾拜然、者疾烈兩國主，乘天寒地凍之際，偷襲蒙古軍，此事被蒙
軍獲知，乃先發動攻擊。結果，鐵弗利斯（Tiflis）、馬剌合（Maraga）、哈馬
丹（Hamadan）、阿兒塔比勒（Ardabil）、納黑出汪（Nagcuyan）、撒拉卜
（Sarab）、阿兒蘭（Arran）、拜勒寒（Baileqan）、干札（Ganja）、設里汪
（Siryan）、沙馬乞（Ssmaqi）、打耳班（Darband）等小國都城全被蒙軍攻破，
男子從軍，女子為奴婢，城則焚毀，是歐洲前所未有的災難。時有奇卜察克人
敗逃斡羅思（今俄羅斯）之乞瓦（Kiev，今基輔），蒙古軍再向俄羅斯追擊，
引發西方戰史上有名的「孩兒桑會戰」（見圖）。

　　蒙古軍追到斡羅思（即今俄羅斯），遣使表明來意，只討奇卜察克人，斡
羅思王卻殺蒙古使者，乃有是役。蒙軍先在喀勒吉河集結，成吉思汗十七年冬
先下裏海北岸的阿斯塔拉干（Astraakhan），分軍為二，復向西行。

　　斡羅思聯軍八萬兵分二路，南軍為乞瓦等部，北軍為哈力赤（斡羅思國

王）及奇卜察克人。北軍先渡河與蒙古軍戰於孩兒桑之地（如圖），北軍大敗幾為蒙軍全殲，據云其中有六個國王陣亡，時為成吉思汗十八年（西元一二二三年）五月三十一日也。當時北軍被蒙軍所殲時，南軍遲疑未救援，數日後仍被蒙軍殲滅。此役為舉世聞名之各個擊滅戰，史稱「孩兒桑會戰」。

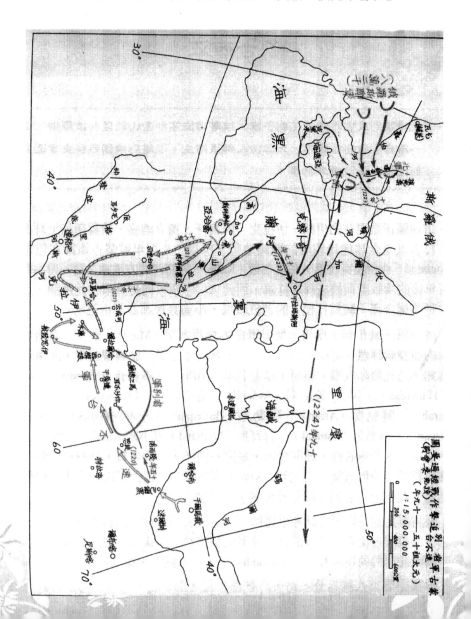

二、當初成吉思汗率四軍西征，已在花剌子模、錫蘭河、
　　高加索及俄羅斯等地區創造空前戰果。而大汗第四
　　子拖雷率軍攻呼拉商、阿富汗地區，結果如何？

　　成吉思汗十五年，大汗在撒馬爾干附近駐夏整補，是年秋命尤赤、察合台、窩闊台攻烏爾達赤，命拖雷平定阿富汗和呼拉商（在阿富汗西、伊朗東一帶）。是年底，先攻下撒卜咱瓦兒（Sabzavar），三日拔城，屠其軍民七萬。次年正月，拖雷本軍進迫蔑而甫（Meru），二月二十五日攻城，數日城陷，軍民盡屠，死者數十萬。

　　拖雷軍乃直趨呼拉商首都你沙不耳（Nishapur），該城防衛堅固，有發弩機三千，發石機五百。拖雷軍亦有發弩機三千，發石機三百，投射火油機七百，雲梯四千，礮石二千五百擔，密佈城外，戰馬如林，城中人望見，已先腿軟，乃請投降。拖雷不許，史記開始攻城日是西元一二二一年四月七日（星期三），到四月九日城陷，蒙軍屠城四日，貓犬無遺，拖雷軍再攻克海拉特（Heret，今阿富汗赫拉時），八日攻破。至是，拖雷啣命東返塔里堪會師（如圖）。

　　成吉思汗十六年春，大汗得知阿拉丁之子札蘭丁逃命到哥疾寧城，廣事號召復國。時有蔑而甫酋長阿敏（A-min-melik）率所部三萬人來從，突厥阿各拉黑（Seifud-din Agrac）來會，咯布爾土人響應，共有六七萬騎之眾，花剌子模聲勢復振。成吉思汗在塔里堪會師完畢，派失吉忽禿忽進軍札蘭丁，不料敗於瓦里安（Waliyan）和巴魯安（Parwan）兩役（見圖）。

　　成吉思汗據報，憂而不形於色。評失吉忽禿忽說：「彼素能戰，狃於常勝，未經挫折，今有此敗，當益精細，增閱歷矣！」可見成吉思汗的領導統御風格。乃決定親征咯布爾，詢失吉忽禿忽當時戰場列陣情況。

　　正當蒙軍進軍時，札蘭丁發生內鬨，阿各拉黑率所部先去，咯布爾土人亦散。是役札蘭丁逃至印度河岸，策馬自二丈高崖躍入河中，梟水而逸，生死不明。

　　元太祖十七年（西元一二二二年）六月，大汗以戰事底定，將所佔地區分官監治。秋，班師東歸，二十年（西元一二二五年）正月，成吉思汗返歸和林（今外蒙古庫倫西南，成吉思汗建都所帶），蒙古第一次西征到此結束。

> 三、成吉思汗出自孤兒寡婦之困境中，竟能成世界級的
>   英雄，抵定蒙古統一中國的基礎。他西征歸來隔兩
>   年便逝世，陳老師可否為成吉思汗的起落做些講評？

　　他確實是萬古不世之雄才，開天拓地的本領超越秦皇漢武，在歷史文件中，稱鐵木真、成吉思汗或元太祖，都指同一個英雄。

　　成吉思汗東還後，即將全國疆域分封四子，蒙古本部封小兒拖雷，依蒙古傳統幼子要看守家產謂「守竈」。乃蠻故土封三子窩闊台，錫爾河以東的西遼故地封次子察合台，花刺子模與裡海以北的欽察地區封給長子朮赤。但不久朮赤病死在西域，由其長子拔都繼承封土，這項分封成為後來四大汗國之所本，總結成吉思汗在人生戰場上的表現，分項略述之。

　　第一、有優異的天賦本質，對人性很早了解，知道目標在哪裡？此與少年經歷的坎坷與母教有關。懂得因人而施，因地制宜，因事造勢，爭取主動地位；懂得用各種人、勇士、懦夫、智者，都能為己效命。

　　第二、西征之動機，原只是消滅乃蠻餘黨，消滅屈出律而已，並無遠征花刺子模的企圖。不意阿拉丁不智，不知國際環境之險惡，殺害蒙古商隊，遭致亡國之禍。亦證明統治者愚昧，若人民再無知，便死無葬身之地了。

　　第三、屈出律是乃蠻大陽汗之子，國亡逃西遼，西遼主看中他，妻以公主，此意外恩遇。但竟反恩為仇，奪人之國，真狼子野心，又啟釁蒙古，自取滅亡。在現代台灣政壇上，有李登輝像極了屈出律，陳水扁像極了阿拉丁，都將為人民帶來災難。

　　第四、金與南宋、西夏三面作戰，三面俱傷，待蒙古西征歸來，一個個收拾。現在的台獨政權像極了亡國前的南宋、金或西夏，中共便是蒙古。孟子曰：「天作孽，猶可違，自作孽，不可活。」此之謂也。

　　就軍隊的戰略、戰術上，蒙古軍也是一流的，大機動戰、大迂迴戰、殲滅戰。那草原上戰馬奔馳，人馬合一，正是八百年前的戰車或巡弋飛彈吧！

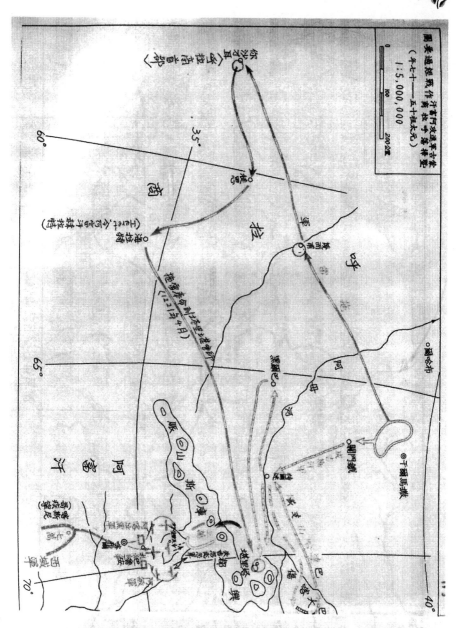

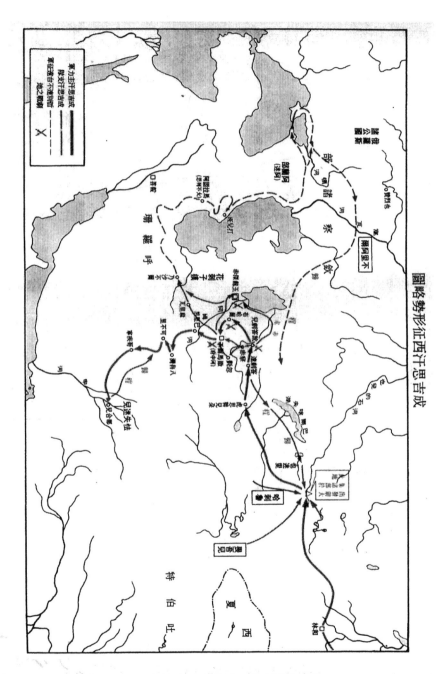

征西汗思吉成形勢略圖

四、成吉思汗西征結束，也分封諸子。是甚麼原因啟動第二次西征？準備概況如何？請陳老師先做簡單的介紹。

啟動蒙古第二次西征的原因有以下幾點，第一、成吉思汗西征歸國後，旋興師滅西夏，大汗崩於六盤山後，窩闊台繼位，假道連宋伐金，金亡，南宋則如夕陽之將沈落，對蒙古沒有威脅，窩闊台遂發動西征。第二、俄羅斯、奇卜察克人雖經征服，但蒙古軍東歸後，俄羅斯諸王發生內鬨，自相攻伐；而奇卜察克人則叛服無常，形同流寇。第三、元太宗七年（西元一二三五年）正月，諸王在和林大會決議，遵守成吉思汗遺教，積極開疆拓土，一軍伐宋，一軍征高麗。窩闊台欲親征西方，平定裡海、黑海週邊地區動亂，各親王諫曰：「不可，既登帝位，不應服戰征之勞，否則安用諸王諸將為哉？」。由是，窩闊台乃命拔都為統帥，率長子軍西征。

是年七月，四個遠征軍編成，總兵力在十萬至十五萬間，以拔都為統帥，老將速不台為前敵總指揮：

第一軍，拔都軍：司令官由西征統帥拔都（Baton）兼任，鄂爾達（Ourda）、昔班（Schiban）、唐古忒（Jangcouta）等各率軍從之。（此軍屬朮赤系統）。

第二軍，不里軍：司令官不里（Buri）、貝達爾（Bacdar）率軍從之。（此軍屬察合台系統）。

第三軍，貴由軍：司令官貴由（Yuyuk），哈丹率軍從之。（此軍屬窩闊台系統，貴由為窩闊台長子，即未來的元定宗。）。

第四軍，蒙哥軍：司令官蒙哥（Monka），不者克（Boujick）從之。（此軍屬拖雷系統，蒙哥是拖雷長子，即未來的元憲宗。）

太宗八年（西元一二三六年）春，蒙古西征人馬集結完畢，四軍除不里是成吉思汗曾孫外，餘均為成吉思汗孫輩，分別隸屬四大汗。西征軍最先推進到伏爾加河下游草原地帶，拔都在其統帥部召開作戰會議，決心以俄羅斯為優先擊滅之目標。

> 五、這段戰史還沒講,我們就先回憶起滿清末年到民國
> 後,俄國人不斷侵略中國,最後策動蒙古獨立,應
> 該與八百年前蒙古侵俄有關,而且得了「蒙古恐懼
> 症」,回頭看拔都西征情況如何?

近百年來俄國人侵略中國,策動蒙古獨立,確實是八百年前心結難解,得了「蒙古恐懼症」。但現在中華民國憲法對中國版圖的規定,蒙古仍是中國領土,這是一個難解的習題。也說明八百年前成吉思汗子孫和俄國人結的樑子,我們尚未想到解決方法。

拔都征俄的戰略,先掃蕩東俄門戶障礙,抵定北俄,敉平東南俄,最後平定南俄。時間從窩闊八年(西元一二三六年)起,到十二年(西元一二四○年)止,共五年。

太宗八年多,西征軍已全部集結在伏爾加河東岸,速不台先以一部掃蕩東俄障礙。八赤蠻(Balchman)族已先匿於伏爾加河深林中,被蒙哥軍圍殲,布里阿耳(B-oulgar)、波而塔斯(Bourtasses)、毛而杜因(Mordouan)諸城皆不戰而降,再次抵定奇卜察克。九年底,蒙軍近迫至物拉的米兒公國(Vladimir),該國勒也贊(Razan)、克羅姆納(Colomns)二城首當其衝,蒙軍力攻五晝夜,陷城焚城,時為西元一二三七年十二月二十七日(俄國史作二十一日)。

該二城陷,蒙古軍乃進迫莫斯科(Moscnw),此城才建百年,蒙軍圍攻五日城破,俘獲物拉的米兒國王攸利(Yuri)之孫叫物拉的米兒。蒙古軍繼續東趨物拉的米兒城,圍攻不及月而城陷,時為西元一二三九年二月八日,至此東俄全部平定。

六、當時的俄羅斯應非如今之強大，否則蒙古軍也不會
　摧枯拉朽般，所向而城破。但至少也是地廣人衆之
　國，當時首都基輔，城堅池深，四周有衞星王國拱
　衞，兩軍想必有惡仗要打。

　　當時俄羅斯境內有許多公國，如我國春秋戰國，俄羅斯是最大的王國。蒙軍攻下物拉的米兒都城後，連下莫斯科外圍十二城，再北趨諾夫果羅特，時逢春暖雪消，道路泥滑不能前進。蒙軍退轉西攻郭爾在斯科，閱兩月始克，蒙軍陣亡四千，且殞三王，遂屠其城，血流成渠。蒙古軍續向俄羅斯東南掃蕩，太宗十一年（西元一二三九年）正月全部平定，奇卜察克四萬殘兵逃往匈牙利。

　　拔都抵定俄羅斯東部、東南部後，避暑休兵並準備攻取俄國首都基輔（Kiev）。基輔位於聶伯河（Dnepr R）、黑海與東羅馬之貿易要衝，商貨四集，亦爲南俄之大都會。蒙古軍先攻下扯耳尼哥（Tchernigow）、匹爾斯拉夫哀（Pereyaslarl）等城，以絕基輔之週邊防衛。

　　太宗十二年冬，蒙古軍動員五十萬圍攻基輔，該城指揮官米海勒知不敵，已先亡走匈牙利再轉波蘭，十二月六日基輔城陷。蒙古軍由此進入加里西亞王國，該國北界立陶宛（Lithuanie），南抵喀爾帕阡川（Carpathes）及普魯士（Pruth）西來特（Sirte）。其國王達尼爾（Daniel）聞蒙古軍到，已先亡走匈牙利。全俄抵定，拔都大軍乃在加里西亞休息整補，做攻擊波蘭、匈牙利的準備。

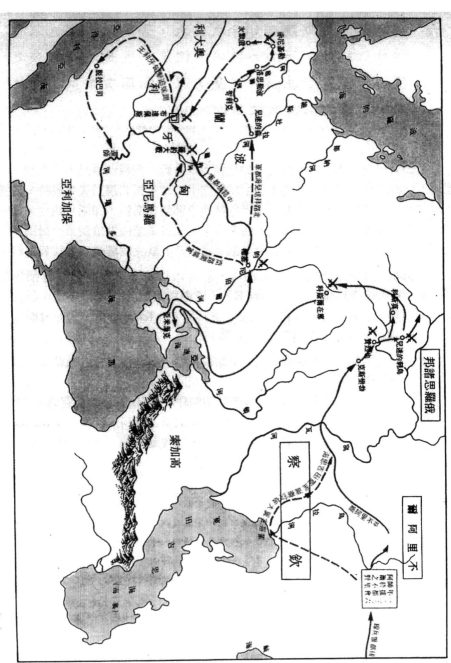

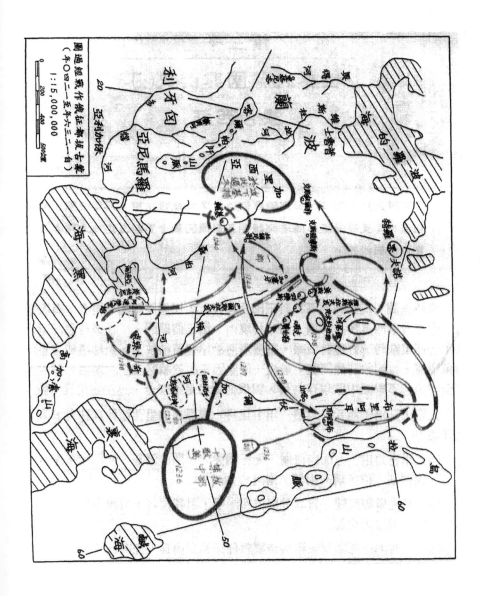

輯三十
世界大帝國興亡史(三)
蒙古西征

一、前輯講到拔都西征，抵定俄羅斯後，準備繼續向西，再征波蘭、匈牙利及日耳曼等地區。陳老師說明甚麼原因蒙古要對這些地方用兵？及雙方備戰情形。

　　當時波蘭、匈牙利地區內有王國相攻伐，人民怨聲四起。再者，有戰敗的奇卜察克殘軍四萬多人，逃入匈牙利境內。第三個原因，早在成吉思汗時代，速不台征東歐時，曾獲有情報，謂多瑙河沿岸有黃種牧人，並建議成吉思汗征討多瑙河，以解救同種同胞。最後一個原因是居於戰略安全的理由，蒙古即平定全俄，若不擊滅中歐現存力量，對俄佔領仍是不安全，遂決定用兵中歐。

　　太宗十三年（西元一二四一年）正月，拔都在加里西亞休兵秣馬，策訂作戰計畫：

　　㈠大軍主力由三方面向波蘭、匈牙利突入，期於佩基（今已和布達合稱布達佩基，位多瑙河兩側）附近會合。

　　㈡一部先擊破波蘭、日耳曼與波希米亞，阻其援匈，再趨多瑙河，到布達佩斯與主力會師。

　　㈢另以有力一部牽制東羅馬帝國對匈牙利之援兵，先向匈牙利東南推進，以布達佩斯為目標。

　　拔都乃作如下兵力安排，貝達爾為右翼軍，先在波蘭行支作戰，策應匈牙利之主作戰。哈丹為左翼軍，掩護主力軍南方翼側。拔都與速不台率主力軍約七萬，以布達佩斯為目標，求與匈牙利主力軍決戰。

　　而當時日耳曼、波希米亞、波蘭三國早已先組成「波日波」聯軍，亦史稱

「德波聯軍」。

是年春，貝達爾先攻波蘭，數日波軍兵敗，殘卒走日耳曼、匈牙利，及北遁里格尼志（Liegnitz）。貝達爾續向里格尼志追擊，兩軍戰於附近一叫瓦勒斯塔特（Wahlstadt），波軍被全殲，西方戰史家稱「里格尼志殲滅戰」，或「瓦勒斯塔特會戰」。

二、支作戰方面，蒙古軍獲空前勝利，由拔都親率的主力軍戰果也可預期，平定匈牙利應是料想中事，第二次西征就快要大功告成。

當貝達爾殲滅波蘭聯軍時，拔都已率主力入匈牙利，進攻前拔都修書勸匈牙利國王別剌四世（Bela IV）投降，別剌不降亦不備戰。拔都兵分兩路，一路自率，一路由速不台率領，拔都一路進至距今布達佩基約半日行程，做攻城準備（見圖）。

惟此時布達佩斯城內發生內亂，一部兵力先出走至保加利亞（Bulgarie），匈軍戰力減弱。拔都與速不台兩軍會合後，拔都引軍先退到賽育河東五英里處（看圖）。別剌引匈軍駐於河西岸，兩軍相持數日。

拔都見敵眾，但有可擊，決定發動夜襲，匈軍在夜亂中潰敗。大主教玉果麟（Ugolin）戰死，別剌逃至喀爾帕阡山。是役，賽育河水盡赤，西方史家稱賽育河殲滅戰，時西元一二四一年四月末也。

匈牙利甫告平定，窩闊台駕崩傳訊到蒙古軍中，拔都乃班師東返，西征七年於焉結束。

拔都西征勝利後，建立欽察汗國，在成吉思汗子孫中，拔都是一位天生的偉大領袖，也是一位天才軍事家。在蒙古三次西征中，拔都拓地最廣，所建立的欽察汗國最有規模，也能以身作則，友愛兄弟。

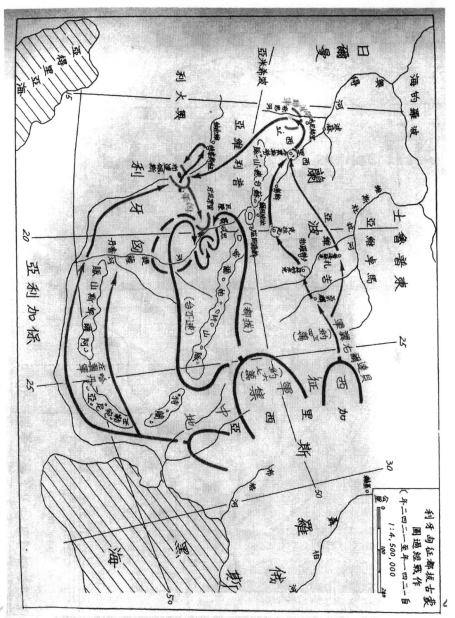

利牙的征蒙拔古家
圖過經戰作
（元二四二一至元一四二一自）
1:4,500,000

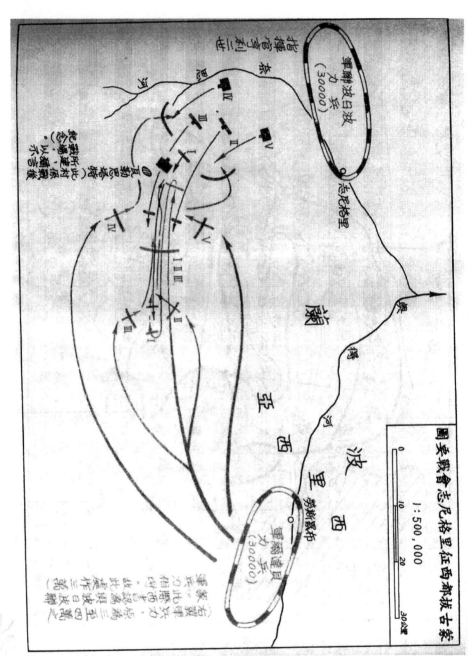

奧索戰會志尼格里西郭城古案

1：500,000

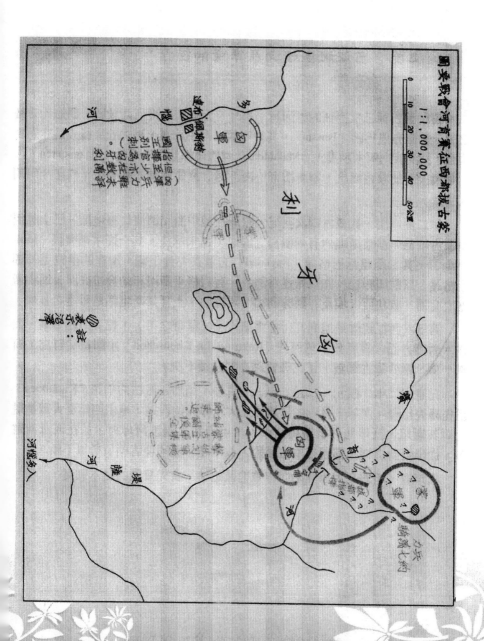

三、蒙古第二次西征結束，隔十年又發動第三次西征。
　　陳老師請說明，甚麼原因使元朝覺得有再次西征的
　　必要？西征地區情況及準備如何？

　　啓動蒙古第三次西征的原因有：第一、元憲宗蒙哥征西域時，聞知天方教之另一教派亦思馬因（Isman），其教徒都以殺手爲業，勢力壯大後成爲亦思馬因教，稱其族則叫木剌夷人（Malahidas）建國後都於馬三德蘭（Mazanderen）。木剌夷人屢劫蒙古商旅，蒙哥繼帝位後，即立意先殄滅木剌夷人（約在今伊朗北半部）。

　　第二個原因，經蒙古兩次西征，歐洲在地中海和德波以東地區，已全部臣屬蒙古統治。但波斯境內有兩個獨立國家，迄未解決，其一即木剌夷國（Mulahida），其二即建都巴格達（Baghdad）的黑衣大食王國。現在的伊拉克首都巴格達，以前叫報達，亦以報達爲國名，有底格里斯河和幼發拉底河，爲物產進出交通。敘利亞、埃及、阿非利加、阿拉伯、土耳其斯坦都是報達之藩國。

　　第三次西征統帥是旭烈兀（拖雷第六子，蒙哥之弟），總兵力約十萬。而在木剌夷方面，魯克賴丁忽而沙（Roku-ud-din Khouschod）才剛弒父自立，有軍十萬，懾於蒙古軍威，正在戰與降之間遲疑不決。

　　元憲宗二年（西元一二五二年）七月杪，旭烈兀派怯的不花（Kitouboca）爲先鋒先出發。次年十月十九日旭烈兀大軍亦開始西進，憲宗四年夏大軍進駐土耳其斯坦，五年九月抵撒馬爾干，六年元月大軍渡阿母河，並在阿母河駐冬，從出發到這裡，都還是蒙古藩國，故沿途各藩國使者朝賀勞軍不斷。

　　六年春，旭烈兀大軍開始向作戰地區迫進，首先接戰的是木剌夷。

> 四、蒙古大軍繼續西進，首先到木剌夷國，原先其國王
> 在戰與降之間，拿不定主意，現在蒙古鐵蹄已進迫
> 到了國門，結局可想而知吧！

木剌夷國王魯克賴丁並無戰鬥意志，只能拖過算一天，先派他弟弟到蒙古軍營洽降，旭烈兀答：「只要兩個條件，則汝父虐待蒙古人之罪可宥：一要摧毀所有堡壘，二要國王親來納降。」魯克賴丁僅毀數堡，納降則請求再寬限，蓋魯克賴丁以為寒冬一至，蒙古軍可能撤退。旭烈兀知其盤算，決心先攻麥門底斯堡（Meimoun-diz），這時是元憲宗六年（西元一二五六年）十一月，蒙軍部署如下：

北軍：不花帖木耳領軍，庫克伊兒克將之。

南軍：捏克達而斡兀勒率軍，怯的不花將之。

主力：旭烈兀親率，正在馬溫待機前進。

支隊：巴剌寒、禿塔兒兩王策應主力。

圍攻約十天，魯克賴丁見無勝機，決定出城投降，這天是十一月二十日也。魯克賴丁亦令各堡投降，惟阿剌模特堡拒降，蒙古軍即攻城，三日而城陷，木剌夷數十城堡皆被夷為平地。

原先旭烈兀征木剌夷之原意，就是要完全消滅木剌夷族群。旭烈兀乃下令屠殺所有木剌夷人，雖在襁褓亦不免，此後木剌夷之倖存者，如猶太人分散在各國。

憲宗七年元月五日，旭烈兀還可疾云統帥部，未幾移節哈馬丹，開始做進攻巴格達的準備，同時遣人諭敘利亞境內各亦思馬因人諸堡守將，儘早獻堡投降。（以上均見圖）。

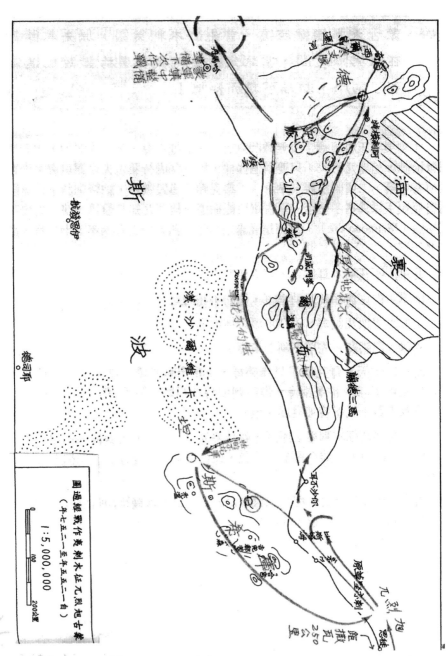

> 五、最近一年（西元二○○四年）來，伊拉克境內戰火
> 漫天，美伊「巴格達」爭奪戰才打完不久。沒想到
> 七百多年前蒙古大軍也曾攻打巴格達。

　　旭烈兀滅木剌夷後，續征報達（即今巴格達，當時是國名，今為首都。）旭烈兀先寫一封信給報達教主，大意說，蒙古自成吉思汗開國，即承天命，花剌子模等諸強，莫不被滅。汝應儘快投降，汝雖藏伏天空地腹亦不能逃，欲保身保國，須敬聆吾言，此乃天意。

　　當時報達教主是木思塔辛，拒絕投降，但國內分和戰兩派，大將軍蘇黎曼沙（Solriman-schah）主戰，承相主和，教主拿不定主意，大將軍在巴格達城集軍七萬。因教主積欠軍餉，軍隊士氣低沈。

　　旭烈兀首先打通哈馬丹到巴格達之通路，山中有打兒坦克堡（Dertenk），先派怯的不花襲取。此時隨軍星象家胡撒木丁（Hossan-vd-bin）卜有凶，不能進兵巴格達，強行進兵有以下災難：㈠戰馬皆死且軍中有疫；㈡日不出；㈢雨不降；㈣風霾地震；㈤年歲荒；㈥同年皇帝死；旭烈兀命人筆錄，設一定期間內預言不應，將處死。（按後胡撒木丁在西元一二六二年元月 23 日伏誅。）而佛教博士Bakschis及各將領皆主張進兵，旭烈兀從之，其進兵部署如下（看圖）：

　　右翼軍：貝住元帥為指揮官，從毛夕里渡底格里斯河，攻巴格達西北，在城西與不花帖木耳會師。

　　左翼軍：怯的不花指揮官，自南（波斯灣北側）北進，攻巴格達城之東南。

　　中央軍：旭烈兀親率，從開爾曼沙（Kermanschahan）、火勒完，進攻巴格達東面。值得注意的是，蒙古軍圍攻巴格達城，兵力部署上和二○○四年美軍圍攻巴格達竟很相似，不同的是美軍在巴格達北方使用傘兵。美軍由各國聯軍組，蒙古軍也有各藩國的王子率軍參戰。

　　元憲宗八年（西元一二五八年）元月十六日，蒙古聯軍對巴格達即將完成包圍態勢，一場導致黑衣大食亡（今伊拉克）國的巴格達爭奪戰即將展開。

六、說來住在伊拉克巴格達的居民還真不幸，好像地球上曾經有的強權都對這裡有興趣。現在的美國帝國，再早英國帝國和鄂圖曼帝國，最早的是咱們大元朝帝國，黑衣大食的結局是亡國，陳老師簡述一下過程吧！

　　蒙古軍對巴格達城的合圍進攻態勢看圖較清楚，元月三十日旭烈兀下令開始進攻，攻七天，許多戍樓、壘堡已被摧毀，以下是概略過程。

　　二月八日：大將軍蘇黎曼沙及家屬七百人悉被殺。

　　二月十日：主教木思塔辛率文武百官出城投降。

　　二月十三日：蒙古軍開始屠城凡七日，惟基督教及外國人得免，計死者八十萬。在這過程中旭烈兀和巴格達主教有一段富哲思亦很實際的對話，當主教把黑衣大食五百年蓄積的黃金寶藏，陳列於旭烈兀面前時，旭烈兀拿起一塊金塊叫主教吃下去，主教答「金不可食」，旭烈兀說「黃金為何不發給部隊，而自藏之？鐵門何不鎔為箭鏃，若然，你便能在阿母河與我爭勝負！」旭烈兀所言，實領導與管理萬年不變之金言也。

　　主教及宗室難免一死，只有主教幼子獲免，後娶蒙古女，生二子。黑衣大食王國立國五百零三年，至此而亡。

　　黑衣大食既滅，蒙軍又西征千里至天方（阿拉伯），攻下一百八十五座城池，降服巴爾蘇丹。憲宗九年再進兵敘利亞（Syria），軍分三路攻大馬士革（Damascus）未攻下，轉兵北走小亞細亞，大敗巴爾幹半島諸國聯軍，陷富浪國（Cgnrns，今塞浦路斯），地中海各國震動。

　　時東羅馬帝國朝廷與西歐耶穌教國家，與回教國家向為世仇，紛紛派使節來朝旭烈兀，欲聯盟共討回教諸國，旭烈兀正準備先攻埃及。此時東方傳訊，憲宗蒙哥大汗去逝，旭烈兀乃命怯的不花鎮守敘利亞，自行撤軍東歸，結束第三次西征，時為元憲宗九年冬也。

　　蒙哥死，忽必烈（蒙哥四弟）即位，是為元世祖，改元中統元年（西元一二六〇年）。忽必烈以旭烈兀西征有功，以所征服之地為封地，建伊兒汗國，統治波斯及小亞細亞地方，四大汗國至此告成。

　　蒙古除滅金、滅夏、滅宋及西征外，也曾征高麗、日本、安南，除降服高麗外，餘皆無功。

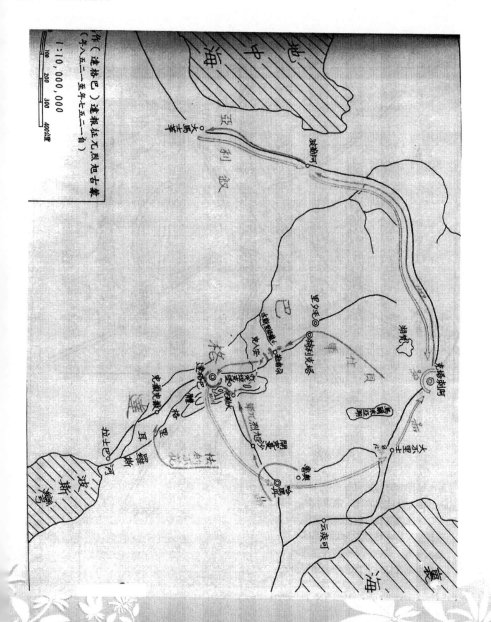

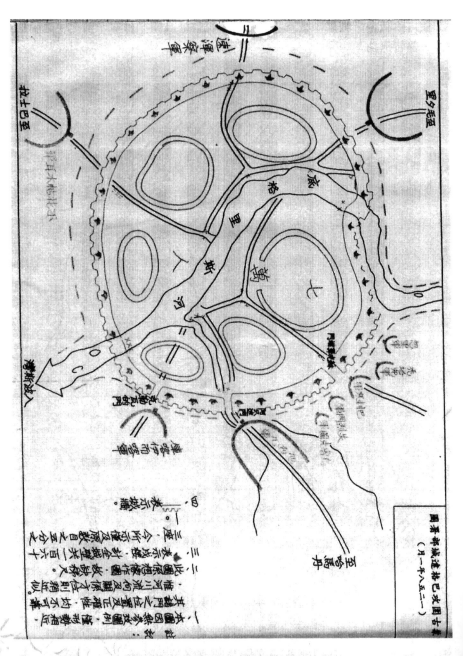

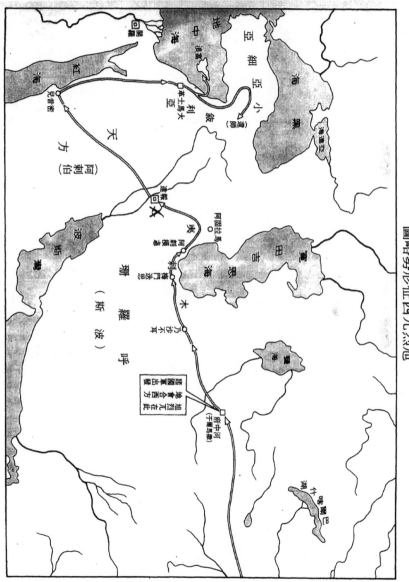

旭烈兀西征形勢略圖

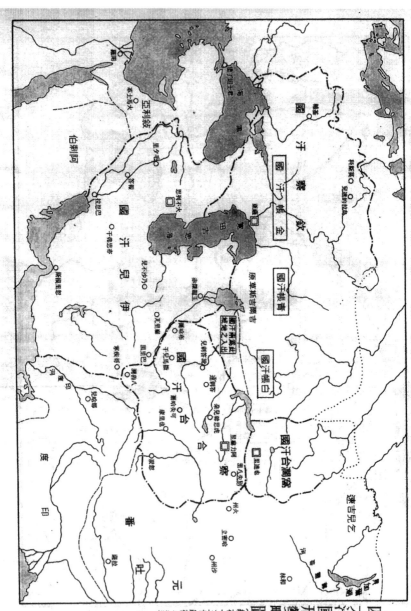

四大汗國的形成（補充）：

當旭烈兀征服了波斯、敘利亞、阿剌伯與小亞細亞之後，得到蒙哥可汗的

噩耗，即留兵駐守在若干重鎮，而自率主力大軍東還。不料行至中途，與駐軍
在欽察的拔都之弟，朮赤後王別兒哥發生衝突，行軍被阻，不得前進，逗留在
帖列克河上。只得遣使上表於忽必烈可汗勸進。及至忽必烈即位，以旭烈兀西
征功高，又有擁戴之勳，乃將印度洋以北波斯、敘利亞、小亞細亞地方，封給
旭烈兀爲伊兒可汗，並增派援兵三萬助其戍守。至元二年，旭烈兀病卒，即以
旭烈兀之子阿八哈爲嗣，正式建立了伊兒汗國。與以前拔都西征所立的欽察汗
國，及窩闊臺汗國、察合臺汗國，合爲四大汗國，也可以說是蒙古的四大藩
國。這四大汗國之形成，並非一朝一夕，其中也有許多曲折。最早是始於成吉
斯汗西征歸來之構想，其實際的形成，則在忽必烈的時代。這時忽必烈既平阿
里不哥之亂，完全統有蒙古本部與中國、遼東、西南夷之地，遂以蒙古大可汗
之尊，兼爲四大藩國之宗主。這四大汗國列簡表於下：

汗國名	轄　地	都治名	都治當今何	備考
欽察汗國	東自吉利吉斯草原西至匈牙利包括裏海黑海以北歐亞之地	薩　萊（Saray）	地在伏爾加河下游	爲朮赤子孫所統治故亦稱朮赤後王國，後又分爲金帳、白帳、青帳諸汗國。
窩闊臺汗國	阿爾泰山一帶暨新疆西北部地	也　迷　里（Emil）	今新疆塔城附近	爲窩闊臺子孫所統治故亦稱窩闊臺後王國，後爲元朝及察合臺汗國所併。
察合臺汗國	阿母河以東至天山附近一帶地	阿力麻里（Almal-ik）	今新疆伊寧附近	爲察合臺子孫所統治故亦稱察合臺後王國，後爲帖木兒帝國所滅。
伊兒汗國	阿母河以西中亞、伊蘭、美索不達米亞及小亞細亞地	馬拉固阿（Meraga）大不里斯(Tibriz)	伊蘭西北烏羅米亞湖畔	爲拖雷子旭烈兀子孫所統治亦可稱爲拖雷後王國，後爲帖木兒帝國所併。

　　資料來源：陳致平，《中華通史》，第八冊（台北：黎明文化事業公司，
民國七十七年七月），頁一五三。

輯三十一

四大汗國與第二蒙古大帝國興亡

一、朱元璋建立明朝取代了元朝政權，但大元帝國只是丟掉中國的統治權，在西方還有版圖比中國大的四大汗國，不知結局如何？

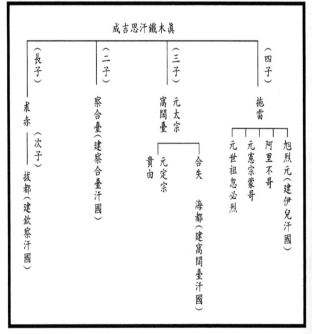

歷史以西元一三六八年（元至正廿八年，明洪武元年）為元亡國與明開國之年。而此時蒙古大帝國並未全亡，不過丟掉中國地區的統治權，四大汗國（窩闊臺、察合臺、欽察與伊兒汗國）統治權有三個尚未動搖。惟四大汗國先後仍發生許多戰爭，最後被合併成一個帖木兒帝國，這就是「第二蒙古大帝國」，直到西元一五○○才亡國，這段仍是中國戰史的一部份。這等於說，元朝亡後，蒙古人仍在另一塊版圖建立大帝國，又持續一百三十八年才亡。

成吉思汗子孫與四大汗國關係圖解示之，較易明瞭。四大汗國都在忽必烈

時代形成，其轄地、國都及相關形勢均見前輯圖、表。

四大汗國之中，享國最短並最早亡國的是窩闊臺汗國，其原由關係還是列表看較能一目了然。原來元憲宗蒙哥大汗即位時，就將窩闊臺汗國之地分封給窩闊臺（如下表。）而早在窩闊臺與貴由可汗父子承接大統時，王室就有默契謂「未來大汗應永屬窩闊臺子孫，其他宗室不得覬覦。」可是貴由大汗死後，發生帝位爭奪戰，蒙哥獲勝即位。但蒙哥即位後，排除異己，鎮壓反動，將窩闊臺子孫分封遠地，已種下不滿因素。及蒙哥死，忽必烈用非法手段自立為帝，廢庫里爾泰制（蒙古大汗選舉制度）。且以後元朝政權永屬拖雷系統（成吉思汗第四子）及忽必烈子孫所有。這種情形叫成吉思汗其他子孫當然不服，尤其察合臺和窩闊臺子孫最不能接受。海都乃聯合各王發動反抗，而忽必烈已是中國皇帝並有統轄四大汗國之權，也自然要出兵平亂，站在海都等各王的反抗運動，認為這是正義之戰，因為忽必烈非法奪位在先。

雙方征戰長達六十年，最後結果竟導致窩闊臺汗國滅亡。這是為正義之戰付出的代價，實在慘痛，也不知正義何價？

元憲宗蒙哥封窩闊臺子孫的封國與封地

元太宗窩闊臺

- （窩闊臺第一任大汗）合失 —— 海都 —— 察八兒（第二任）
- 元定宗貴由 —— 禾忽
- 闊端（封河西）
- 哈剌察兒 —— 脫脫（封葉密立）
- 滅里（封也兒的石河）
- 合丹（封別失八里）

二、簡述海都的反抗戰爭和窩闊臺汗國亡國經過，正義之戰爲何消沈？

　　海都以窩闊臺大汗身份起兵反抗元世祖忽必烈，忽必烈初利用各汗國矛盾想要裂解海都的力量，未成反使海都壯大。至元十二年（西元一二七五年）窩闊臺與察合臺（篤哇大汗），兩國聯兵進擾天山南路，圍攻火州城（今哈蜜北），忽必烈大爲震怒。派大軍馳援，元朝中樞與西北各汗國完全陷於對立狀態。在未來幾年裡，海都聯軍屢破朝廷軍，忽必烈派丞相伯顏鎮守和林，暫時穩住海都軍隊攻勢。

　　至元廿六年，海都聯軍攻到和林，朝廷的宣慰使怯伯、同知乃滿帶、副使八里鐵兒等，竟全投降海都，忽必烈大爲鎮恐，決定親征海都。雙方又處於對峙狀態達四年之久，至元三十一年（西元一二九四年）忽必烈病歿，皇孫鐵木兒繼位，是爲元成宗。未來幾年雙方處於大混戰狀態。

　　大德五年（西元一三〇一年），海都與篤哇聯合兩國四十餘王，對和林的朝廷軍展開大規模會戰。在合剌合答（和林之南）戰役，海都大勝，但篤哇中箭負傷，聯軍乃暫時決定撤兵西歸。海都在西歸途中病逝，結束自己五十年的正義之戰。

　　海都死，長子察八兒繼任窩闊臺大汗，察八兒不如父親之雄才大略。不久發生內鬨，與其他汗國不和，部衆數萬投降朝廷，察八兒眼看勢單力弱，只好歸順朝廷。而窩闊臺疆域，東半部由元朝中央收回，西半部爲察合臺汗國兼併，時爲至大三年（西元一三一〇年），計窩闊臺汗國傳兩代六十年而亡。

　　海都誠然是一位悲劇英雄，他和忽必烈的鬥爭源於忽必烈用非法手段奪取大位，違反蒙古當時法制的大汗選舉制度。情況像極了西元二〇〇四年中華民國總統大選時，獨派陳水扁等人製造的「三一九槍擊案」，用非法手段謀得大位，泛藍群起抗爭，大勢已定，便難挽回。所謂「正義」，存不存在，有時很難說！

　　海都在蒙古史或中國史上有崇高地位，史稱「寬仁有勇，百戰不撓」。他的正義之戰雖失敗，歷史給他合乎正義原則評價，他可以含笑九泉了。

三、察合臺汗國曾與窩闊臺汗國共同起兵反抗忽必烈，
　　窩闊臺亡國後，察合臺的發展如何？

　　察合臺統治著今新疆以西、中亞的吉爾吉斯（Kirgiz）、塔什克（Tashkent）、烏孜別克（Uzbek）等地區。察合臺是成吉思汗的次子，當初一再謙稱自己能力不夠，而把大位讓給窩闊臺（元太宗）。故後來察合臺與窩闊臺兩汗國邦誼始終不錯，其汗系如略表，篤哇任可汗時為察合臺汗國全盛時期。

　　也先不花為大汗時，因不向元朝中樞入貢，元仁宗發兵討伐察合臺汗國，而伊兒汗國也從西方入侵，東西夾攻，交戰連年。到答兒麻失里在位時，政權落在國相迦慈罕手中，國事大亂了幾十年。此時的察合臺汗國面臨兩個困境，其一是全國裂解成幾十個小汗國，中央可汗成了形式上的偶像。

　　其二是回教勢力抬頭，平民百姓與王公貴族大多信了回教。察合臺汗國已成為伊斯蘭教國家。

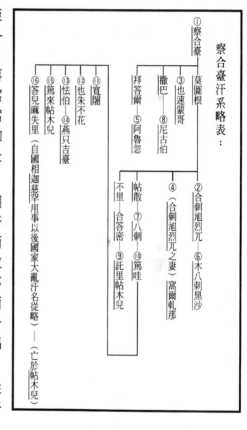

察合臺汗系略表：

① 察合臺
　② 莫圖根
　　③ 也速蒙哥
　　④ 撒巴
　　　⑤ 尼古伯
　　拜答爾
　　　阿魯忽
② 合剌旭烈兀
　④（合剌旭烈兀之妻）窩爾軋郫
　⑥ 木八剌黑沙
　　⑦ 帖散
　　　⑧ 八剌
　　　⑨ 篤哇
　　不里
　　　合答密
　　　⑩ 託里帖木兒
⑪ 寬闍
⑫ 也朱不花
⑬ 怯伯
⑭ 燕只吉臺
⑮ 篤來帖木兒
⑮ 答兒麻失里（自國相迦慈罕用事以後國家大亂汗名從略）──（亡於帖木兒）

　　國相迦慈罕於至正十六年（西元一三五六年）為部下害死，他的孫女婿帖木兒，勇敢善戰，眾望所歸，遂繼迦慈罕職位。此時察合臺汗國已經分崩離析，又支持了十餘年，到明洪武三年（西元一三七〇年）帖木兒乾脆推翻察合臺汗國，自立為可汗。

　　帖木兒又征服各汗國，建都撒馬兒汗，這就是十四、五世紀名震中亞的帖木兒大帝國，或叫第二蒙古大帝國（後述）。

四、伊兒汗國和元憲宗、元世祖是同一系統，命運如何？

元世祖忽必烈於至元元年（西元一二六四年），冊封其弟旭烈兀為伊兒汗國可汗。伊兒汗國疆域南界印度洋，西南界阿拉伯，東北界察合臺汗國。在四大汗國中，伊兒汗國對元室中樞的態度最好。這是因為忽必烈成為中國皇帝後，以後的帝位都屬忽必烈子孫所有，而伊兒汗國正是出自忽必烈系。各汗國所倡導反忽必烈運動，唯有旭烈兀系的伊兒汗國不曾參加。

伊兒汗國第二任可汗阿八哈（旭烈兀長子）與東羅馬邦誼甚佳。納東羅馬王之女瑪麗亞為妃，因而也和天主教、教皇及法蘭西諸國通好。多次與東羅馬聯兵征埃及，可惜至元十八年（西元一二八一年）被埃及王開拉溫敗於幼發拉底河（Euphrates），次年阿八哈憂憤而死。

伊兒汗國第八任可汗合贊（阿八哈之孫）較有雄才，當時兩河流域及今伊拉克一帶尚屬伊兒汗國，埃及始終想奪回。合贊乃發動兩次對埃及的戰爭，第一次在大德三年（西元一二九九年）冬御駕親征，大破埃及軍，進兵到大馬士革（Damascus），攻下敘利亞境內許多城鎮。第二次在大德七年（西元一三○三年）再征埃及，不料大敗而回。合贊本欲以收復耶路撒冷為由，聯合歐西各國共討埃及，大德八年竟一病不起，死時年才三十四歲，他是一位英主，天卻不給他機會，否則他有機會建立西亞大帝國。

第九任可汗阿不賽因之後，伊兒汗國內部發生動亂，各地有稱王稱汗者，內戰數十年，最多國內同時出現十二個可汗，各自擁兵自重。帖木兒在這大亂之際崛起，以狂風掃落葉之勢，十餘年就將伊兒汗國完全吞滅。

伊兒汗國從至元二年（西元一二六四年）到明永樂九年（西元一四一一年），共享國一百四十七年。

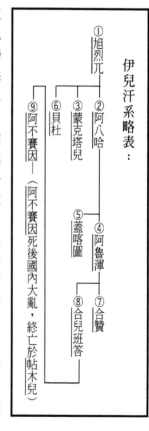

伊兒汗系略表：

①旭烈兀
②阿八哈
③蒙克塔兒
⑥貝杜
⑨阿不賽因——（阿不賽因死後國內大亂，終亡於帖木兒）
④阿魯渾
⑤蓋喀圖
⑦合贊
⑧合兒班答

五、最後一個是欽察汗國，命運如何？

欽察汗國是朮赤（成吉思汗長子系統）子孫的封國，朮赤有十四子，著名者為前五子，長子鄂爾達，次子拔都，三子別兒哥，四子脫哈帖木兒，五子昔班。朮赤諸子是成吉思汗王孫中，最能保持兄弟恭精神的一系。鄂爾達自認才不如大弟拔都，早年便將長子繼承權讓給拔都，使拔都成為欽察汗國第一任可汗。拔都也確實是一個天才型的偉大領袖和軍事家。

拔都在位期間，俄羅斯臣服，羅馬教皇及中歐諸國俱受威脅，東西方交通孔道盡在控制之中。拔都死（西元一二五六年），弟別兒哥繼任可汗，時旭烈兀西征巴格達，回教徒死傷慘重，別兒哥聞之憤怒（他也是回教徒），即大舉興師討伐旭烈兀，結果旭烈兀大敗。當時埃及王比拔而斯聽到消息，因與別兒哥同是回教徒，於是雙方結盟，約共同討伐旭烈兀。戰爭震動了當時歐亞非三洲及中東各國，時在西元一二六三年。

欽察汗國第六任可汗月祖伯及第七任可汗札尼別在位時，國勢富強，經濟繁榮，為該國的黃金時代。札尼別死後，子畢兒諦伯克繼位，不久亦死。此後欽察汗國陷入大分裂，托克塔米斯（白帳可汗）一度統一，後又因與帖木兒交惡，兩國大戰，托克塔米斯戰敗，欽察汗國成為帖木兒帝國的附庸國。

十五世紀莫斯科公國開始強大，其國君伊凡三世（Ivan III）建立大俄羅斯帝國，從西元一四八〇年開始不向欽察汗國納稅入貢。西元一五〇二年（明孝宗弘治十五年），克里米亞人攻陷欽察汗國，從西元一二四三年拔都建立欽察汗國，享國二百六十年之久。四大汗國之中，欽察汗國國祚最長，事實上四大汗國之中，除窩闊臺汗國外，餘三大汗國都被帖木兒併吞，合併成一個帖木兒帝國，史稱「第二蒙大帝國」。

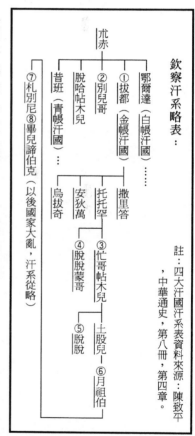

欽察汗系略表：

```
                              朮赤
         ┌──────┬──────┬──────┬──────┬──────┐
        ⑦      昔班    脫哈    ②      ①     鄂爾達
        札別尼   （青帳  帖木兒  別兒哥   拔都   （白帳汗國）
        ⑧畢兒   汗國）         （金帳汗國）……
        諦伯克   ……
        （以後                         ┌────┬────┐
        國家大亂，      烏拔奇  安狄萬  托托罕  撒里答
        汗系從略）         │     │     │
                         ④     ③
                        脫脫蒙哥 忙哥帖木兒
                                 │
                          ┌──────┤
                          ⑤     土股兒
                         脫脫          │
                                      ⑥月祖伯
```

註：四大汗國汗系表資料來源：陳致平，中華通史，第八冊，第四章。

> ## 六、元朝三大汗國都結束在帖木兒手裡，談談這個人和他的帖木兒帝國。

帖木兒是蒙古巴魯剌思族人，父杜爾凱，五世祖哈剌察兒是成吉思汗手下八十五功臣之一。他的父親杜爾凱是察合臺汗國迦慈罕國相的女婿，帖木兒因而有機會升千夫長。

元順帝至正十五年（西元一三五五年），帖木兒隨父征呼羅珊，其父被部下害死，帖木兒收拾殘局謁見察合臺可汗脫克魯克獲重用，令率軍鎮守呼羅珊的杜蘭斯可薩尼牙（Transoxiana）之地。帖木兒權略過人，脫克魯克汗死，帖木兒聯合阿富汗境內各部族及伊斯蘭勢力，擁立合不勒沙為可汗。數年後，明洪武三年（西元一三七○年），帖木兒索性廢掉察合臺汗，自稱杜蘭斯可薩尼牙大可汗，建都薩馬爾罕（Samarhand）。帖木兒又花六年時間，平定察合臺境內的反對勢力。

此時欽察汗國和伊兒汗國都陷於四分五裂，帖木兒率兩路大軍，一路延裏海北面進攻欽察汗國，一路攻入伊兒汗國的呼羅珊境內。十年左右，兩大汗國俱被摧毀，亞美利亞、敘利亞、俄羅斯全境都遭蹂躪，西洋史稱「帖木兒暴風」。這時的帖木兒帝國如日中天，國勢強盛，成為中亞第一大國，尊號成吉斯可汗（故蒙古史上有兩位成吉斯汗）。

明洪武三十一年（西元一三九八年），六十六歲的帖木兒率八十萬大軍南征印度，取道阿富汗渡印度河，攻陷德里（Delhi），進兵到喜馬拉雅山南。帖木兒用兵如風，捲殘雲落葉，明建文元年（西元一三九九年）循雪山之麓班師回國。

這時在小亞細亞（Asia Minor）方面，鄂圖曼土耳其人（Ottoman Turks）崛起，越過韃靼尼爾海峽，攻入巴爾幹半島，兵鋒所至，所向無敵。東羅馬帝國

帖木兒帝國汗系表	蒙古巴魯剌思族 哈剌察兒 （成吉思汗八十五功臣之一） ↓ 杜爾凱（父） ↓ 帖木兒 ↓ 沙魯克 ↓ 烏爾別格 ↓ 阿布都爾 ↓ 拜別兒

（即拜占庭帝國）慘遭蹂躪，被困在君士坦丁堡（Constontinople）一隅，乃向東求救於帖木兒而西求救於法蘭西。帖木兒再率八十萬騎兵西征，揮軍攻入敘利亞、埃及、土耳其。時土耳其王巴耶知德正率四十萬大軍圍攻君士坦丁堡，聞帖木兒大軍攻來，急忙撤軍，於安哥拉之郊遇帖木兒大軍，雙方展開一場血戰。土耳其王兵敗被俘，暫時挽救東羅馬帝國於不亡。時在明建文四年（西元一四〇二年）。

可是帖木兒歸國，土耳其人又壯大，又威脅到東羅馬，終於在西元一四五三年滅亡東羅馬帝國。再度証明國家存亡不能始終依靠外力，而帝國要亡似乎山也擋不住，爲甚麼？

帖木兒北伐俄羅斯，南征印度，西征土耳其，只剩下東方的中國沒有臣服，此時約在明洪武年間。終於在明成祖永樂二年（西元一四〇四年），帖木兒率大軍東征中國，惜中途病死，年已七十二歲，時在一四〇五年二月，東征中國只好作罷。帖木兒雄才大略，是天才型戰將，他的時代帝國強盛繁榮。

帖木兒的兒子沙魯克在位三十七年，是一位愛好藝術文化的帝王，史家稱此時是中亞最美麗的時代。

到十五世紀末，帖木兒帝國也陷於內亂，西元一五〇〇年被北方一支新起的民族叫月即別消滅。結束了一百三十年帝國史，但帖木兒的最後一位可汗拜別兒（Babor）亡命印度，又建立了莫臥兒王朝，這部份不知是那國戰史？

蒙古人快速崛起於歷史舞台，大起大落，統治中國九十年。四大汗國及帖木兒帝國也算大放異彩，但終究誰都是遲早要退出舞台的。

第六篇：
第三帝國，轉型到
衰落時期的帝國戰爭

◆鄭成功像　臺灣省立博物館珍藏

圖片來源：國立編譯館主編，《國民中學歷史》，

　　　　　第二冊（教育部七十四年四月公布），

　　　　　頁八一。

圖：

◆小朋友與民族英雄鄭成功。
圖片來源：本書作者攝於民國九十三年。

（民國91年3月14日 聯合報）

英學者指鄭和最先發現美洲

・英國歷史學家孟席斯，十二日在倫敦寫所指著一幅古代地圖協會發表演講，詳述他所提出的中國明成祖時三寶太監鄭和，是最先發現新世界的探險家。孟席斯認為，鄭和早在十五世紀中期，就發現世界上大部分陸地，包括美洲新大陸、澳洲和南美洲，因此二十三國的歷史可能要改寫。

孟席斯提出航海圖、古代遺物及人類學家的研究結果做為佐證。他指出，哥倫布在一四九二年發現美洲新大陸的時候，已經比鄭和晚了七十多年。鄭和早在一四二一年就航行西洋。（路透）

◆徐海鵬發起「鄭和八下西洋」，用行動來體驗、紀念鄭和下西洋六百周年慶。

二○○五年就是鄭和下西洋的六百周年，山河探險協會將結合海峽兩岸的華人，仿鄭和船隊帆船，打造一艘木造中國帆船，將花三年循著鄭和的航海路線航行。無獨有偶，前教育部長吳京退而不休，四、五年來推動重建鄭和下西洋的歷史的見證工作，未曾稍歇。他們無不致力重塑先人

◆二○○五年就是鄭和下西洋的六百周年，山河探險協會將結合海峽兩岸的華人，仿鄭和船隊帆船，打造一艘木造中國帆船，將花三年循著鄭和的航海路線航行。無獨有偶，前教育部長吳京退而不休，四、五年來推動重建鄭和下西洋的歷史的見證工作，未曾稍歇。他們無不致力重塑先人在海洋上偉大的歷史，再次掘發海洋文化精神！

圖片來源：《人間福報》，民國九十四年三月十三日。

鄭和下西洋歷史博館讓你看個夠

寶船模型 天妃坐像 中國船模 今原貌呈現 讓民眾了解中國江海文化

【本報香港訊】鄭和下西洋六百周年紀念，香港歷史博物館即日起至今年十一月，舉辦「鄭和─三寶太監西洋記」大型展覽，展出精選的以明朝為主題的文物，及珍貴的船模與金飾等，讓觀眾可以欣賞中國古代航海的輝煌成就，及其西往非洲及阿拉伯國家的這段歷史。

寶船是東南亞海洋出土比較珍貴的文物，是鄭和當年進駐南洋一帶的主要工具。寶船模型是鄭和下西洋船隊的船舶，展出的寶船模型外型非常亮眼，讓民眾可了解中國江海河道文化。

展出的鄭和文物，包括當年航行十年遠渡重洋來收藏的船舶，也有千姿百態的船模及精美古樸的文化。

船和船模造型，原是中國航海史及宗教文物，其中航海模型包括大型寶船和東西洋貿易船，船和船模造型原貌呈現，用土法材料和用中國古代原始工藝製成，都展現明、宋原始造船文化，船及模型古樸和精緻，充分顯示了中國古代航海工藝的精湛，以及中國古代的航海實力。

寶船另外最主要的展品還有天妃坐像和船模，天妃坐像供奉在民間信仰中，是海洋女神，也就是媽祖，在海外也稱天后。其島嶼神氣活現，雕刻精美而且神態逼真，蘇州的雕塑藝術令觀眾眼睛為之一亮。而鄭和坐像供奉在指揮艙內，鄭和的船模最大，以乘坐寶船六百年。

「鄭和下西洋六百周年特展」今天起在史博館展出。展出的文物包括鄭和的「寶船」模型。（94.9.16.人間福報，六版。）

輯三十二
明代戰爭：㈠漢人復興之戰

一、元朝蒙古人建立強大的世界大帝國，曾幾何時，約百年。說長不長，說短很短，竟雲消霧散。歷史無情的走到了明朝，首先請陳老師說說明朝有那些重大影響歷史或改變歷史的戰爭？

中國歷史走到明朝有一個重大的改變，因海禁開通及西洋文化之接觸，對傳統中國的「天下」造成巨大衝擊。此之前，中國即天下，天下即中國；明朝開始。大家開始要接受天下有列國，中國只是國際成員之一。這種思想上的轉變，延續明清兩朝五百餘年。再者，明代開國是從異族手中奪回政權，且明初國勢之強盛，遠勝宋代，直追漢唐，故史學家稱明為「漢族復興」朝代。

但明朝戰爭也很多，重要者有開國平定陳友諒、張士誠、北伐統一、燕王篡位、明成祖北征、鄭和下西洋、土木之變、平定俺答與倭寇（即日本鬼子）、中日朝鮮之戰、薩爾滸之役及平定內亂、流寇之戰。還有南明殘局、鄭成功北伐、驅逐荷蘭人收復台灣及康熙收復台灣之戰。

以上這些戰爭，擇其對歷史有重大影響的明太祖北伐統一、燕王篡位、鄭和下西洋、成祖北征、中日朝鮮之戰等，提出來講解。

還有兩部份戰爭，為求講解上的連貫及朝代連續，稍做調整講解。「薩爾滸之戰」（明萬曆四十七年，西元一六一九年），此時明未亡，時序上雖屬明代戰爭，但因是滿清入關決定性之戰，延至清朝戰爭再講。而明亡後（西元一六四四年算），還有一段南明戰爭，時序上已算清朝戰爭，但為與明代銜接，讓大家對一個朝代的興衰亡有完整的印象，提前放在明代戰爭一併講解。

二、看來明代戰爭也不少於前代各朝，人類歷史果然就是戰爭史。現在就進入本題，陳老師談談朱元璋的開國和北伐統一吧！

　　元朝末年，政治腐敗，天下又大亂，民不聊生。內有政權爭位，權臣藉機謀利，外臣火拚，群雄割據。如韓林兒、劉福通、徐壽輝、陳友諒、張士誠、明玉珍等到處稱王僭帝，中國地盤一片鼎沸，到處兵慌馬亂，盜竊搶劫四起，此亡國之兆。

　　朱元璋只是這群雄中之一，跟他打天下的重要人物有劉基（字伯溫）、李善長、宋濂、陶安、徐達、常遇春、李文忠等人。元順帝至正十五年（西元一三五五年），朱元璋已攻下集慶（今南京）及周圍戰略要地，改集慶爲應天府，奠定帝業基礎。

　　至正二十三年（西元一三六三年），朱元璋大敗陳友諒軍於鄱陽湖，並收編其部衆。二十五年攻略江淮，二十六年平杭州，次年平定張士誠部，士誠敗死。二十八年攻下元朝首都（今北平），建國號「明」，改元洪武元年（西元一三六八年），至此開國之戰完成。

　　朱元璋經約十五年平定群雄後，建立明朝，但當時仍只是據有江南的偏安政權，在中國這塊地盤上，建國不算完成，因爲北方元人隨時也有南征的準備，所以朱元璋早在消滅張士誠（西元一三六七年）即開始北伐。

　　朱元璋的北伐統一除完成建國外，在中國歷史上的重要意義是創南方偏安政權、北伐統一成功之首例。此乃中國歷史自三國以後之唯一，其第二例是我老校長、先總統　蔣公民國十八年的北伐完成統一。

　　朱元璋的北伐統一及遠征漠北前後達三十一年之久。依戰略計劃，分四階段：

　　㈠主力由江淮攻山東，轉兵攻河南，據洛陽再北上。
　　㈡消滅元勢力，逐之於長城以北，據長城轉取秦晉。
　　㈢主力由北平攻山西，消滅庫庫勢力，轉兵陝甘。
　　㈣遠征漠北。（此爲鞏固中國北疆安全所必須）

　　北伐統一第一戰是攻略山東，以徐達爲大將軍，常遇春副之，兵力二十五萬。

> 三、五千年中國戰爭史,由南方偏安政權發動的北伐統
>   一,只有二個成功史例,朱元璋為其中之一,必定
>   有重要而千載難逢的機緣,陳老師會慢慢道來,先
>   看朱元璋的北伐統一第一仗要怎麼打?

　　徐達、常遇春攻山東前,朱元璋召諭諸將,此行並非攻城略地,勿妄殺人,勿奪民財,勿毀民居,勿廢農具,勿殺耕牛、勿掠人子女。同時馳檄各地,元室腐敗荒淫,天命已終,明軍旨在救民伐罪。朱元璋起自一個孤苦無依的流浪兒,能有此見解,實在了不起,也怪不得他成為中國歷史上北伐統一成功的第一人。

　　果然,至正廿七年十一月四日,徐達軍次下邳(如圖),才四個月,莒州、益都、臨淄、濟南等元軍據守城池,降的降,陷的陷。孔子第五十六代孫孔希學,率曲阜縣等主簿迎接明軍,山東悉數抵定。

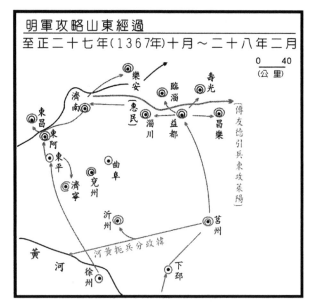

明軍攻略山東經過
至正二十七年(1367年)十月～二十八年二月
0　　40
(公里)

　　明太祖見各方明軍進展順利,大軍如摧枯拉朽,元室殘餘紛紛降服,乃於至正廿八年正月四日祀告天地,即皇帝位,國號明,這天是明朝開始的第一

天，並續攻河南。

至正廿八年（明洪武元年）二月，徐達率明軍從濟寧（見圖）西進攻河南。當時元兵守洛陽、開封，是元總兵庫庫之弟托音，明軍四月克洛陽，五月陷潼關，河南亦抵定。

此時，元順弟已遷都大都（今北平），明軍也正準備攻取河北及大都。

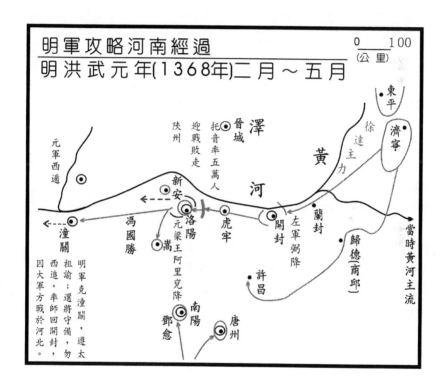

明軍攻略河南經過
明洪武元年(1368年)二月～五月

0 ___ 100
(公里)

四、元軍節節敗退，顯示元的氣數已盡，元順帝退守大
　　都北平，又能如何？就像每個要結束的朝代。其實
　　到目前為止，元軍還有大半個中國，其朝野若有為，
　　反攻明軍還是有望吧！

　　確實是這樣，古來國家興亡之關鍵並不在佔地多少。如今的元順帝和他的部隊，與先祖成吉思汗比都差太多了，人無志氣，不能戰，便一切都完了。

　　當洪武元年四月，明軍克開封時，太祖便計畫北進河北攻元都（即元大都，今北平），及攻山西取太原。是年閏七月初一日，徐達率軍自中灤（今河南封邱西南）渡黃河（見圖）進取河北。不及一月，克淇門、彰德、臨清、直沽，二十八日克通州，元都大震。

　　元帝聞通州已失，命淮王帖木兒不花監國，左丞相留守大都，自率后妃太子乘夜出建德門、居庸關奔上都（今察哈爾多倫）。同宋朝亡前，皇帝只顧著帶女人逃命，加速其亡。果然，八月二日徐達克取元都北平，徐達進入北平首先封存國庫及故宮寶物，重兵把守，可見朱元璋這些人對保護中國文物是有概念的。

　　元順帝北走上都，準備反攻明軍。但洪武二年七月，常遇春就攻陷上都，元順帝又向北亡命。

　　在山西作戰方面，時元帝命河南王庫庫鎮守太原，但明軍攻克大都後，庫庫亦率軍北去。明軍乘太原兵虛，徐達從保定攻太

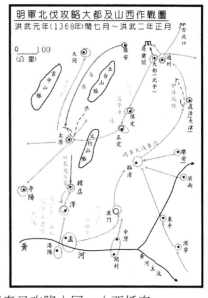

原，十二月一日克之。洪武二年正月，常遇春又攻陷大同，山西抵定。

　　到洪武二年八月，陝西、甘肅均被明軍攻陷，元順帝北走後，暫屯哈里泊（約今察哈爾沽源、商都兩縣間），曾反攻大同、太原、通州等地，都告失敗，知事不可為，向大北方遁去。

　　至此，大江南北，長城以南全為明軍控領。接下去是長達二十九年的北征塞外大漠，完全不一樣的戰爭形態。

> 五、蒙古人退出中原地區，回到塞外大漠，也等於回到
> 他們的老家。若他們守著老家，不要入侵中原；而
> 漢人守著中國本土，不要北征塞外，雙方不就可以
> 和平相處了？

話雖如此，但自古以來就是辦不到。北方異族若想要發展壯大，只有入主中原一途。而中原的漢人政權為鞏固北疆國防安全，又必須征討邊疆異族，使其遠遁大漠之外。雙方都為發展與安全，只好以戰爭為最後裁決。

元順帝北走，最後回到和林（成吉思汗最初建都，今外蒙古庫倫西南），整軍經武，準備反攻。此時，漠北塞外仍大都由元軍所控領。明太祖北伐統一後，共有八次遠征漠北。

洪武三年（西元一三七○年）正月，明太祖命徐達為征虜大將軍，李文忠、馮勝、鄧愈、湯和等副之，兵分兩路北征。五月間，元順帝崩，元嗣君愛猶識理達臘繼其位，戰事迄冬十一月，掃平熱河、察哈爾近塞的元殘餘勢力，第一次北征兩路軍大獲全勝。

洪武四年因四川、雲南尚有割據，至是年八月悉定。洪武五年初，殘元經年餘休養生息，戰力日逐恢復，元將庫庫也回到和林，元軍開始有南犯徵候。

為防患未然，明太祖於洪武五年正月再次第二次北征，徐達仍為征北大將軍，李文忠為左副將軍，馮勝為右副將軍，其路線和目標如圖所示。

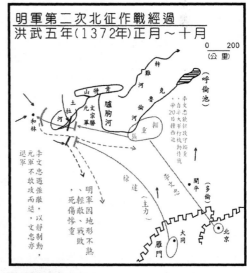

明軍第二次北征作戰經過
洪武五年（1372年）正月～十月

不料此次北征，明軍竟意外的損兵折將，慘敗而回。考其原因是對地形、敵情及沙漠環境不了解，平沙萬里，補給困難，影響了機動和用兵。使用兵力過少則戰力不足，過多又影響機動速度。

這也是給明軍的學習與教訓，中國各地環境殊異，江南有利水軍，中原有利步兵，塞外大漠則騎兵有利。

六、這麼說蒙古人只要守住塞外大漠，不要自己內鬥垮
　　台，明軍打來就和他們玩「躲貓貓」，明軍根本無
　　可奈何！沙漠作戰還是蒙古人的拿手絕活！

　　確實，朱元璋起自江南，明軍要深入沙漠千里作戰是很不利的。所以第二次北征大敗後，太祖知大漠作戰之難為，故此後七年只從事邊防佈署與建設。但此期間，蒙古日愈壯大，不僅連年寇邊，且西連吐番進犯中國，太祖不得已再行北征。

　　洪武十三年三月，第三次北征。　　洪武十四年正月，第四次北征。
　　洪武二十年正月，第五次北征。　　洪武二十年九月，第六次北征。

　　以上這些北征，明軍出兵常在十萬、二十萬之間，也等於是兩國總戰力的長期消耗戰。洪武二十二年七月，元主被其臣也速迭兒所弒，而立坤帖木兒，內爭慘烈，從此元廷不振。洪武二十三年、二十九年，燕王棣（後來的明成祖）總軍北征，但亦不能消滅蒙古。

　　明太祖鑒於蒙古不能徹底消滅，乃對蒙古採取攻勢防禦，在長城沿邊遍設衛所，有一百九十六處之多。尤以燕山、古北口、居庸關、喜峰口、松亭關等戰略要地，都有重兵把守。明初國家兵力高達一百九十萬人，國勢盛極一時，史家稱「漢族復興時期」。

　　朱元璋自江南北伐，完成統一帝業，開中國數千年從偏安江南完成北伐統一之首例。此雖奇蹟，亦有原因：

㈠蒙古統治中國未得漢人普遍支持；反之，蒙古人的漢化（中國化）太低，最後只好又回到大漠。

㈡蒙古以武功取天下，卻沒有文治可以治天下，沒有文明與文化，國家便不可能長治久安。

㈢在漢人方面，隋唐以降，江南財富冠全國，可為戰爭力量之根本；南宋以來中原人才南遷也是原因。

㈣元朝的民族政策不平等，對漢人橫加束縛與壓迫，產生漢民族意識，朱元璋一呼而天下響應。

㈤朱元璋實為當代英雄人物之首屈一指者，其遠見、戰略、戰術，亦近古以來所未有也。未知是天生乎？學習乎？洪武三十一年（西元一三九八年）五月，明太祖崩，臨終前把北方國防安全重任交給四子朱棣，囑咐要奠安黎民百姓，明太祖雖專權也還有一顆軟柔的心。

輯三十三

明代戰爭：㈡燕王篡位
及北征之戰

一、明太祖朱元璋一死，他的第四個兒子朱棣因未承大位，就起兵造反，
　　經過幾場戰爭，打敗了已是皇帝的明惠帝。朱棣從燕王變成明成祖，
　　這不正是「成則為王，敗則為寇」嗎？

　　「成王敗寇」在歷史上許多人物不適用，如孔明、鄭成功等，但對現在的
燕王朱棣就適合。身為「明成祖」，他的文治武功對中國歷史貢獻很大，身為
「燕王」，史家對他也公平，秉筆直書說他篡位稱帝，表示他的政權是「篡
竊」而來，是「非法政權」。這題目適合當前來說，現在我們也說陳水扁是
「竊國者」，台獨政權是「非法政權」，古今兩個實例可以做比較思考。

　　燕王篡位之戰打了三年，首先說他的導因。明太祖恢復封建，大封諸子為
王，已伏亂萌。洪武二十五年（西元一三九二年）長子朱標卒，太祖以標之子
朱允炆為皇太孫，諸子即不滿，這是遠因。後太祖崩，允文即位，改元建文，
是為明惠帝，或叫建文帝。

　　太祖臨終前，因恐諸子爭位，遺詔諸王不須回京師奔喪。諸王得詔，即疑
其真偽。惠帝即位才二十三歲，而諸王（都是叔輩）各擁重兵，惠帝為此而
慮。翰林院修撰黃子澄與兵部尚書齊泰遂提削藩之策，諸王更不滿，燕王首先
發難，告諭將士謂奸臣齊泰等誤國，舉兵以清君側，名其師曰「靖難」，史稱
「靖難之變」。

　　建文元年（西元一三九九年）七月四日，燕王自北平起兵，惠帝以長興侯
耿炳文為征虜大將軍，大軍號稱百萬，數道並進，直搗北平。至八月底，朝廷
的平虜軍卻在居庸關、永平（河北盧龍）、莫州（河北任邱）等都打了大敗
仗，明惠帝大為驚恐。

二、燕王當時只是北平地區的一個王，明惠帝以全國之
　　力，出師就打了大敗仗，可見惠帝本身和朝廷用兵
　　都要檢討吧！

後面會做總檢討，先說惠帝和燕王二人，史家曾評斷惠帝是仁懦有餘，英斷不足，屬守文之主；而燕王智慮絕倫，雄才大略，非池中物。明太祖臨終對朱棣說「汝獨才智，攘外安內，非汝而誰？」未把大位傳他，卻傳仁懦的幼小孫輩，實千古之謎團。

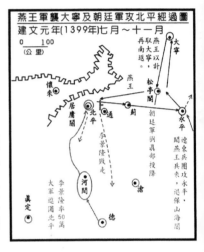

此時，惠帝君臣正研議另一波戰事。耿炳文兵敗，黃子澄荐曹國公李景隆為大將軍，各路兵馬於九月初在河間集結，令遼東兵團攻永平（河北盧龍）。十月間，李景隆軍欲乘燕王攻大寧時，北平空虛，以重兵圍北平。結果燕王南返，內外夾擊，李景隆兵敗退回德州。

李景隆兵敗退軍回到德州，士卒傷亡十餘萬。建文二年四月再誓師於德州，各路兵馬六十萬向白溝河集結（如圖），準備再圍攻北平，李景隆兵敗退回濟南。燕王軍乘勝南下攻濟，圍攻三月不下，解圍北去，時為九月初。

建文三年燕王軍與朝廷軍有多次戰役，雙方均未有決定性的勝敗，但大軍久戰無功，建文帝深以為憂；而此時燕王也正為困境不能突破，深感前途渺茫。

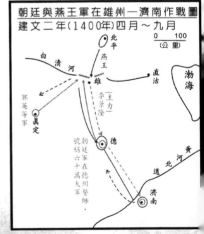

三、燕王和惠帝二人骨肉至親，一個是叔叔，一個是侄
　　兒，何苦為大位殺得你死我活呢？幾年戰爭下來，
　　死傷無數，還是苦了眾生百姓。現在戰爭打一半，
　　誰先突破困境？他就是贏家吧！

　　燕王正坐困愁城，適有京師犯罪被黜中官，逃往北平依附燕王，具言京中空虛可取，能戰之軍均在戰場。謀士道衍亦勸燕王勿攻城池，以機動快速直趨京師。燕王也覺以往攻城不對，所克城池旋克旋失，於是，決定擬訂一個直搗金陵的作戰計畫。

　　建文四年（西元一四〇二年）正月，燕王率軍自北平南下，三十日過徐州。京師聞燕軍南來，惠帝命徐輝祖（徐達之子）率師援山東，德州、濟南、真定之軍亦相率南下。二月，朝廷軍至濟寧，盛庸已軍淮河。惟至四月，南軍在小河、齊眉山、靈壁之戰皆敗，五月燕軍已渡淮河，下揚州，攻至六合（見圖），準備渡長江，京師（南京）岌岌可危。

燕軍襲淮北及渡江攻南京
建文四年(1402年)正月～六月

　　五月廿日，明惠帝下詔罪己，徵兵勤王。六月三日燕王軍自瓜州（鎮江對岸）渡江，不久鎮江降服，燕軍再東趨京師。時朝廷分兩派，一派主南逃，待機復興。另一派以大儒方孝孺為主，曰「城中有二十萬禁軍，唯有固守待援，即事不濟，全軍死社稷，正也。」明惠帝決心死守南京城。

　　奈何大勢已去，六月十三日燕軍攻入京城，文武百官俱來迎降。惠帝左右唯數人，縱火自焚，京城陷落。（註：另依《明史》說帝微服出走，後來明成祖派鄭和下西洋，有說是為找惠帝下落。）

　　六月十三日燕王棣進入京師，十七日應迎降諸臣之請即皇帝位，是為明成祖。開始捕殺反對派（其實是不肯投降者），坐死上萬人，方孝孺因不肯草詔天下（似今元旦文告），被滅十族。

四、方孝孺不向篡國者低頭妥協，這種正氣千古亦不朽，永遠受人敬仰，但另一個問題，燕王舉北平一處之兵力叛變，惠帝以全國之力平亂，為何仍失敗？

先來檢討勝敗原因，雙方領導人，燕王朱棣雄才大略，企圖心強；明惠帝仁懦有餘，企圖心弱。

朝廷方面的優勢，為以大擊小，以順擊逆，以中央對地方，有絕對優勢的人力物力和財力，兵多將廣，每次出戰非五十萬軍，也有三十萬兵力。問題是惠帝所用的人，如耿炳文、李景隆等均非將才。兵眾太多反造成指揮困難，反應太慢，企圖心不足等，而被各個擊破消滅。

燕王方面，係以臣叛君，以地方抗中央，以北平一隅與全國對抗，違反傳統倫理。其勝原因有……：

㈠燕王確實有軍事戰略上之長才，長於統馭，善於用兵，在艱困中仍堅定必勝決心，在當代無人能及。

㈡燕軍處哀兵地位，無生即死，敗則為寇。故將士無不死心塌地追隨燕王，有進無退。

㈢北平至南京地區，都是廣闊平原，正適合燕王的騎兵部隊。其機動、速度，朝廷部隊均不能比。

方孝孺那段捨生取義的氣節，是深值歷史頌揚千秋的，故不能略筆不談。當燕王成為明成祖後，擬草詔宣示天下，命方孝孺執筆，孝孺擲筆大罵：「死即死耳，詔不可草！」成祖大怒道：「你那容易就死，難道不怕誅九族麼？」孝孺亦大聲道：「便十族奈我何！」

成祖越發怒，便誅他十族，死者八百七十三人。孝孺弟方孝友臨刑時，孝孺看著他，不覺淚下，孝友口占一詩曰：「阿兄何必淚潸潸，取義成仁在此間，華表柱頭千戴後，旅魂依舊到家山！」。其他不屈而死的還有齊泰、黃子澄、鐵鉉、陳迪、練子寧等，都是當時政要。明代的讀書人受宋元理學影響，充滿著「殉道熱」，個個視死如歸，總是叫人敬重。

燕王雖雄才大略而成明成祖，但篡竊者仍應受到歷史的批判，否則人間便無正義可言。就像現在我們批判陳水扁竊國，批判台獨是非法政權一樣，他們得了大位，一票人享受榮華富貴，卻依然是非法的，因為榮華富貴是竊來的，如同小偷，偷到一座城堡，也不是光榮的。

五、明成祖的大位雖篡竊得來，幸能「逆取順守」，在他掌政時，文治武功輝煌，為明代全盛時期。重要的如征蒙古、經略雲貴及鄭和下西洋等，陳老師擇最重要的講。

蒙古部族到明初分三部，熱河和遼寧一帶的兀良哈、蒙古本部的韃靼及蒙古西部的瓦剌，而以韃靼為成吉思汗的後裔正統，史稱「後元」、「北元」或「殘元」。明永樂六年（西元一四〇八年）韃靼主是本雅失里可汗，阿魯台為太師。

初成祖欲與蒙古修好，派使者到韃靼，不料被殺。成祖決定興師問罪，永樂七年七月命淇國公邱福為征虜大將軍，王聰、王忠等為副將，帥精騎十萬北征本雅失里。此役，明軍被蒙古軍用計誘入沙漠，全軍覆沒，邱福輕敵所致。至此，明成祖開始準備要親征。

永樂八年（西元一四一〇年）二月，成祖以北征詔天下，命皇長孫留守北京，戶部尚書夏原吉輔之。親率五十萬大軍征韃靼，大破蒙軍於克魯倫及鄂嫩河地區（見圖），七月間便旋師南還，這是第一次親征。

第一次北征後，成祖鑒於馬匹需要量大，開始令民牧馬，江南十一戶養馬一，江北五戶養馬一，北方五丁養馬一，均免田租之半。永樂十二年五月，再第二次親征（如圖），大敗蒙軍，阿魯台遣使來朝，成祖厚賜之。但數年

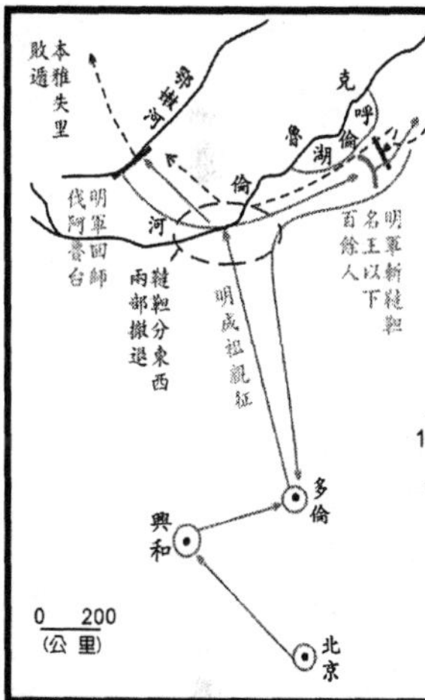

明成祖第一次親征蒙古
永樂八年1410年二月～七月

明成祖第二次親征蒙古
永樂十二年1414年五月

後，阿魯台又坐大，出兵進犯興和（今察哈爾張化縣），明將王禪戰死，成祖決定再度親征。

永樂二十年（西元一四二二年）三月，成祖第三次親征，大敗阿魯台於闊灤海子（今呼倫湖），殲兀良哈部於今之興安嶺南方約百餘公里處。各路皆捷，九月八日還師北京。

六、這樣的戰爭似乎永遠解決不了問題，蒙古地廣，遊
　　牧民族行蹤飄忽，雖戰敗遠遁，但明軍一走，他們
　　又出現了。明成祖如何解決？

　　確實是解決不了問題，大漠萬里，寸草不生，蒙古軍的機動、快速、聚散離合都是漢人軍隊所不及。永樂二十一年七月，阿魯台又犯邊，成祖第四次親征，在黃沙萬里的世界中竟找不到敵人行蹤。最後在宿嵬山（今察哈爾張北縣），遇韃靼王子也先土于（亦叫額㦃土于）率部來降，成祖封爲忠勇王，乃班師回，至北京已十一月七日。

　　永樂廿二年阿魯台又犯邊境，四月成祖第五次親征，蒙軍聞成祖親征，早已遠遁，七月十七日成祖軍次榆木川（多倫西北），病勢轉劇，十八日崩，年六十五。成祖誠爲北征劬勞而死也。

　　檢討成祖北征，受環境限制，實不能消滅蒙古全部有生力量。政治上宣揚國威，頗著成效。再者，運用龐大的國力資源，與敵進行消耗戰，使蒙古不能坐大，進而進犯中國，也是一種確保國防安全的方法。（註：冷戰時代的兩極對抗，美國就是用類似方法拖垮蘇聯，終使對手蘇聯瓦解。）

　　明成祖的對外功略中，最煊赫的一件大事是「鄭和下西洋」。這不是「戰爭」，故非本文講述主題，卻有很高的國防軍事意義，所以也略爲一提。如同現在美國艦隊到全球各處訪問，是一種國威宣揚及武力展示。

　　鄭和的艦隊首次出使是永樂三年（西元一四〇五年），最後一次是宣德五年（西元一四三〇年），共七次。最遠到達非洲東岸（如圖），他是世界級的航海家，現在西方世界和中國正在掀起一片「鄭和」熱，證明成祖的決策正確，及鄭和的歷史地位受到世界肯定。

　　這幾年「鄭和熱」正在世界各地發燒，首先是一九九四年有位美國學者李露華出版《當中國稱霸海上》，掀開鄭和熱的序幕，接著《紐約時報》記者紀思道前往非洲，查證鄭和部署遺留非洲之後裔。一九九八年美國《國家地理雜誌》二月號，發表千禧年世界航海家名人錄，鄭和是唯一的東方人入選，與達伽瑪、哥倫布等齊名。同年中國大陸爲響應「一九九八國際海洋年」，在江蘇太倉市舉辦「鄭和與海洋研討會」，兩岸與會者一致贊同二〇〇五年鄭和下西洋六百周年，華人應擴大舉辦慶祝活動。

　　鄭和的事蹟，英美媒體爭相報導，英國海軍學者孟席斯發表論文〈中國首先環球航行，發現新大陸〉，完成巨著《一四二一中國發現世界》，震驚全球，相信鄭和的世界地位還會向上攀登。

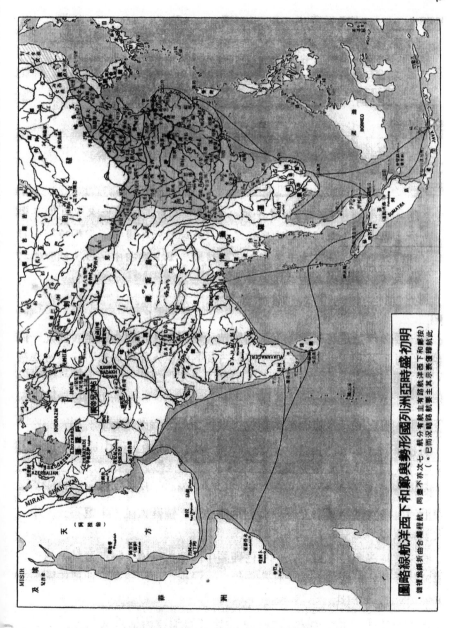

明初盛時亞洲列國形勢與鄭和下西洋線略圖

輯三十四
明代戰爭㈢倭國第一次侵華：
中日朝鮮七年戰爭

一、今天要開始講距今四百多年前，在朝鮮半島上的第一次中日七年戰爭。陳老師，上回講到明成祖第五次北征時死於疆場，從那時到中日朝鮮大戰隔了一百六十多年，中間沒戰爭嗎？還有中、日、朝鮮當時情況及戰爭原因為何？陳老師先介紹一下！

那一百多年還是有很多戰爭，簡單做一個回顧。正統十四年（西元一四四九年）八月，英宗在土木堡之役，被蒙古瓦剌部也先俘擄而去。（皇帝都被俘了，可見那一班文臣武將多無能！）史稱「土木堡之變」。

憲宗、武宗兩朝也有平亂之戰，主要有平鄖陽、平廣西大藤峽、平固原石城等亂事。憲、武二帝也因沉溺聲色，嬖倖橫行，國勢衰弱。

明世宗時，後元又壯大，其俺答、吉囊部又開始入侵中原，明軍無力抵禦，中原人民生命財產損失無計。

明世宗嘉靖二十六年（西元一五四七年）開始，倭寇（即日本鬼子）進擾東南沿海，俞大猷、戚繼光等經二十年才勦平。倭寇大亂才平定不久，中日朝鮮大戰就爆發。

原來當時許多日本野心家，早已覬覦中國地大物博，物產富饒，織田信長當國時代（西元一五六七～一五八二年），已提出「假道朝鮮西征中國」之構想。

萬曆十年（西元一五八二年），豐臣秀吉繼織田信長而起，平定日本各部，進而提出統合「中日朝鮮」使三國為一的戰略計畫。積極整軍經武，宣告將自朝鮮進兵中國，統一東亞，使日本成為亞洲盟主，完成大日本帝國使命。

　　朝鮮爲明之屬國，明朝有兵援朝鮮的政治責任，同時救朝鮮亦保遼東，間接鞏固京師，故朝鮮戰略地位甚爲重要。就當時三國兵力比，朝鮮二十萬軍，日本三十三萬軍，中國八十萬軍，朝鮮必然已不能阻擋日本攻勢，在朝鮮的作戰計畫中，已將「固守待明軍援助」納爲最後反敗爲勝的唯一途徑。惟朝鮮當時武備不修，兵都不能戰。

　　這場戰爭實際上是中日之戰，史稱「第一次中日七年戰爭」。重要性在假設日本戰勝，則日本有可能在十六世紀末完成「日中朝」統一，建立東亞大帝國。所以，這是一場改變歷史走向的戰爭。

二、中國要成爲亞洲盟主是很合理的，但說日本要統一
　　東亞成爲盟主，那就太扯了，簡直是以管窺天、井
　　底之蛙的自大狂心態，這仗要怎麼打？

　　中國自古以來就是亞洲盟主，是很合理的事實存在。但小小的日本不可能
有機會。我們講春秋宋楚泓水之戰時，宋襄公要爭霸中原，太宰子魚諫曰：
「宋小國也，小國爭盟（爭盟主之意），禍也。」宋襄公不聽，結果一戰而亡
國。日本人在二十世紀初老毛病又犯，慘遭巨禍。現在的世界也是一樣，不管
世界盟主，或區域盟主，只有大國才玩得起，小國是沒機會的。

　　話頭回到四百年前，豐臣秀吉統一日本後，欲進而統一中國和朝鮮，首先
簡述中、日、朝三國的戰備準備。

　　日本方面，三十三萬兵，分第一線兵團（主力）、第二線（支力）與京都
守備，有艦千艘，末期達三千艘。先以主力渡海奇襲，向漢城挺進，消滅朝鮮
軍於漢江之南，佔領全部半島後，向中國遼東挺進。（見各圖）

　　朝鮮總兵力實際不到二十萬，戰船約百艘。其國防政策向採「事大政策」，
即賴中國最後援助（如西元一九五○年韓戰也是），重兵放南部以防日本入
侵。（見圖）。

　　在明朝方面，名將戚繼光等早已謝世，主持國防軍事的是石星，一個書
生，並非將才。故當時明朝是有兵無將可用，初無積極的阻遏日軍構想，只派
遼東巡撫發兵五千，以爲可以解決小日本。結果，朝鮮全部淪陷，才感事態嚴
重，開始調動大軍援朝。

　　明萬曆二十年（西元一五九二年，朝鮮宣祖二十五年，日文綠元年）四月
十三日，日軍以小西行長爲先鋒，率軍約二萬，大小艦艇七百艘，由對馬渡海
奇襲釜山，才四天朝鮮第一線全告瓦解。日軍兩路北進，沿途望風披靡，所遇
朝鮮軍竟皆不戰而降。

　　五月，日軍圍攻漢城，時漢城守將李陽元，金命元爲都元帥守漢江，見日
軍氣盛，望敵而懼，竟先棄部隊於不顧，化裝逃亡。日軍兵不血刃，拿下漢城
再北進平壤，竟也不戰取下平壤，日軍花兩個月佔領朝鮮半島。

　　朝鮮王李日公逃至義州（在鴨綠江邊，見圖），復國的希望只有等待明朝
的萬曆皇帝了。明廷反應太慢，八月才頒佈動員令，任命兵部侍郎宋應昌爲援
朝經略，總兵李如松爲東征提督，大軍準備開往朝鮮半島。

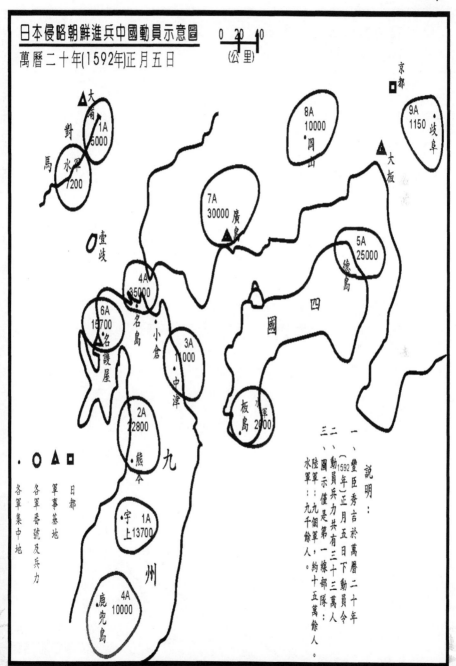

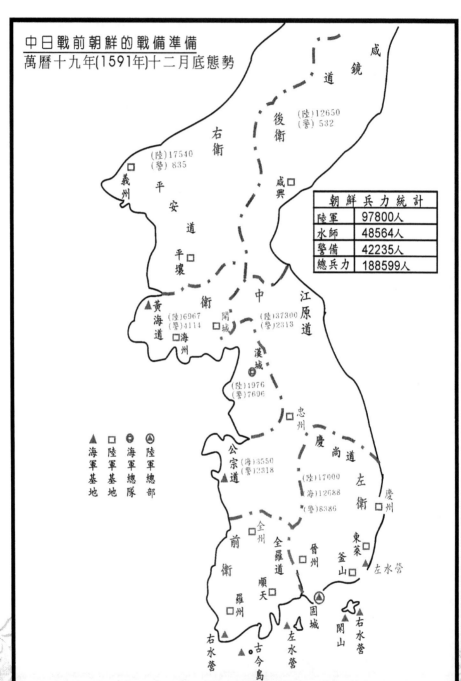

中日戰前朝鮮的戰備準備
萬曆十九年(1591年)十二月底態勢

咸鏡道

(陸)12650
(警) 532

右衛

後衛

(陸)17540
(警) 835

義州

平安道

咸興

平壤

朝鮮兵力統計	
陸軍	97800人
水師	48564人
警備	42235人
總兵力	188599人

黃海道

中衛

江原道

(陸)6967
(警)4114

開城

(陸)37300
(警)2313

海州

漢城

(陸)1976
(警)7606

忠州

公宗道

慶尚道

(海)3550
(警)12318

(陸)17000
(海)12688
(警)8386

左衛

慶州

東萊

釜山

左水營

全州

前衛

全羅道

晉州

順天

羅州

固城

左水營

右水營

閑山

右水營

古今島

▲ 陸軍總部
Ⓔ 海軍總部
◎ 海軍總隊
□ 陸軍基地
▲ 海軍基地

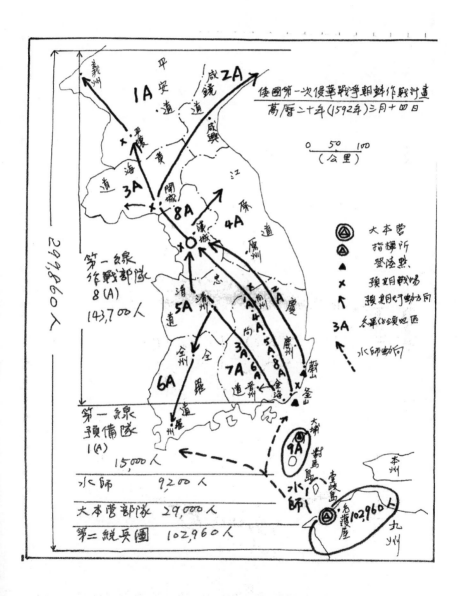

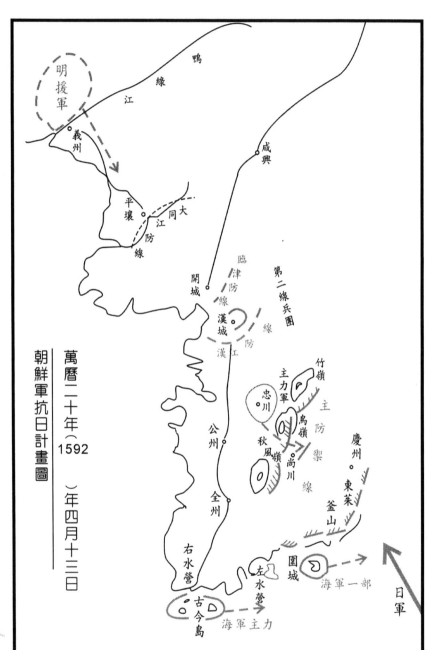

朝鮮軍抗日計畫圖

萬曆二十年（1592）年四月十三日

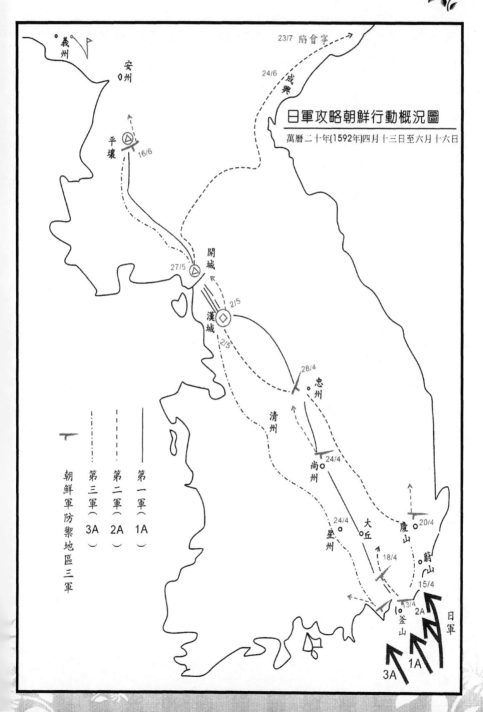

日軍攻略朝鮮行動概況圖
萬曆二十年(1592年)四月十三日至六月十六日

> 三、萬曆皇帝的軍政領袖們對朝鮮戰事的反應雖然太慢，
> 但總算有了反應，把大軍開上朝鮮半島，也還來得
> 及幫朝鮮復國。只是朝鮮軍碰上了日軍就不戰而降，
> 也太遜了。

　　歷史上朝鮮軍碰上日軍就先垮了，是一種很難解釋的現象。萬曆二十年十二月廿三日，明軍東征提督李如松過鴨綠江（朝鮮已亡約半年），明四萬五千野戰軍源源履冰過江，朝鮮王在江邊迎接。

　　李如松首先在義州召集兩國軍政首長，舉行聯席作戰會議，經各方判斷分析後，確定中朝聯軍進攻平壤計畫。聯軍於萬曆廿一年正月六日，沿平壤外圍之線完成攻擊準備，預期於平壤外廓之線與日軍決戰，主決戰在小西門一帶高地。決戰日期：正月八日。

　　時佔據平壤的日軍是小西行長的第一軍，一萬八千人，及俘擄的朝鮮兵五千人。

　　中朝聯軍依計畫進擊平壤，當時明軍的武器裝備算是先進科技，有虎蹲砲、大將軍砲、佛郎機砲、霹靂砲、子母砲、火箭等，四天激戰，日軍損失慘重。九日晨，小西行長率殘部履大同江堅冰，向漢城方向退卻。沿途又受朝鮮軍追擊、截襲，狼狽不堪。

　　是役，明軍大獲全勝，會戰中死三十二人（日軍亡約一萬二千人）。朝鮮北部郡縣，如黃海、平安、京畿、江原四道隨之收復。（朝鮮行政劃分三都八道）半壁山河，得以重光，明軍開始向南擴張戰果。（平壤會戰過程均可參閱附圖）

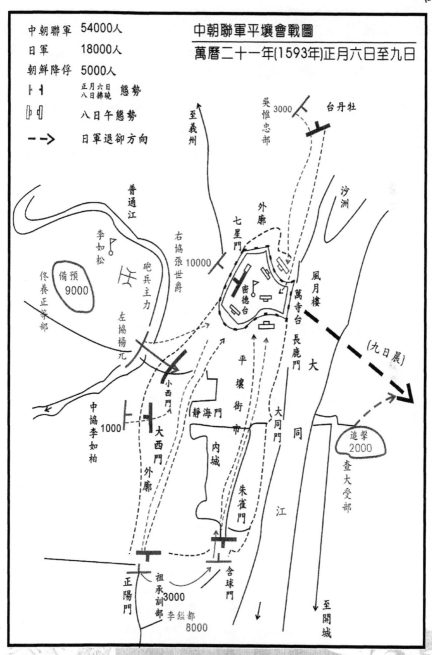

中朝聯軍平壤會戰圖
萬曆二十一年(1593年)正月六日至九日

中朝聯軍　54000人
日軍　18000人
朝鮮降俘　5000人

正月六日
八日拂曉　態勢

八日午態勢

日軍退卻方向

四、明軍看起來不怎麼樣，卻打了大勝仗。日軍聽說很
　　厲害，卻打了大敗仗。對明軍而言，似乎進展太順
　　利了，爲何戰爭還拖了七年？接下來定有不同的戰況！

　　明軍在平壤大捷，李如松果然有了輕敵之心，急欲南進取漢城，他以爲日軍眞的不行。李如松於正月廿六日，帶數千輕騎直趨漢城，結果在半路上一個叫碧蹄的地方，遭日軍奇襲，打了一場小敗仗。

　　日軍方面，平壤慘敗後，北朝鮮部隊已全部退到漢城，中朝聯軍已對漢城完成包圍，處境對日軍極不利。日軍乃打出「和談牌」，李如松竟然同意和談，放棄殲滅日軍之良機。和談進行三年多，其實這是豐臣秀吉的策略，運用和談，邊打邊談，先撤退部份兵力（假象），再動員本國部隊，部署下一次進兵計畫。顯然，明總兵李如松是中計了，和談期間日軍最直接的收獲有：

　　㈠漢城的日軍轉進到釜山，構築南朝鮮堅固工事。

　　㈡攻取朝鮮軍固守的晉州，屠殺全城六萬多人。

　　㈢有充份時間重整軍旅，準備再進兵朝鮮。

　　萬曆廿四年（西元一五九六年，朝宣祖二十九年，日慶長元年）九月，秀吉又下動員令，次年二月廿一日頒訂作戰計畫，要旨有：

　　㈠以武力佔領慶尙、金羅、忠淸三道，迫明朝割讓。

　　㈡以兵力十四萬進出三道地區，完成全面佔領。

　　㈢作戰行動開始日：七月廿五日。

　　㈣從本國再增兵十四萬。（第一次進兵已戰亡十萬）

　　萬曆皇帝得知消息大爲憤怒，朝鮮尤爲恐慌，做以下決策和措施，這回萬曆反應很快。

　　㈠主和派石星、沈惟敬因媚日及誤導政策，均問罪下獄，以貫徹全國一致對日作戰決心。

　　㈡兵部尙書邢玠爲薊遼總督，麻貴爲征倭大將軍及朝鮮提督，統一戰時軍政及戰地軍令。

　　㈢發大軍十萬，期一次擊潰日軍，使其不敢再犯。

　　㈣加強朝鮮水師，截擊海上日軍，斷其補給與歸路。

　　萬曆二十五年七月二十五日，豐臣秀吉果然信用，依原計畫對朝鮮發動全面進攻，南朝鮮不久就淪陷，漢城又岌岌可危。

五、從歷史上看，小日本鬼子好像很有侵略性，不是侵略中國，便侵略朝鮮，乃至菲律賓、南洋都曾受日本侵略。這回豐臣秀吉又侵略朝鮮，中朝如何迎戰？

七月廿五日，日軍發動全面攻勢，才四天，全羅道便告淪陷。約此時，十二萬日軍已在全州會師，刻正準備北攻漢城。而此時，明總兵麻貴之主力尚未到達漢城，只有先鋒八千人到，朝鮮軍又不可恃，乃先派副總兵解生率精騎兩千向南挺進，先敵佔領稷山要地。

九月七日，日右路軍先鋒部隊進抵稷山南約一公里，遭明軍奇襲，損失慘重，銳氣受挫，只得先退。是役，明軍以二千使日軍先鋒萬人受挫，日軍十二萬人遂不敢冒然北攻漢城。

是年十一月，明主力軍已開赴朝鮮戰場。總督邢玠決心用麻貴的作戰計畫，對東南沿海日軍發動鉗形攻擊，先以大軍四萬分三路協，左協軍李如梅、右協軍李芳春、中協軍高策，以加藤清正的第一軍為作戰目標。

十二月二十三日，中朝聯軍總攻擊日第一軍所在地蔚山城，首日明軍以優勢火力殲滅日軍甚眾，日軍退到島山恃險待援（均見圖），次日聯軍再圍攻島山，十餘日不下。戰事拖至次年（萬曆廿六年）正月，日海上援軍到，日軍放出假情報，謂六萬援軍將投入戰場。明軍指揮楊鎬信以為眞，決心先退。可惜，楊鎬未做好退卻計畫，自先退慶州，前線兵力未明究竟，爭先奪路而退，造成無敵人而自潰，沿途天寒地凍，多懸崖溪河，明軍墜崖、溺死、凍飢而死，達數萬人，眞是一場無敵自敗的戰役。

日軍目堵明軍自潰之慘狀，因本身也損失慘重而失去戰力，故不敢追擊。其作戰企圖乃轉趨保守，僅致力鞏固沿海根據地，主動作戰權又掌控在明軍手中，蔚山撤退而死的明軍總算有代價！

> 六、蔚山戰役的實際情況，是日軍受重挫，死傷過半。
>
> 　明軍並未戰敗，卻在撤退過程亂軍自傷，死了這麼
>
> 　多人，也真是奇談。接下來的仗要怎麼打？

　　蔚山之役明軍未敗，卻傷亡慘重，乃指揮官領導無方。所幸，朝鮮軍有新練成新兵二萬餘，明廷後方援軍及時到達，總計中朝聯軍又有十四萬餘人，兩國軍事政策轉趨積極，準備對東南七萬多日軍行掃蕩作戰。

　　中朝聯軍計畫推進到慶州－星州－全州之線，水軍進至古今島，陸軍兵分三路，以順天為主目標，中央地區日軍為次目標（均見圖）。攻擊發起日訂在萬曆廿六年（西元一五九八年）九月十一日。

　　和談期間，日軍已在南朝鮮建構堅固工事（如圖）。九月中聯軍勇渡南江成功，準備圍攻泗川城日軍，聯軍行迂迴突擊，到廿九日，數千日軍幾被全殲，聯軍續向新城逼近。新城是日軍中部根據地，由島津義弘率其第五軍防守，兵力約一萬人。

　　十月一日，聯軍對新城完成包圍，就攻擊準備位置，上午八時開始攻擊，初甚順利，雙方傷亡亦重。聯軍陣中忽有火砲走火爆炸（見圖彭信古營部），一時大亂，日軍乘機衝殺，第一線遂潰，第二線目覩以為兵敗，亦各望風而遁。聯軍遂全線遺退，只好退軍回到星州。日軍並未追擊，可能戰力也耗損的差不多了。

　　是役，雙方損失皆重，只是這回聯軍先勝後潰退，而潰退的原因並非敵軍殺來，是本軍火砲走火爆炸，造成第一線大亂，第二線以為戰敗，爭先恐後撤退。可見明軍或朝鮮軍的戰場紀律均不佳，所幸日軍已露敗象，中朝聯軍正在部署最大規模戰役，準備殲滅東南沿海的日軍。

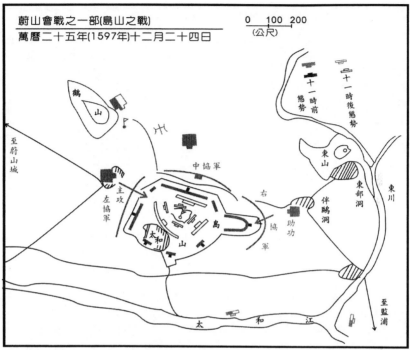

蔚山會戰之一部(島山之戰)
萬曆二十五年(1597年)十二月二十四日

0　100　200
(公尺)

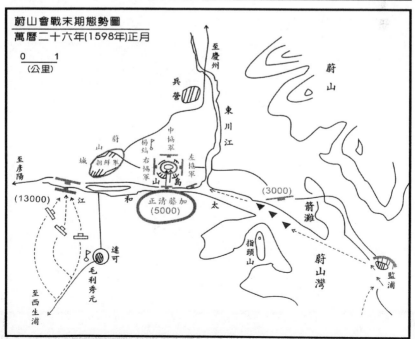

蔚山會戰末期態勢圖
萬曆二十六年(1598年)正月

0　　1
(公里)

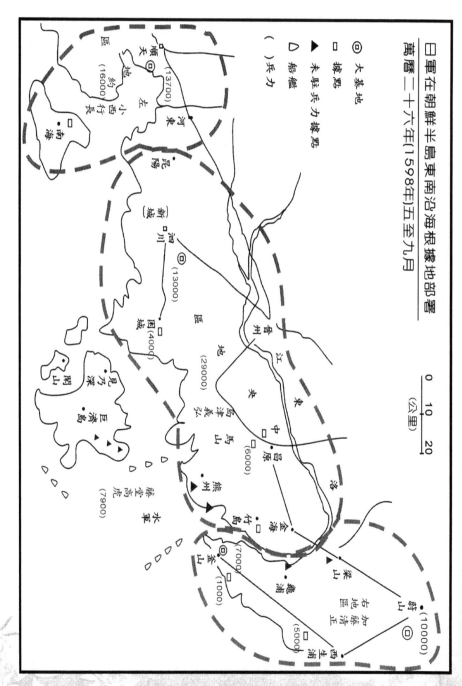

日軍在朝鮮半島東南沿海根據地部署
萬曆二十六年(1598年)五至九月

◎ 大基地
□ 據點
▲ 未駐兵力據點
◻ 船艦
(　) 兵力

順天 ⊙ (13700)
約西行七日長
地　(16000)
小西行長　左
河東
南海
昆陽
新城
泗川 ⊙ (13000)
困城 □ (4000)
昆　□ 城
見乃梁
閑山
巨濟島
▲ ▲ ▲
水軍
藤堂高虎
(7900)

0　10　20
(公里)

晉州 □
地　(29000)
宜寧　毛利義弘
馬山
昌原 □ (6000)
中
熊川 □
▲ 熊州
金海 •
竹島 □
梁山 ▲
釜　⊙ 山 (7000)
龜浦 •
西生浦 □
地(5000)
右加藤清正
蔚山 • (10000) ⊙

東萊
洛江

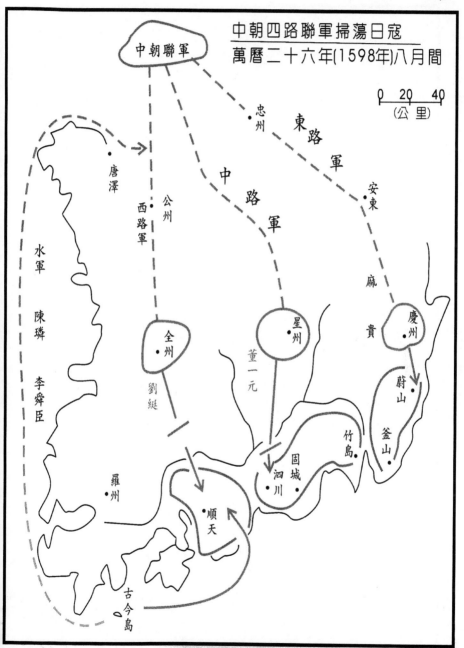

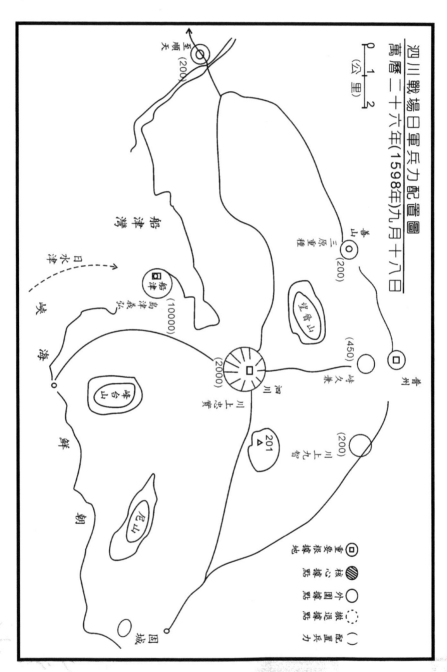

泗川戰場日軍兵力配置圖
萬曆二十六年(1598年)九月十八日

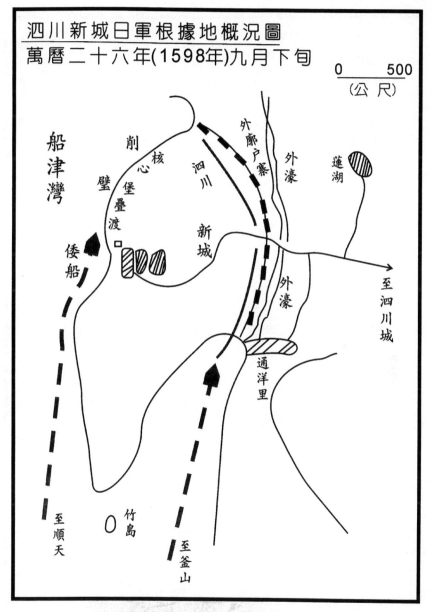

泗川新城日軍根據地概況圖
萬曆二十六年(1598年)九月下旬

0　　　500
(公尺)

船津灣

削心壁疊渡

核堡

外廊戶寨

泗川新城

外濠

蓮湖

倭船

外濠

至泗川城

通洋里

竹島

至順天

至釜山

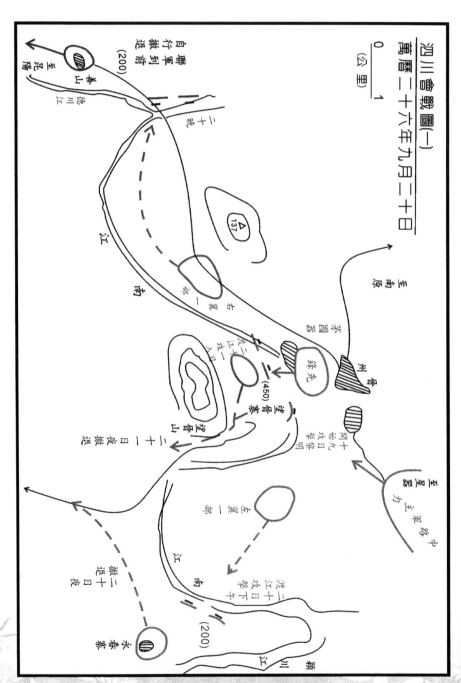

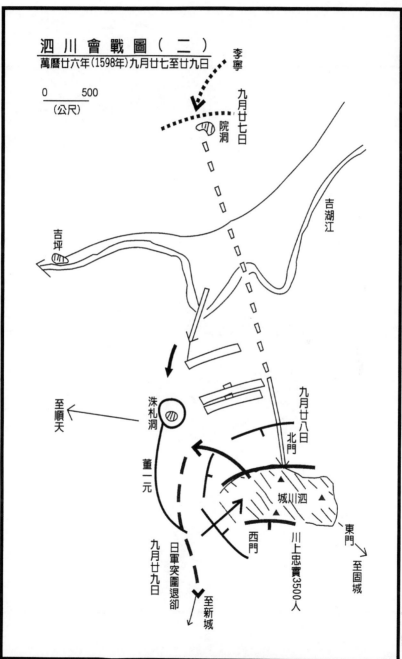

泗川會戰圖（二）
萬曆廿六年(1598年)九月廿七至廿九日

李寧

九月廿七日

院洞

吉湖江

吉坪

0　　500
（公尺）

至順天

洙札洞

董一元

九月廿八日

北門

城川泗

東門

至固城

西門

川上忠實3500人

日軍突圍退卻

九月廿九日

至新城

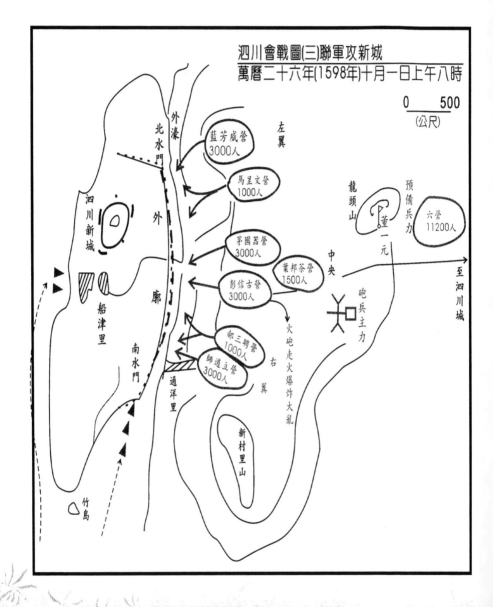

泗川會戰圖(三)聯軍攻新城
萬曆二十六年(1598年)十月一日上午八時

0 ___ 500
(公尺)

藍芳威營
3000人

左翼

馬里文營
1000人

龍頭山

預備兵力

六營
11200人

北水門

外濠

茅國器營
3000人

葉邦茶營
1500人

中央

董一元

彭信古營
3000人

泗川新城

外廓

火砲走火爆炸大亂

砲兵主力

至泗川城

郝三聘營
1000人

船津里

師道立營
3000人

右翼

南水門

通洋里

新村里山

竹島

輯三十五
明代戰爭㈣日寇被殲
與南明抗清之戰

一、上輯講到中日朝鮮七年戰爭，豐臣秀吉欲統一中朝日成東亞帝國，戰爭打了七年，眼看日軍節節敗退。豐臣秀吉的大帝國夢的破滅，是否是必然的宿命。

當然是必然的，想統一東亞，日本是永遠沒有機會。而且，小國爭霸會帶來災難，兩次侵華（萬曆年間和近代）就是明證。

萬曆廿六年九月，日軍仍盤據朝鮮東南海岸，順天是南海岸中部之戰略要地，聯軍決定攻取順天。當時防守順天是日軍第二軍主力約一萬參千人，由小西行長統帥之。但聯軍攻順天並不順利，又撤回古今島，此次撤退很成功。十月，雙方又有大規模的海濱作戰，亦沒有結果，雙方形成對峙。

正在這緊要關頭，中朝的諜報人員，得到一項日方的「最高機密」，豐臣秀吉已在八月十三日病歿，臨終遺命有：

㈠德川家康繼掌國政，收拾殘局。

㈡痛悔發動此次戰爭的錯誤，怕明大舉來報。

㈢決心從朝鮮撤兵，「勿使十萬兵成海外鬼」。

於是，中朝聯軍開始部署露梁海上殲滅戰。情報顯示日軍從十一月十一日由順天的第二軍先撤退。這一戰日軍因無心戰鬥，消息走露。露梁之戰，日軍僅剩的四萬六千人，幾乎全被消滅，聯軍獲空前勝利。

拖延七年之戰火，終告結束，朝鮮全境得以光復。但中、朝、日三國已損失慘重，人命更不知多少？

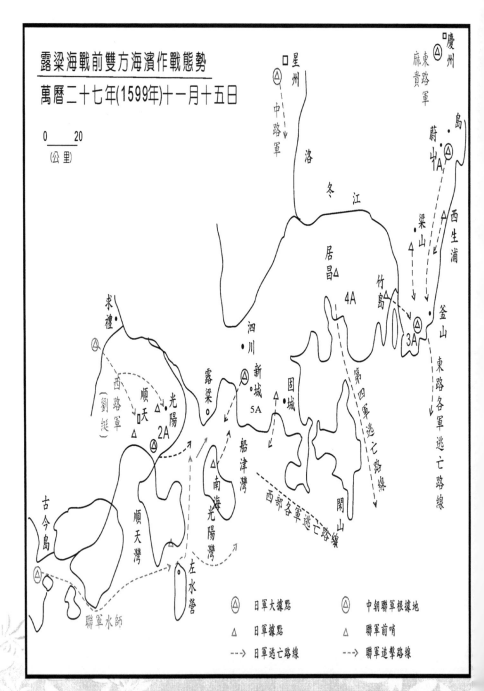

露梁海戰前雙方海濱作戰態勢
萬曆二十七年(1599年)十一月十五日

0 ____ 20
(公里)

慶州
東路軍
麻貴

星州
中路軍

洛

冬江

居昌

蔚山

梁山

西生浦

釜山
東路各軍逃亡路線

竹島

4A

3A

求禮

泗川
新城
5A

固城

西路軍
(劉綎)

露梁

順天

光陽
2A

第四軍逃亡路線

古今島

順天灣

南海光陽灣

船津灣

閑山

西部各軍逃亡路線

左水營

聯軍水師

△ 日軍大據點　　△ 中朝聯軍根據地
△ 日軍據點　　　△ 聯軍前哨
--→ 日軍逃亡路線　--→ 聯軍追擊路線

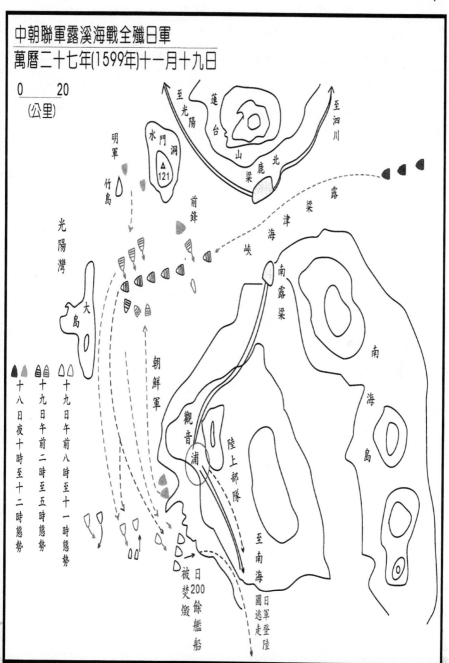

> 二、豐臣秀吉發動這場侵略戰爭，臨終雖後悔。但二十
> 世紀初日本又發動更大規模侵略戰爭。顯然日本沒
> 有從歷史得到教訓，為甚麼？還有，戰爭打了七年，
> 結束後應該有個檢討吧！

首先從戰役檢討開始，是役，實為三國人力物力財力的總消耗戰賽。就兵力言，明朝投入廿二萬餘兵，朝鮮投入約十九萬，日本四十七萬餘。而戰死沙場者，明軍三成，朝鮮軍八成，日軍除本國外，在朝鮮戰場半數被殲。

損失最大莫如朝鮮，舉國淪為戰場，日軍每攻下一城便屠城，老少不留。在一本朝鮮戰後的書叫《亂中雜錄》說：「喪亂之餘，死民之八九矣！舉國陷入絕境，土崩瓦解，險些滅種！」論戰果應有：

㈠正義之重振。中朝聯軍不惜代價，終將侵略者驅除半島之外，重睹和平，是正義的勝利；反之，是侵略者之末路悲歌也。

㈡奠定朝鮮和平基礎。此役之後，侵略者野心為之遏阻，是後兩百年間日寇不敢再犯朝鮮，安全得以保障。

㈢中國援朝乃義戰，安全基於正義，無條件出兵。終戰後亦無條件撤兵，明軍為仁義之師，當之無愧。

㈣以中朝兩國之歷史、地緣及政治關係的基礎，建立兩國聯合作戰之典範和史例，近代韓戰亦此一典範所形成。

至於談到日本人總愛侵略鄰國，這和他們生在島國又不甘心有關。豐臣秀吉曾自喚「吾不幸生在小島……」就是日本人在心理上就不甘心做「島國之民」的心理反應，於是代代相傳要向大陸發展（如田中奏摺），日本人也就代代都有侵略性。我判斷百年之內，日本還會發動侵外戰爭。

有甚麼方法可使日本不會再侵略鄰國，自古以來中國是亞洲的老大哥，有責任處理「日本問題」。把日本收為屬國，或許是辦法之一。

三、這場戰爭結束時已到了明朝末年，明末流寇與滿清
　　入關，終於使明朝劃下悲哀的句點。其實每個朝代
　　的結束，都有許多悲情，在這驚心動魄的大時代，
　　陳老師要講哪些重要的戰爭？

　　是的，明末的悲情特別多，更多的是驚天地，泣鬼神，可歌可泣的故事。
而且，故事離我們（台灣）愈來愈近了。

　　萬曆廿六年底，中日大戰結束，到明亡（西元一六四四年）才四十六年，
這是很短暫的時間。此期間，明政腐敗、官吏貪污、民窮財盡、盜賊四起。叛
軍、逃兵、飢民如流，謂之「流寇」，張獻忠、李自成為最大之寇股。自崇禎
元年（西元一六二八年）開始剿寇均無功，直到明朝滅亡為止。

　　正當明王朝做最後掙扎，面臨瓦解之時，滿清入關，在薩爾滸一戰（萬曆
四十七年，西元一六一九年），明軍戰敗，由此節節戰敗向南退卻。（滿清與
明軍之戰在清代戰爭講述）直到崇禎十七年（西元一六四四年）三月，莊烈帝
縊死煤山，明亡。

　　但明亡後，明皇室、遺臣在南方及海外（台灣）從事反清復明工作，到康
熙廿二年（西元一六八三年）收回台灣。反清復明的工作，等於進行三十九
年，史稱「南明」。皇室的復國工作，前後有福王朱由崧、魯王朱以海、靖王
朱亨嘉、唐王朱聿鍵、桂王朱由榔、唐王朱聿鐪及宗室朱容藩等，均告失敗。

　　最有歷史意義，及歷史評價最高者，是鄭成功的反清復明大業。他從荷蘭
人手中收回台灣，及最後康熙又收回台灣，是我們現在做為歷史反省與警剔的
教材。

四、鄭成功收回台灣的歷史意義重大，難怪全台到處有
　「國姓爺廟」和「延平郡王廟」，他是永遠活在台
　灣人民的心中。鄭成功的反清復明戰爭，從何說起？

　　史稱鄭成功為「台灣之父」（見陳致平著《中華通史》第九冊），他當之
無愧。

　　鄭成功當明亡之際，受命於危難之間。隆武二年（清順治三年，西元一六
四六年），隆武帝（即唐王朱聿鍵）命為將，封忠孝伯。清軍攻閩，成功父鄭
芝龍降清，召成功，成功拒降，而起兵於金門、廈門間的鼓浪嶼，與清軍戰，
終據有金、廈、漳、泉等地，整軍經武，準備北伐。

　　明永曆九年（清順治十二年，西元一六五五年）五月，統兵二十四萬征長
江，永曆十二年七月一度攻至南京，滿清震恐，順治準備退回關外。結果清軍
詐降，成功中計，又退師金廈。此期間，多次北伐均告失敗，並不意外也，數
千年中國戰史中，南方偏安政權能北伐成功只有兩例，朱元璋和先總統　蔣中
正先生。故，鄭成功這段北伐也僅做簡述，不多贅文。

　　永曆十三年十月，成功退回金
廈，為求得一抗清基地，決定攻取台
灣。當時台灣已被荷蘭人佔據，經一
年多準備（蒐集情報、部隊訓練、沙
盤推演等）。永曆十五年正月，成功
在廈門檢閱東征船隊後，集諸將曰：
「紅夷（指荷蘭人）不上三千人，攻
之可垂手而得，平克台灣為基地，安
頓將士家眷，然後東征西討無內顧之
憂，可生聚教訓也，諸君宜努力以
赴。」

　　三月初一祭江，二十三日自料羅
灣出發，次日到澎湖，待風於媽宮
港，並巡視澎湖諸島，謂可為台灣之門戶。令陳廣等部將守澎湖，三十日晚向
台灣方向進發。（如圖）

五、這真是歷史性的一刻，若非鄭成功收回台灣，則台
　　灣可能仍在異族手中，永遠沒有重回中國的機會。
　　因為同時期荷蘭、葡萄牙和西班牙在亞洲有許多佔
　　領地，佔領時間長達五百年，陳老師繼續說吧！

　　是的，確實是歷史性的一刻。成功復台之戰，並非大規模兵力之決戰，攻台之戰有台江戰役、普羅民遮城（Provintia，赤崁城，今台南市）之戰、熱蘭遮堡（Fort Zeelaolia，今安平城）和議、熱蘭遮堡再戰及荷蘭人投降等五個階段。

　　四月初一黎明，鄭軍進抵台江。時荷人守熱蘭遮堡有水軍兩千餘人，守普羅民遮城約六百人，戰艦數艘。雙方艦隊激戰四小時，荷艦數艘被擊沉於台江中，台江之戰鄭軍大勝。

　　四月初一中午，鄭軍在普羅民遮城南約一里處登陸，華人扶老攜幼，簞食壺漿以迎王師，因痛恨荷人也。鄭軍很快包圍該城，城內守軍斷水，守將是描難實叮。成功答應荷軍，只要投降，便保全所有生命，且放水入城，初四中午普羅民遮城的荷軍投降。

　　荷蘭台灣太守揆一（Coyett）見連戰皆敗，派使者於四月六日與鄭成功談判，願年年輸貢，並先以十萬兩獻鄭勞軍。成功回使者書說，台灣自古為中國之領土，久為貴國所據，今于來索地，地當歸我。珍瑤不急之物，悉聽取而歸，若執事不聽，可揭紅旗請戰。

　　揆一不願歸還台灣，四月七日拂曉，鄭軍向熱蘭遮堡全面進攻，久攻不下，雙方成對峙，戰事拖到年底。此期間，巴達維亞荷蘭艦隊派出七艘軍艦援助荷軍，見成功海軍強大，未參戰又退回。滿清與荷蘭亦共組聯軍攻鄭軍，均未能動搖鄭軍。

　　正當荷軍陷困境中，鄭成功再修書至揆一，說明台灣非荷蘭所有，乃前太師（鄭芝龍）練兵所在，此處離貴國遙遠，安能久乎？

　　揆一自知不敵，願意投降。永曆十五年（西元一六六一年）十二月二十三日（陽曆為一六六二年二月五日），雙方簽訂條約，荷蘭人退出台灣，計自明天啟四年（西元一六二四年）荷人佔台，至此凡三十八年。

六、鄭成功反清復明之戰雖未成功，但收回台灣為反清
　　基地，仍為明代之亡留下「成功的句點」。數百年
　　來中華子民皆視為民族英雄，陳老師請再闡揚其歷
　　史意義為今日小結。

　　鄭成功光復故土，乃祭告山川神祇，改熱蘭遮城為安平城以稱王城，改普羅民遮城為承天城，以為承天府治所，下轄天興縣（今嘉義）、萬年縣（今鳳山）。其他新闢地有打鼓山（打狗，今高雄市）、阿猴（屏東）、琅璟（恆春）、新營（台南縣）、林杞楠（雲林）、半線（台中市）、竹塹（新竹）、淡水、雞籠（基隆）等，開始修法律、興學校、拼經濟、整軍備。故稱鄭成功是「台灣之父」，名符其實也。

　　此是否歷史之偶然？若成功北伐順利，恢復明朝，恐為建設中原殘局，亦將無暇收回台灣。而北伐失敗，為找尋復興基地，適有在台灣之明朝子民向成功報告，荷蘭人在台如何殺害中國子民等事，加強成功收回台灣的信念。

　　在我國歷史上，當故國破滅後，另率領志士另建新天地，以為復興基地，維持宗社，續奉國家正朔於不墮者，有三人焉。商代之箕子建朝鮮國、遼朝之耶律大石建西遼國及鄭成功建立台灣基地。但此三例亦有別，前二者是一去不回，真的「去中國」了，而成功是「我必再回來」，重回中國，意義便不同了。

　　鄭成功為進行反清復明工作，使運動能在民間深入流傳，與陳輝、洪旭、張進等創立天地會，一名洪門會，使朝野共為反清復明大業努力。這種民族精神逐漸遍及各地，甚至海外華人僑社。太平天國起義、國父　孫中山先生之國民革命，都是這股民族精神的延續，今日台灣不也正一脈相承這個精神與事業嗎？

　　鄭成功於收復台灣次年，中道崩殂。世子鄭經立，永曆三十五年（西元一六八一年）鄭經病殂，權臣馮錫範弒經世子克臧，立其婿克塽，又隔兩年，施琅征台，克塽投降，台灣自此入於清朝版圖。施琅征台的澎湖海戰，是一場改變歷史的戰役，於清代戰爭再講。

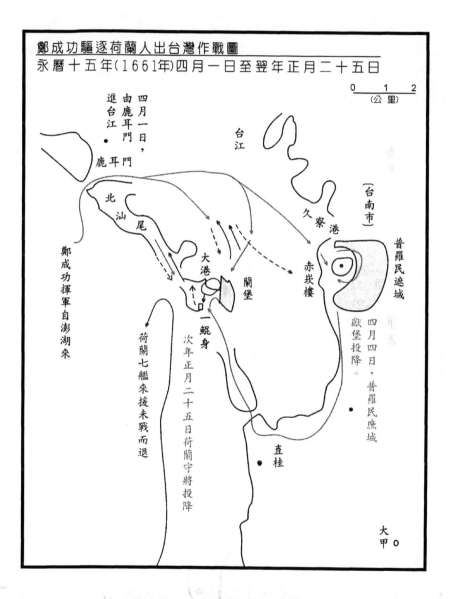

鄭成功驅逐荷蘭人出台灣作戰圖
永曆十五年(1661年)四月一日至翌年正月二十五日

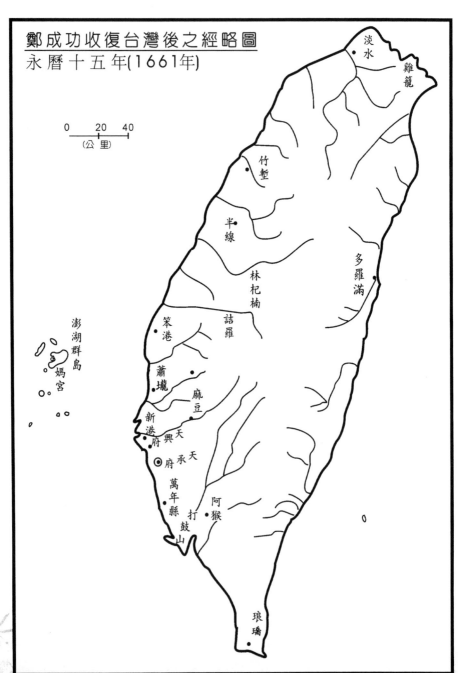

鄭成功收復台灣後之經略圖
永曆十五年(1661年)

輯三十六
清代戰爭㈠薩爾滸之役到澎湖海戰

一、陳老師，沒想到又送走了一個朝代，明朝經強盛、中衰而亡，也走過三百年頭。歷史走到清代，似乎離我們越來越近了，但也感覺到戰爭愈來愈多，爲甚麼？清代有哪些重大戰爭要講？

清代的戰爭在「量」上，確實是多於中國前朝各代，以前各朝代通常爲平定內部叛亂、屬國動亂或異族入侵而戰（元朝例外）。到清代則又增加了西方列強的侵略戰爭，滿清國祚也將近三百年，戰爭顯得特別多。可以把清代戰爭歸類爲下列四大部份。

㈠清明戰爭約有十餘起大戰役。如薩爾滸之戰、瀋陽、遼陽、廣寧、寧錦之役，征朝鮮、迂道入關及松錦之戰、平南明諸帝、鄭成功、三藩等戰役。

㈡平定內部、周邊異族、屬國動亂之戰。如平蒙古、回疆、西南苗傜、大小金川、準噶爾之役，平捻亂、陝甘回亂、新疆和雲南晚清又有回亂。乾隆時征西藏、廓爾喀、緬甸、安南等戰役。

㈢抵禦西方列強及日本侵略之戰。主要有英、法、日、俄及光緒時八國聯軍攻北京。

㈣對內部起義與革命之戰。主要有太平天國起義及 國父孫中山先生國民革命諸戰役。

以上只能擇其重大且有轉變歷史之戰役，提出詮釋解說。清代戰爭勿論勝敗，都讓我們覺得和自己很接近，因爲清代所維持中國的版圖，正是現在中華民國憲法所述的領土範圍，例如台灣建省在光緒十一年（西元一八八五年，甲午割日前十年）。

今天先從薩爾滸之戰（滿清入關）講起，到澎湖海戰（康熙打破「鄭式台獨」，收回台灣，完成統一。）

二、首先就從薩爾滸之戰說起，大家知道這是一場滿清
　　進入中國的關鍵性戰役。首先請陳老師講解引起這
　　場戰爭的前因及滿清源流。

　　滿州或滿族，即先秦時的肅愼、隋唐稱靺鞨、五代稱女眞，宋政和五年（西元一一一五年）女眞人阿骨打，建國號大金，引起長期宋金戰爭。明代女眞分四部族：㈠建州女眞（牡丹江、圖門江）；㈡海西女眞（松江）；㈢東海女眞（烏蘇里江及東濱）；㈣黑龍江女眞（黑龍江）。

　　明末建州女眞誕生一位英雄叫努爾哈赤（嘉靖三十八年至天啓六年，西元一五五九年一一六二六年），二十五歲時以十三副鎧甲，士卒不到百人起兵，併吞建州女眞各部，萬曆十五年（西元一五八七年）建「女眞國」。這時努爾哈赤仍是明廷所封的龍虎將軍，負責守邊，且表現恭順有加。

　　努爾哈赤日益強大，開始攻略其他女眞諸部，終於萬曆四十四年（西元一六一六年）正月決心叛明，在赫圖阿拉城（今安東省新賓縣）即大汗位，建國號「後金」，改元後金天命元年，是謂金太祖。天命三年正月，努爾哈赤向臣下宣佈「今歲必征大明」。四月就率軍攻下撫順城，大掠而去，七月又攻下清河城，守軍被殲萬餘人。

　　消息傳到北京，明廷大爲震動，決定派大軍出關。萬曆四十七年（西元一六一九年）二月，以楊鎬爲遼東經略，負責討伐努爾哈赤，率二十萬大軍（號稱四十七萬），四路向努爾哈赤進兵，明朝與女眞的遼東大戰（即薩爾滸之戰）一解即發。

　　努爾哈赤建國不久，公然對大明宣戰，以五萬八旗兵對大明數十萬軍。其理由有三，其一深知明廷政治腐敗，已不足懼；次爲擴張勢力，首要擊敗明軍；其三轉移女眞內部社會矛盾，即攘外爲手段，安內爲目的。

三、我們講過這麼多戰爭，勝敗關鍵不在人數多寡，應
　　該可以確定的。因此，小小一個努爾哈赤敢率五萬
　　兵，對抗大明帝國，這明清第一仗打得如何？

　　說勝敗不在人數，總兵力多不一定贏是對的。但輸贏也在人數，即在主決
戰方面形成「絕對優勢」兵力，就必能殲滅敵人，這又和人數有關了。所以說
戰爭是科學、哲學、兵學、謀略的合一。現在看看努爾哈赤如何以少數兵力，
打一場「以眾擊寡」的戰爭。

　　明廷四路大軍進擊（如圖）：

　　南路軍：遼陽總兵劉綎爲總兵，兵力四萬，附以朝鮮從征軍約萬人。

　　中路右翼：遼東總兵李如松爲總兵，兵力二萬餘。

　　中路左翼：山海關總兵松松爲總兵，兵力約三萬。

　　北路軍：開原總兵馬林爲總兵，合葉赫軍約四萬。

　　各路大軍於二月廿一日，由各集結地同時前進，約定三月一日出邊攻擊前進。在楊鎬指揮下，如期出發，時正天降大雪，兵馬不能前，道路泥濘，爲趕行程常在夜間舉火把前進，明軍行動皆爲敵所窺知。

　　明軍四路進兵「分進合擊」（現代軍事術語叫外線作戰），是以多擊少的戰略運用。反之，在努爾哈赤軍方面，如其所指導的說「馮汝幾路來，我只一路去。」

明興後金薩爾滸之戰
萬曆四十七年(1619年)二月二十九日至三月五日

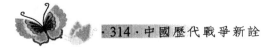

顯然努爾哈赤用的是「各個擊破」（現代軍事術語叫內線作戰）。

三月一日晨，努爾哈赤自興京西進，只花五天時間，便各個擊滅明廷的四路大軍（如圖），內線作戰運用熟練，明軍慘敗。反觀明軍的外線作戰，只有分進，沒有合擊，形成各自為戰。而楊鎬號稱遼東經略，卻坐在瀋陽袖手旁觀，聽任部下各自為戰也是敗筆。

「統一指揮是戰爭之首要」，西方四大名將（亞歷山大、漢尼拔、凱撒、拿破崙）都曾強調，兵聖鼻祖孫子在他的兵法中，也多處論統一指揮。薩爾滸會戰勝敗在此，成為經典的理由也在此。

四、就兵力規模看，薩爾滸戰役並非甚麼大軍決戰，傷亡與失地不過大明帝國的「九牛一毛」。若明朝能發奮有為，扭轉戰局應該不難，何以終至亡國？

確實如此，只是明廷這時內部已經腐爛。楊鎬因薩爾滸戰敗遭免職，熊廷弼接任遼東經略，熊採守勢，穩住局面，但朝廷政客參他不戰而被免職。袁應泰接任，次年努爾哈赤攻瀋陽、遼陽，袁兵敗身死，遼陽成後金國都。

朝廷只好又啓用熊廷弼，但因廣寧巡撫王化貞嫉熊之剛硬，天啓元年（西元一六二一年）後金攻廣寧，熊王二人因不合兵敗，均被處死刑。

天啓二年，明廷改派大學士孫承宗守山海關，兵部主事袁崇煥守寧遠（今遼寧興城），二人合作，後金不敢來攻。至天啓六年，努爾哈赤又進犯，被袁崇煥重創，金兵死傷慘重，努爾哈赤不久病死。其第八子繼位，改元天聰元年（天啓七年，西元一六二七年）。

崇禎二年（西元一六二九年），後金迂道攻燕京，救援不及，朝臣忌者群起訐告袁縱敵，結果袁被處死，可見明朝此時倒行逆施，全沒了章法。

崇禎九年（後金天聰十年，西元一六三六年），皇太極稱帝，改國號「大清」，改元「崇德」。

明崇禎十五年，清兵攻錦州，薊遼總督洪承疇奉命率十三萬軍往援。因崇禎帝希望速勝，下詔洪要速戰，洪被迫出戰已注定失敗命運，果然關外盡被清軍佔領。這一戰亦明廷最後生存之戰，明室社稷危在旦夕。

正當清兵入侵之際，大明內部流寇亂到極點，其大者如李自成、張獻忠。李自成自稱「闖王」，崇禎十七年（西元一六四四年）三月十七日，李自成兵臨北京城下，十九日崇禎帝自殺，結束明朝二百七十六年政權。時滿清攝政多爾袞得知消息，認為入主中原時機到了，率十萬大軍向山海關前進。

此時明朝遼東總兵吳三桂奉命入衛京師，因得知愛妾陳圓圓被李自成佔去，乃決心投降滿清，與清軍合攻李自成，李兵敗退走，吳三桂亦以漢奸名垂青史。

滿清入關後，所有反對勢力均一一討平，唯一不肯降清之南明志士僅剩鄭成功一人。

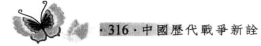

李自成退兵時，擄走吳三桂的愛妾陳圓圓，又殺了吳三桂全家，後又放回陳圓圓。明末大詩人吳偉業（梅村）作〈圓圓曲〉一詩：

痛哭六軍齊縞素，衝冠一怒為紅顏；

全家白骨成灰土，一代紅妝照汗青。

五、一個大明帝國不出幾年，竟兵敗如山倒，定有很明顯的原因。而最後的英雄志士鄭成功雖收復了台灣，不數年康熙又收回台灣，中國又重回統一，這是輪迴還是命運？

就明清政權「轉移」是輪迴，收回台灣重歸中國統一是命運。特別是台灣，地緣上屬中國，歷史文化上也是中國的，回歸中國等於是回到母親身邊。

滿清能入主中國是運氣佳，因為明末朝政被宦官魏忠賢把持，而在野的社會秩序已被流寇瓦解。滿清入關時的大明，恰似人體內臟腐爛，有「仙丹」也不能救，對滿清而言，這是「天上掉下來」接掌大位的時機。

明朝的反清志士最後剩下鄭成功，康熙帝的政策是撫（和平統一），避免用剿（武力統一）。但台灣方面不願投降，也不接受和平統一，而是希望台獨——鄭經式台灣獨立」。

原來鄭成功收復台灣後不久，永曆十六年（康熙元年，西元一六六二年）五月八日病逝。其子鄭經繼承，康熙三年福建水師提督施琅兩次征台未成，六年康熙再派使者來談。鄭經堅決表示：清朝若以外國之禮見待，則同意互市通好，息兵安民。遂無結果，次年清廷又促談判，鄭經要求「如朝鮮例」，仍為清廷拒絕。

前後九次談判均無結果，此處須注意「朝鮮例」、「外國之禮見待」，這是鄭經式台獨」。使台灣脫離中國，成為另一個「外國」，如朝鮮例（中國之屬國）。基本上，鄭經式台獨違反中國歷史文化及領土主權，故康熙帝不可能答應。

康熙二十年（西元一六八一年）四月鄭經病逝，隨即發生政變，鄭經長子克臧被殺，由年僅十二歲的次子克塽繼位，朝政大權落入劉國軒（軍事領袖）、馮錫范（克塽岳父）二人手中。清廷得知消息，立即深刻感受到這是「天上掉下來的機會」，澎湖海戰於焉爆發。

再次證明，國家的垮台是由內部開始的，外敵只是壓垮駱駝的「最後一根稻草」。

六、這麼說滿清能入主中國是運氣好，收回台灣完成統
　　一中國也是運氣好，有多少是英雄豪傑的智慧？或
　　是歷史發展的必然結果？施琅怎麼打澎湖海戰？

　　我想各項因素都有，歷史發展的必然結果（天命）也很重要。雄才大略的眼光通常可以在關鍵時刻下達正確的決心，例如多爾袞精確的看準了入主中國時機到了，康熙大帝也看準收回台灣的時機。

　　清朝福建總督姚啟聖先得知，台灣「主幼國虛，文武解體，政出多門，各懷觀望」情報時，即上奏康熙「水陸大軍，底定海疆」。康熙再重用施琅，因施琅和姚啟聖在戰略上有爭執，到康熙廿二年（西元一六八三年）六月才定案，由施琅領兵攻台。

　　因鄭、清雙方都知，澎湖是攻守台灣的戰略要域，故雙方都把主戰場放澎湖，兵力各約二萬，戰船清軍三百艘，鄭軍約二百餘艘，劉國軒負責指揮。

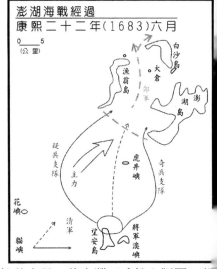

　　六月十五日下午三點，施琅軍突然出現在貓嶼、花嶼附近海面（見圖），鄭軍則集中在媽宮水域，次日激戰，各有傷亡。大戰到廿二日，鄭軍傷亡慘重，劉國軒竟率殘兵從北面逃離，七天澎湖海戰到此結束，施琅大勝。

　　澎湖失守，台灣防衛立失屏障，閏六月八日鄭克塽向施琅投降。戰後施琅向清廷呈「恭陳台灣棄留疏」中指出，「棄之必釀成大禍，留之誠永固邊圉。」清廷採納其意見，將台灣正式納入版圖，設台灣府，到一八八五年又設台灣省，至今台灣建省正好一百二十年。

　　澎湖海戰收復台灣，完成中國統一，還有更重大的意義，便是確立台灣與中國的關係。滿清之前，強大如元朝，統治範圍都限於亞洲大陸，從未越過台灣海峽，元朝東征日本均無功。滿清是首先越海，使台灣能成中國領土的朝代，今日到了廿一世紀，中國崛起將從台灣海峽東出太平洋，走向全世界，施琅亦有功焉。

輯三十七
清代戰爭㈡俄國侵華、
鴉片戰爭與太平天國

一、根據中國歷史發展的軌跡觀察，當舊朝代被推翻，新朝代建立後，會有一段時間敉平各種反對勢力，接著就開始一段統一和平的盛世。滿清在澎湖海戰收回台灣，已是全國統一，為甚麼還有這麼多戰爭？哪些是最重要的？

澎湖海戰後，確實有一段清代盛世，但大家勿忘，和平盛世是敉平動亂及戰爭勝利所創造出的戰果。康熙、雍正至乾隆三朝算是清代盛世，嘉慶、道光至咸豐是清代中衰。這段由盛而衰的經過，大約從澎湖海戰結束（西元一六八三年）到太平天國亡（同治三年，西元一八六四年），時間一百八十餘年。

此期間戰爭頻仍，康熙多次征噶爾丹（噶爾丹為蒙古一部，侵略外蒙古，企圖入主中原）。雍正平青海，再征準噶爾（亦蒙古之一部）。乾隆有十大武功，兩平準噶爾、平回疆、苗亂、金川、台灣林爽文之變，及緬甸、安南與廓爾喀之戰，乾隆能將外蒙古、青海、西藏、新疆盡收入中國版圖，對現代中國供獻至鉅。嘉慶、道光之後中衰，除內亂（白蓮教、天地會、捻亂、太平天國）外，再加上外患（西方列強）。

本輯要講的是此一百八十餘年間，三個對清代乃至以後都影響極大的戰爭啟動者，即俄帝壯大侵華、英帝為賣鴉片掀戰爭及太平天國起義之戰。

我敢肯定的說，若非俄國數百年對中國的侵略，現在「中華民國在中國」是無疑的，不會弄到「中華民國在台灣」，而這個「惡果」早在四百多年前就種下「遠因」。元朝垮台後，俄羅斯恢復獨立並壯大，到伊凡四世（約明萬曆年間）時，策訂「東方政策」，開始數百年不斷侵華。延續到西元一九一七年俄國革命成功，又訂了「新東方政策」，指赤化全球，首要從東方的中國開始，中國便永無寧日了。

今天先僅講康熙到咸豐間，俄帝的侵華戰爭。此期間的中俄戰事規模不大，但影響深遠。

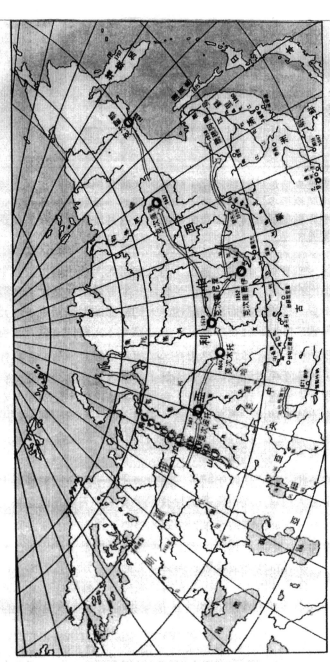

十六世紀末至十七世紀（明末清初）俄時人侵佔西伯利亞形勢略圖

二、說起俄國人，憶起「反共抗俄」國策才不久前的事。
　　沒想到俄人侵華從明朝就開始了。就請陳老師說說，
　　這段最早的中俄戰事。

　　俄人從伊凡四世開始向東發展，到清順治時他們已入侵到黑龍江、松花江一帶，所到之處劫掠屠殺。到康熙時，俄人已建雅克薩、尼布楚、嫩江、齊齊哈爾等城，康熙知不用兵不能取回失地。就在康熙廿四年（西元一六八五年）派黑龍江將軍薩布素，率水陸大軍萬餘圍攻雅克薩城，俄軍戰敗，兩國簽訂「尼布楚條約」，劃定以額爾古納河為界，這是中國與西方國家訂的第一個條約。

　　雍正時中俄又訂「恰克圖條約」，此時滿清尚能維持盛世局面，不致吃虧。但到咸豐時，滿清開始衰落，太平天國之亂起，俄人看準滿清弱點。咸豐八年（西元一八五八年），俄皇亞歷山大二世派西伯利亞總督木拉維夫（Muravief）率大軍東來，陳兵黑龍江，要求重劃國界（目的為在庫頁島、韃靼海峽建海軍基地）。滿清不得已派出無能的奕山，雙方簽訂「璦琿條約」：

　　㈠黑龍江北岸劃為俄國領土，但江東六十四屯之滿州人仍居原地，歸中國保護。

　　㈡烏蘇里江以東抵海之地歸中俄共管。

　　㈢黑龍江、烏蘇里江和松花江限中俄兩國船隻航行，並准兩國人民一同貿易。

　　這項條約中國無端放棄大片土地，不久中俄又簽「天津條約」，俄國取得海上通商與最惠國待遇。咸豐十年，俄國又乘英法聯軍攻北京之危，與清廷簽訂「北京續約」，滿清竟贈送俄國九十餘萬平方公里土地（烏蘇里江以東，約廿五個台灣。）。

　　這段時期中俄其實沒有大型戰爭，俄人所用不過「武力示威」而已。滿清真正與西方帝國主義戰爭，始自鴉片戰爭，至今中國人只要看到鴉片花（株、葉或種籽），便慌了手腳，可見這場戰爭影響的深遠。

三、的確，幾百年來中國人聞鴉片色變，中國淪為次殖
　　民地也是鴉片戰爭開始。鴉片戰爭導因於鴉片是大
　　家都知道的，更深入的原因是甚麼？啟動戰爭的企
　　圖何在？

　　從十九世紀開始，英國挾其產業優勢已稱霸世界，全球商權、海權均在掌控之下，乃想進而征服全世界。其在遠東方面，獲取印度殖民地後，便力圖染指中國，自雍正、乾隆、嘉慶期間，不斷觀察找尋機會。終於有了機會和方法，以鴉片為商品毒害中國的各社會階層，且以國家力量武裝走私鴉片之政策，用啟戰機，發動戰爭。

　　道光十九年（西元一八三九年）七月，英印度總督派軍艦到香港，由其商務監督義律（Charles Eilst）指揮，負責武裝壓運鴉片，滿清欽差大臣林則從要求嚴格檢查，凡有走私鴉片一律沒收，義律不從，以艦砲向九龍、尖沙嘴轟擊，中國兵船亦還擊，雙方各有死傷。

　　義律把戰況回報女皇維多利亞（Viclora），決定派海陸大軍一萬五千人，軍艦十六艘，對中國宣戰。道光二十年（西元一八四〇年）五月，大軍到達廣東。林則從企圖用「道德勸說」，致書英皇，大意說，貴國亦禁鴉片，是知其為害，何以移害他國乎？向聞貴國心存仁厚等等。但此時的大英帝國，如同土匪強盜走私客之流，那聽得這些道德勸說。英艦乃封鎖廈門海口，進攻定海與舟山群島。

　　清廷承平太久，不知兵事，文武大臣竟怪林則徐引起戰端。道光另派琦善接替林則徐，與英軍和談，道光廿一年（西元一八四一年）正月議訂「穿鼻合約」：

　㈠香港及周邊島嶼割讓英國。

　㈡賠款英政府損失六百萬元。

　㈢廣州通商，英商得至黃埔以上貿易。

　　可見道光帝十足之昏瞶君王，琦善之無能。於是英軍登陸香港，開始造屋建碼頭，而此時只是鴉片戰爭的序幕，大戰還在後面呢。

四、說來英國人還真可惡，他們嚴禁自己的子民吸食鴉片，卻向中國大量傾銷鴉片，而且用軍事武力護航走私，居心也真是惡毒。也怪滿清腐敗無能，接下來仗怎麼打？

琦善和義律所訂條約，英國政府不肯承認，原因是賠款太少，所得利益不足，乃召回義律，派更強硬的璞鼎查（Sir Henry Porttinger）率艦隊東來。道光廿一年（西元一八四一年）二月，以海陸軍攻虎門，三月攻佔廣州，清廷雖應戰，但各軍皆潰敗。至八月，英軍攻陷廈門、舟山、鎮海及寧波，滿清無招架之力。次年六月，英軍已攻陷吳淞、上海、鎮江、滿清無計可施，派耆英、伊里布向英人請和。道光廿二年七月中英雙方簽訂江寧條約（亦叫「南京條約」），要點有：

㈠開廣州等五口通商，香港割給英國。

㈡賠償鴉片損失六百萬銀元，賠英商三百萬元。

㈢賠償軍費銀洋一千二百萬銀元。

㈣以後鴉片運售公開行之。

鴉片戰爭中國之敗，敗在不明外在大勢，以致戰守茫然，亂成一團。是役後，比利時、荷蘭、普魯士、西班牙、葡萄牙、法國等，許多聞之未聞的小國，紛紛想從中國咬下一塊「肥肉」。只要派兩隻小船到中國沿海胡鬧一陣，便能得到滿清或屬下腐敗官僚的一些賠款或割地，鴉片買賣也從戰前走私，改成公開的「合法行為」。

惟是役之後，滿清的懵懂昏瞶，腐敗無能，被多數中國人看在眼裡，痛在心裡，滿清不能再主中國開始在民間漫延。明末鄭成功等人所成立的反清組織「天地會」（或稱「洪門」），已在民間流傳一百五十多年。此時開始復甦，一波波的革命浪潮，已在蓄勢待發中。

首先發動起義的是洪秀全的太平天國，後一波是 國父孫中山先生領導的國民革命，「天地會」在這歷史長程中都是舞台上的要角，或許也是鴉片戰爭的「正作用」吧！

五、說起「天地會」、「洪門」的故事，大家精神就來
　　了，因為在電影、電視中，許多人都看過，且一看
　　再看。現在就請陳老師從太平天國說起吧！

　　有關太平天國的歷史，近代史書籍有詳述，此處勿須重複其過程，僅略述之，並講些不同的觀點。

　　太平天國起義，前後十五年，從太平元年（咸豐元年，西元一八五一年），到太平十四年（同治三年，西元一八六四年）。起事之能成功，賴三股力量，一者天地會（洪門）的組織，二者「拜上帝教」（曲解的基督教）信仰，三者滿清腐敗引起漢民族普遍的不滿。複雜交錯，使漢族民族主義覺醒，原先漢民族的民族主義因滿清統治洗腦而消失，現在洪秀全起義，漢民族開始爭取自己的地位。

　　道光三十年（西元一八五〇年）十二月十日，洪秀全集合教友萬餘人，在廣西桂平金田村起事，同時起事的有楊秀清、韋昌輝、石達開、蕭朝貴等人，都是重要幹部。滿清以重兵討剿均無功，太平天國如野火漫燒，兵力愈來愈強大，數年間攻下東南幾省，咸豐三年正月竟攻陷南京，並設為國都，頒佈建國制度，大意有：

　　㈠恢復封建，洪秀全自為「天王」。

　　㈡禮拜日所有人均在教堂讚美上帝。

　　㈢軍政教合一組織，制天條六條，犯者皆死刑。

　　㈣男女一律兄弟姐妹相稱，禁娼、禁纏足、禁鴉片。

　　㈤拆毀孔廟、寺廟，禁讀四書五經等，統一信仰「拜上帝教」，讀《新約》之書。

　　咸豐三年後，滿清起用曾國藩的「湘軍」，李鴻章的「淮軍」，還有美國失業軍人華爾（Frederick T. Ward）和白齊文（Henry a. Burgevine）的「常勝軍」，末期還有左宗棠的軍隊，才在同治四年完全平定（見圖）。

六、陳老師，現在問題來了，不是說太平天國起義行動
　　受到漢民族普遍支持嗎？既然如此，就沒有失敗的
　　理由，曾國藩等人都是漢人，幫滿清平定太平天國，
　　豈不成了漢奸？

先說太平天國，起義之初確實是漢民族意識的覺醒，受到漢人普遍支持，故能風起雲湧，幾年便攻下數省，建都南京。到此為止，漢人（當時狹義的中國人）民族意識是有功的。

但定都南京後的太平天國，所做所為，看洪秀全頒行的政治制度，用現代術語叫「去中國化」。例如全民信「拜上帝教」、男女一律兄弟姐妹相稱、拆毀孔廟和寺廟、禁讀經書等，這些和中國傳統文化倫理相違背，因此後來又不受支持。可見洪秀全那批人只是一些失意的秀才，對中國文化所知不多，否則不會搞「去中國化」。在中國地盤上，想要統治中國，首先得「中國化」。

曾國藩在一篇檄文中說：「士不能誦孔子之經，而別有所謂耶穌之說，《新約》之書。與中國數千年禮義人倫，詩書典則，一旦掃地蕩盡，此豈獨我大清之變，乃開闢以來，名教之奇變，我孔子孟子之所痛哭於九原……即忠臣義士，如關帝岳王之凜凜，亦皆污其宮室，殘其身首。以至佛寺道院，城隍社壇，無廟不焚，無像不滅……。」

曾國藩這篇檄文，清楚的點出太平天國的問題，中國民間各廟宇（如孔廟、關帝廟、岳王廟等），都是中國歷代先聖先賢，永遠活在人民的心中，是不可動搖的「真理」。洪秀全要毀了他們，當然注定要失敗。

這個問題也是今天台獨份子面臨的困境，台獨份子要「去中國化」，說自己不是中國人（如李登輝之流者，是漢奸，是日本人。）那他們拜的祖先、關帝卻明明是中國人。這下麻煩大了，不是中國人，要去拜中國人的神，恐怕要得精神分裂症了。

從檄文也看出曾國藩等人以「廣義的中國人自居」，捍衛民族倫理文化，衛民與衛道，故能成功。太平天國之敗尚有政治意識混沌、革命行動矛盾、內訌、恐怖統治等。當時已是十九世紀，進入「現代」，洪秀全等人思想仍屬「古中世紀」，故其失敗。

惟洪秀全喚醒漢民族意識，讓天地會（洪門）重新找回自己，為不久後的孫中山啓動革命，吹響第一聲號角，「也是功勞卡大天」。

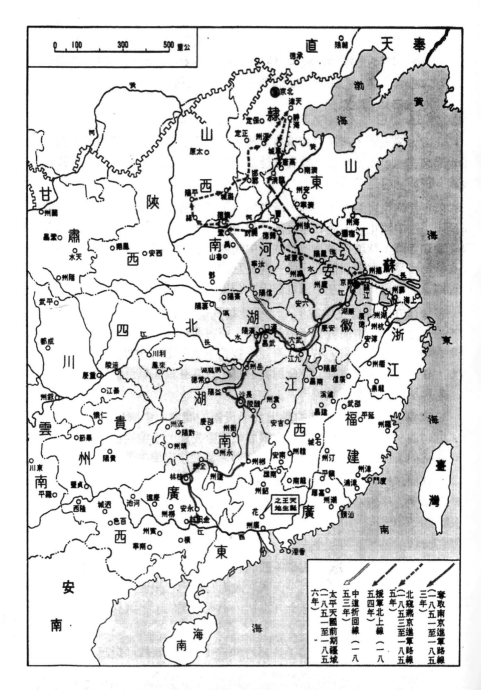

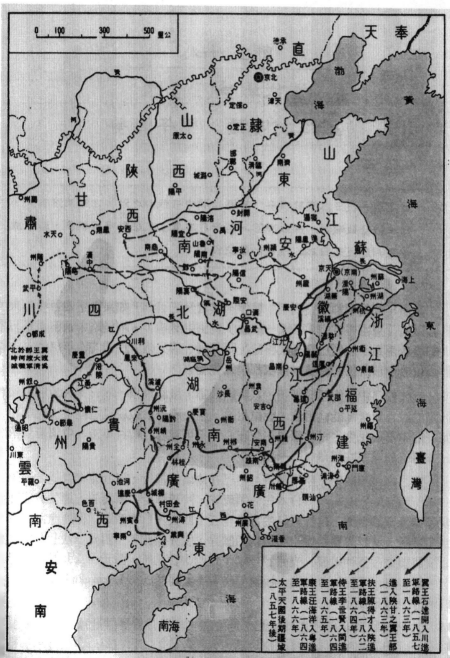

太平天國進軍形勢與略據疆域範圍圖二（後期）

輯三十八
清代戰爭(三)倭國
第二次侵華：甲午戰爭

一、好像第一次日本侵華戰爭（萬曆年間中日朝鮮之役）才結束沒多久，
　　日軍被全數殲滅，慘敗而回。怎麼日本鬼子又啓動侵華戰爭，難不成
　　當亞洲霸主是日本人永遠的歷史使命？

　　萬曆年間的朝鮮之役到甲午戰爭，其實快三百年。如果從這四百多年來的日本國策（豐臣秀吉的「三國一統論」與田中奏摺），則侵略中國確實是日本人的歷史使命，他們已經三次啓動（明萬曆、清光緒、民國的八年抗戰）。朝鮮因位於中日跳板的關係，每次都是首先受害。

　　近代侵略中國的國家很多，以英國最毒，俄國最狠，而日本人最邪惡和有計畫的鯨吞蠶食，能偷用偷，能搶用搶。甲午戰爭前後就是這些手法的運用，每一個中華子民生生世世都要銘記在心，不可或忘。數百年後，中國若衰落，日本將啓動第四次侵華。

　　第二次侵華戰爭（甲午戰爭）早已在偷偷的進行，清廷並未察覺。同治十一年（西元一八七一年）日本先佔領琉球，時琉球是中國藩屬，適又有琉球漁民遭颶風漂到台灣，爲牡丹社生番殺害五十四人。日本派軍以保護漁民之意，進犯牡丹，清廷答應給恤十萬銀兩始撤兵，至光緒五年（西元一八七九年）日本又將琉球改爲沖繩縣。光緒廿一年（日明治廿八年，西元一八九五年）元月廿一日，日本又將釣魚台納入版圖，改名「尖閣群島」（Senkaku Islands），此時甲午之戰已抵定。

　　以上這段雖非甲午之戰，但也是序曲。未來待中國強壯或統一，需要明確、正式收回的失地，首推琉球群島（含釣魚台）。目前兩岸雖已宣示那裡為中國領土，但爲避免衝突，並未完成佔領程序，這一步中國遲早要做。

二、日本偷偷摸摸佔領幾個小島，或許不必甚麼理由。但要正式對中國宣戰，總要有個服人的理由吧！還有，當時中日兩國同時進行維新改革，滿清也有不弱的戰力，日本有何能耐要主動發啟戰爭？

當時中日兩國確實同時進行維新改革，先談談兩國此時的軍事力量建設。在中國方面，同治末年以來，李鴻章繼承曾國藩、胡林翼、左宗棠、沈葆楨諸人的自強運動，積極建軍備戰。海軍有北洋、南洋、廣東、福建等四個艦隊，艦艇五十二艘，七萬餘噸。陸軍總兵力，約九十五萬軍，惟新式陸軍只有約兩萬人。

日本方面，艦艇廿七艘，約六萬噸。陸軍總兵力，約廿餘萬人。在人員素質上，日本明顯較佳，此時日本已有國家所辦各式軍事院校，滿清軍人還是出自行伍。對維新改革日本較徹底，可能如此，使其更大膽想要完成歷史使命。

但明治維新後，日本對其歷史使命產生路線爭議。有所謂「南進政策」，進兵南洋；有所謂「大陸政策」，進兵中國。南進則要先佔台灣，進中國則先併朝鮮。所以，不論如何前進，就必向中國侵略。〈田中奏摺〉直言：「欲征服世界，必先征服中國，欲征服中國，必先征服滿蒙。」

光緒廿年（西元一八九四年）五月，日本藉故朝鮮有亂事，需出兵平亂。（註：朝鮮時為中國屬國，因有東學黨之亂，滿清已派有駐軍，駐韓總理即袁世凱。）

日軍由大鳥圭介率軍數千，以與清軍共同平亂為由，偷襲豐島、成歡地區。清軍反應不及，打了敗仗，但日本舉動等於向中國宣戰，第二次中日大戰一觸即發。

此時中日尚未正式宣戰，日軍卻先偷擊清軍。後來在日本編訂的日清戰史，反誣清軍先向日方開砲，此類奸偽無恥的說法，正顯示日本人鬼子以「偷」起家。二次大戰中偷襲珍珠港，可謂其歷史傳統，小鼻子小眼睛的小偷行為。

> 三、日軍既主動進兵朝鮮，又攻擊滿清駐軍，一場中日
> 大戰大概難以避免了。陳老師簡要講一下經過，這
> 一百多年來學術界始終沒有忘記「甲午戰爭」，西
> 元一九九五年百週年時，國內還辦了研討會。

　　甲午戰爭前後歷時半年多，大小戰數十役，重要者有七大戰場。時間從光緒二十年（西元一八九四年）六月，到光緒廿一年正月：

　　㈠平壤戰役，光緒二十年六月到七月十七日。
　　㈡清軍退守九連城（鴨綠江邊），至八月廿五日止。
　　㈢黃海海戰，八月十七日，一整天。
　　㈣鴨綠江戰役，九月廿七日至二十八日。
　　㈤旅順大連會戰，十月九日至十一月七日。
　　㈥遼東諸城戰役，十月二十日至次年二月十五日。
　　㈦山東半島戰役，十一月至次年（光緒廿一年）正月十五日。

　　戰爭過程和結果可用「慘」字形容，尤其北洋艦隊（時世界列為第八位，日本第十一位）全軍覆沒。西元一八九五年三月中日簽訂著名的「馬關條約」，要點有：

　　㈠中國承認朝鮮為自主國家（實已成日本屬地）。
　　㈡中國割讓澎湖、台灣列島及奉天南邊土地。
　　㈢中國賠軍費二萬萬兩，分八次交清。
　　㈣日軍駐威海衛，每年由中國貼交軍費五十萬兩。

　　這便是影響中國百餘年，至今陰魂不散的甲午戰爭。北洋艦隊在一日間消滅，日軍佔領台灣，還有一段可歌可泣的台日之戰。但台灣不願割日，台民起來組成「台灣民主國」，當然不是日軍對手。數月間，日軍佔領全台，開始五十年皇民化及奴化教育統治。統治台灣期間，日本對台灣人的統治方法只有兩種，一是奴化（即皇民化）；一是屠殺，反抗者都受到大規模屠殺，歷史都留下證據。

　　甲午戰爭攻佔旅順之後，日本也進行「旅順大屠殺」，當時被屠殺的中國人達六萬多人。有一篇追念的文章放在本書末的附錄，戰後日本不斷修改教科書，說他們沒有主動發起戰爭，沒有下令大屠殺，但亞洲各國被侵略史，血跡斑斑，日本鬼子改得掉嗎？

四、歷來大家對北洋艦隊如何失敗一戰，興趣較高。當時中國海軍在世界的排名均在日本之前，何以如此不堪一擊？陳老師能否先談談這一仗，再講台日之戰？

這一仗史稱「黃海海戰」，發生時間就是光緒廿年八月十七日。北洋艦隊和日本聯合艦隊雙方各有十二艘正式軍艦，如附表所示。過程可分以下幾階段：

㈠海戰序幕：兩軍相接，約兩小時。上午十一時許，發現日軍艦隊，北洋艦隊提督丁汝昌傳令備戰，訓令艦首向敵，發揮重砲火力。

㈡海戰第一階段：勇衝敵陣，約九十分鐘。約下午一時，兩軍相距四千公尺開始砲擊，北洋超勇、揚威兩艦沉沒；日艦比睿、赤城兩艦重傷逃走。

㈢海戰第二階段：腹背受敵，約五十分鐘。約下午三時，北洋艦腹背受敵，結果中方致遠、經遠二艦沉，濟遠和廣甲二艦脫出戰場，日艦尚有九艘。

㈣海戰第三階段：力挽危局，約五十分鐘。下午四時，中方定遠、鎮遠（鐵甲船最厚）力戰日方五艦，化險為夷，日艦向南遁逃。

㈤海戰結束：轉敗為功，約八十分鐘。下午六時海戰結束，日艦旗艦松島沉沒，餘無一瓦全，倉皇遁逃。北洋艦隊未沉者安返基地（旅順港），亦不算打敗仗，因為日艦比清艦先逃出戰場。

一百多年來，論者都以甲午之戰清廷割地賠款，而斷言黃海海戰是「敗仗」，這其實是認知錯誤，對當時參戰的北洋官兵實不公平。當代戰略家鈕先鍾先生就認為，黃海海戰北洋海軍並未打敗，至於割地賠款是滿清的愚昧無知形成。一百多年來的錯誤認知，確實需要修正。

滿清末年中國有兩場打贏的戰爭，還割地賠款：中法安南之戰和中日黃海海戰，夠扯吧！滿清腐敗所致。

黃海海戰日本聯合艦隊戰力

航行序列	艦名	艦種	噸位	航速（	裝甲		主要兵器		魚雷發射	艦長	
					部位	厚度	砲種	數量		軍階	姓名
第一游擊隊	吉野	巡洋	4225	22.5	司令塔	10.2	15 釐米口徑速射 12 釐米口徑速射	4 8	5	大佐	河原要一
	高千穗	巡洋	3709	18.0	司令塔	5.1	15 釐米口徑速射 26 釐米口徑速射	6 2	4	大佐	野村貞
	秋津洲	巡洋	3150	19.0	司令塔	5.1	15 釐米口徑速射 12 釐米口徑速射	4 6	4	少佐	上村彥之丞
	浪速	巡洋	3709	18.0	司令塔	5.1	26 釐米口徑速射 15 釐米口徑速射	2 6	4	大佐	東鄉平八郎
本隊第一群陣	松島	海防	4278	16.0	砲塔 司令塔	30.0 10.0	32 釐米口徑速射 12 釐米口徑速射	1 12	4	大佐	尾本知道
	千代田	巡洋	2439	19.0	司令塔	3.3	12 釐米口徑速射	10	3	大佐	內田正敏
航行序列	艦名	艦種	噸位	航速（	裝甲		主要兵器		魚雷發射	艦長	
	嚴島	海防	4278	16.0	砲塔 司令塔	30.0 10.0	32 釐米口徑速射 12 釐米口徑速射	1 11	4	大佐	橫尾道昱
本隊第二群陣	橋立	海防	4278	16.0	砲塔 司令塔	30.0 10.0	32 釐米口徑速射 12 釐米口徑速射	1 12	4	大佐	日高壯之承
	比睿	巡洋	2284	13.5	部分甲帶	11.4	17 釐米口徑速射 15 釐米口徑速射	2 6	2	少佐	櫻井規矩之左右
	扶桑	巡洋	3777	13.0	砲塔 全甲帶	20至23	28 釐米口徑速射 15 釐米口徑速射	4 4	2	少佐	新井有貫
本隊右側	西京丸	代用巡洋	4100	15.0			12 釐米口徑速射	4		少佐	鹿野勇之進
	赤城	砲	622	10.3			12 釐米口徑速射	4		少佐	元八郎太

本表與下表資料來源：鈕先鍾著，《中國歷史中的決定性會戰》，台北，麥田出版，二〇〇三年五月，頁三五〇至三五一。

黃海海戰滿清北洋艦隊戰力

艦名	艦種	噸位	航速（節）	裝甲		主要兵器		魚雷發射管（個）	艦長	
				部位	厚度（釐米）	砲種	數量（門）		軍階	姓名
定遠	鐵甲砲塔	7335	14.5	裝甲堡砲塔司令塔	35.6 30.5 20.3	30.5釐米口徑 15釐米口徑	4 2	3	右翼總兵	劉步蟾
鎮遠	鐵甲砲塔	7335	14.5	裝甲堡砲塔司令塔	35.6 30.5 20.3	30.5釐米口徑 15釐米口徑	4 2	3	右翼總兵	林泰曾
經遠	鐵甲砲塔	2900	15.5	鐵甲砲塔司令塔	24.0 20.0 20.0	21釐米口徑 15釐米口徑	2 2	4	副將	林永升
來遠	鐵甲砲塔	2900	15.5	鐵甲砲塔司令塔	24.0 20.0 20.0	21釐米口徑 15釐米口徑	3 2	4	副將	邱寶仁
致遠	巡洋	2300	18.0	鐵甲司令塔	5至10 15.0	21釐米口徑 15釐米口徑	3 2	4	副將	鄧世昌
靖遠	巡洋	2300	18.0	鐵甲司令塔	5至10 15.0	21釐米口徑 15釐米口徑	3 2	4	副將	葉祖珪
濟遠	巡洋	2300	15.0	砲台司令塔水線下甲	25.4 12.7 7.6	21釐米口徑 15釐米口徑	2 1	4	副將	方伯謙
平遠	裝甲	2100	11.0	甲帶砲塔司令塔	20.3 20.3 15.2	26釐米口徑 15釐米口徑	1 2	1	都司	李和
超勇	巡洋	1350	15.0	艦體	1左右	25釐米口徑	2		參將	黃建勳
揚威	巡洋	1350	15.0	艦體	1左右	25釐米口徑	2		參將	林履中
廣甲	巡洋	1296	14.0			15釐米口徑	2		都司	吳敬榮
廣丙	巡洋	1030	15.0			12釐米口徑	3		都司	程璧光

> 五、未打敗仗還割地賠款，也算世界史上的奇蹟。不過
> 已割讓台灣，而當時台灣人民不願割讓，乃成立台
> 灣民主國，與日本還有一段台日戰爭，雖非大決戰，
> 卻是改變歷史的戰爭，陳老師說說看。

　　馬關條約簽訂後，中國朝野大譁，台灣臣民爭之尤力。台人憤激，在籍兵部主事邱逢甲首建自主之議，在新竹登台誓眾，宣告台民脫離清廷，建「台灣民主國」，循共和政事，公舉唐景崧為大總統，開議院，製國旗。台胞正式展開對日戰爭，這一天是光緒廿一年（西元一八九五年）五月初二。

　　當時駐台兵力正是劉永福所率的「黑旗軍」，兵力約兩萬人。日軍以樺山資紀大將為台灣總督，率海陸大軍八萬人，巡洋艦七艘攻台。顯然這是一場不對稱戰，台灣義軍注定打不下去，過程概為：

　　五月初七，日軍從基隆三貂角登陸。

　　十二日，日軍佔領台北城，唐景崧逃走廈門。

　　至七月，日軍攻安平港，與黑旗軍大戰。

　　八月，台中、台南、高雄義軍重創日軍。

　　九月二日，台軍援絕兵困，劉永福內渡至廈門。

　　台灣民主國維持整整四個月而亡，這本來是一場必敗的戰爭，所以台日之戰的歷史意義不在勝敗，而在過程中所發生一些「事件」的意義。

　　(一)當時的獨立宣言有「遙奉正朔，永作屏藩」之語，這「遙奉正朔」說明中國是正統，「台灣民主國」並非正統。「永作屏藩」正是台灣與中國大陸的地緣戰略關係，是永恆不變的。

　　(二)台灣民主國當時也向世界各國求援，但所有強國均無支持或救援者，如同今天。又說明台灣自古就是中國一部份，不可能成為國家。列強不願得罪滿清，而支持「台灣民主國」。

　　(三)日軍登陸台灣時，當時有紅頂商人辜顯榮竟引導日軍登陸，日本佔領台灣後他得到許多好處。但也背負「漢奸」的罪名，這位辜顯榮正是二○○五年元月初才過逝辜振甫的父親。漢奸，如李登輝、辜寬敏、金美齡等，應受歷史譴責，否則以後大家都想當漢奸。但「好漢做事好漢當」，父歸父，子歸子；就像鄭成功，父是降臣，兒是民族英雄，並不影響他的歷史地位。

六、甲午戰爭已結束一百多年了，但中國人至今忿忿不平，尤其對那「小日本」，每以日本鬼子稱呼，顯見對日本人沒有好感，陳老師就甲午戰爭的影響做一小結。

甲午戰爭的影響確實很大，尤其統治台灣五十年，把台灣人用「奴化教育」洗腦。至今仍有一批人（如李登輝、金美齡、辜寬敏等），自以為是「吃日本米、受日本教育」的日本皇民（其實是皇奴）。他們不承認自己是中國人，認賊為父，使台灣政壇亂成一團，此亦甲午戰爭的後遺症。總的檢討，以下各點甚為重要：

㈠甲午戰爭是日本寇華之開端，也是列強侵華關鍵所在。之前，清廷「天朝大國」威嚴尚在；戰後，清廷之腐敗昏庸，暴露無遺，列強開始鯨吞蠶食中國。

㈡是國民革命直接動因。戰前之自強運動原是對滿清的期望，是役後，國人因而覺悟，滿清必須推翻。

國父亦說過，「至甲午中日戰起，以為時機可乘，乃赴檀島、美洲，創立興中會。」

㈢黃海海戰結果，鈕先鍾先生認為是不分勝負，甚至北洋海軍還有些算「贏家」，一則日軍先退出戰場，再者海戰結束北洋艦還有八艘可以執行任務。日本海戰未勝，仍取得黃海制海權，是李鴻章的「戰略無知」，未能執行「存在艦隊」（Fleet in Being）的戰略指導。惟北洋艦隊重要將領丁汝昌等人英勇殉國，十足表現中華男兒的氣節，亦深值頌揚。

㈣台灣義軍抗日之戰這部份，當日軍攻陷台北城時，總統唐景崧棄台於不顧，率先逃走，可見唐只是一介政客。在《劉永福傳》（民國五十九年，台灣商務版）提過，唐曾慫恿劉奪取安南王位，劉未允，又見唐居心不良。

㈤正當海基會董事長辜振甫先生仙逝，台灣媒體再度炒起他父親辜顯榮是否「漢奸」的問題。辜老對兩岸和平有重大貢獻，炒這個問題對辜老是否有傷？于以為，這是互不相干的兩件事。例如鄭成功反清復明，他父親鄭芝龍投降滿清，對成功「民族英雄」地位無傷；同理，對鄭芝龍降清之罪亦無洗脫之

功用。

中國歷史文化中,最可貴之處便是「忠孝節義」的精神,忠奸分明。好漢做事好漢當,辜顯榮的「漢奸」爭議留在歷史中繼續討論吧!辜振甫對中國和平統一的貢獻,已有歷史定論了,這是甲午戰爭的題外話。

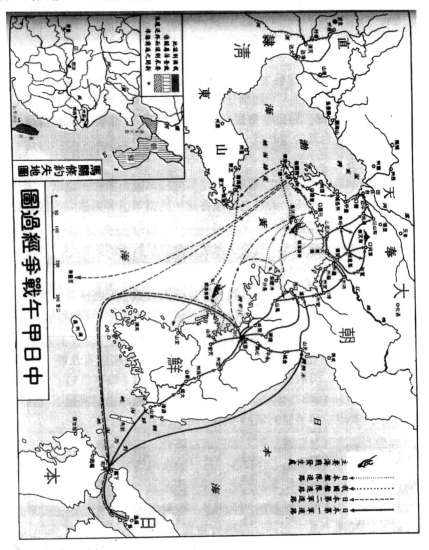

輯三十九
清代戰爭㈣八國聯軍
日俄戰爭與國民革命

一、今天要講八國聯軍、日俄戰爭和國民革命的重要戰爭。首先要談八國
聯軍攻北京,其實大家都知道這場戰爭是慈禧太后主動發起,向當時
世界八強同時宣戰,縱使現在強大的美國也不敢幹這種蠢事,所以八
國聯軍攻北京一定有甚麼很特別的原因吧!

現在世界超強的美國確實不敢幹這種事,在目前美國的戰略計畫中,最多可以對兩個國家(地區)啓動同時戰爭。當時慈禧卻敢,的確有很特別的原因。主要有戊戌變法與政變、義和團之亂和慈禧謀廢光緒帝有關。

光緒廿四年(西元一八九八年),康有爲等人推維新運動。康在「保國會」演說云:「吾中國四萬萬人,今日在覆屋之下、漏舟之中、薪火之上,如籠中鳥、斧底之魚、牢中之囚,爲奴隸、爲牛馬、爲犬羊,聽人使喚、任人宰割。」

光緒帝也明白表示自己不願當「亡國之君」,乃啓動有名的「戊戌變法」,維持百日因慈禧反擊而敗,「六君子」(譚嗣同、康廣仁、楊深秀、楊銳、林旭、劉光第)被誅,這是以慈禧爲首舊官僚勢力的反動。慈禧因而要廢光緒帝,立溥儁,各國不予承認,慈禧由是憤怒,與大臣載漪、剛毅等掀起義和團,欲藉「民氣」(今謂之民粹)反擊列強,並給予教訓。

義和團是民間江湖上的一些組織,如白蓮教、小刀會的合成,思想上屬狹義的中國民族主義,學術上已多所研究。若要解釋,則二○○四年由台灣獨派勢力所發動的「二二八牽手護台灣」活動,可謂典型的「現代義和團」,抱持著狹義的台灣意識,展現充份排外(排除外省人、客家人、山地人及中國),而由「河洛人」統治一切的企圖。滿清義和團和「二二八牽手護台」,也展示

對民粹力量的利用,被利用者亦無知。

　　光緒廿六年五月,慈禧以朝廷之力配合義和團,向所有外國人宣戰,誓詞謂「扶清滅洋」,一時間各國在華的僑民、教民死難慘重。凡外國使館、教堂、洋樓均被焚燬,人被殺害,列強乃同時向中國宣戰。

> 二、當時滿清政府自己已快垮台了，如何同時向八個列
> 　　強宣戰？想必這戰是打不下去的。不過這場戰爭對
> 　　後世影響如何？卻是重要的。

這確實是人類歷史上最偉大的「壯舉」，查遍東西方戰爭史，縱使羅馬帝國、中國元朝大帝國，未敢有一國同時對八大國宣戰者。這八國是英、美、俄、法、德、日、奧、義，俱為當時的強國。這場仗是注定打不贏的，所以過程就別說了，以免傷心，我要說的是大家少知道的。

戰後簽訂「辛丑和約」，中國賠款四億五千萬兩，眾所皆知，但許多人不知道拿銀子的不止八國，銀數也不止四億五千萬兩。原來攻北京的軍隊有八國，簽約是十一國，拿錢時變成十四國，可列表好看其明細。

八國聯軍「主丑和約」拿銀國別表

國別	拿銀數	國別	拿銀數
俄國	一億三千萬兩	比利時	八百萬兩
德國	九千萬兩	奧地利	四百萬兩
法國	七千萬兩	荷蘭	約百萬兩
英國	五千萬兩	西班牙	（同上）
日本	三千萬兩	葡萄牙	（同上）
美國	三千萬兩	瑞典	（同上）
意大利	二千萬兩	挪威	（同上）

合約規定中國分三十九年還款，每年利息四釐，故總賠款是九億八千多萬兩。後來又因中國是銀本位，英美用金本位，必須折算各國國幣。譬如，該年比值一海關兩白銀折算英磅為三先令，折合美金為七角四分二釐，按此折算賠款就不止九億八千萬了。

更不幸的，銀價位逐年降低，金價位不斷上升，清廷賠款逐年超支，數字已到不可統計之數，史稱「天文數字賠款」。這段故可能知者不多，若甲午之戰使中國軍事破產，則辛丑和約使中國經濟破產。

是約不止於此，中國之鐵路、公路、港口、要塞由列強派兵進駐，中國完全陷於次殖民地之慘境矣。義和團之亂也可以看成傳統中國和西方的對決，其結果也不得不承認中國走向現代化是唯一的路。

恰似台灣獨派搞「二二八牽手護台」的義和團式運動，也想和「一中」對決，結果可想而知，最後反被「中國化」。「一中」成為唯一的路，捨此無路可走。

> 三、若讓中國眞走上現代化改革之路，則八國聯軍、義
> 和團之亂也算有正面功態吧！接著日俄戰爭，這是
> 人家的戰爭，他家的事。對我國的重大意義是甚麼？

日俄戰爭確實是人家的戰爭，他家的事，惟是役最大的受害者並非日本和俄國，而是中韓兩國。戰後日本勢力控制了東北，禍害百年以上；又導致韓國亡國，故日俄戰爭對中韓歷史影響太大了。

日俄戰爭是日俄兩國爭奪中國東北控制權，及雙方欲獨吞朝鮮半島而已。原來俄國勢力比日本更早進入中國東北，且在滿州、蒙古和新疆的鐵路、礦產，俄國已有獨佔權。辛丑和約後，列強爲了在中國的勢力平衡，要求俄國從東北撤軍，俄堅決不撤，且要擴大統治範圍。英、美、日三強反對，日本態度最激烈，因俄軍不退，日本對東北和朝鮮無從染指。雙方不讓，戰爭於爲開打，戰場從朝鮮半島到整個中國東北。

開戰前，日本先逼令韓國簽訂「日韓議定書」，承認韓國是日本的保護國。又締結一項新約，使日本得使用韓國資源、港口、道路等設施，以利對俄作戰，美其名曰「保護韓國」。可見當時中韓兩國，眞難兄難弟也！

正當日俄兩國處於對峙時，日本聯合艦隊首先偷襲旅順港外的俄艦，兩艘俄艦沉。日本陸軍即由仁川登陸，快速佔領平壤，光緒三十年（西元一九○四年）四月底，日本海陸大軍便渡鴨綠江攻入滿州，俄軍連戰都敗。

至九月間，日俄雙方各有大軍約三十萬，戰於我國東北之旅順、遼東半島、遼陽、沙河、奉天等。雙方死傷都慘重，惟日軍取勝，俄國在東方的陸軍和海參威艦隊幾被殲滅。

但俄國是當時的強權，也是大國。準備調派西方的波羅的海和黑海兩艦隊，投入東方戰場，只是西方艦隊要出韃靼尼爾海峽，繞非洲南端好望角，這是又長又艱困的航程，對俄軍是大考驗。

四、這等於是繞過半個地球去打仗，對手又是如豺似狼的日軍，想必俄軍也打不下去。不過，日俄戰爭的重大影響是甚麼？

這確實是打不贏的戰爭，所有戰略、戰術上不能犯的過錯，俄軍都犯了，仗就打不下去。西元一九〇五年二月，俄國的波羅的海和黑海艦出發，繞過好望角、馬達加斯加、麻六甲海峽，到達中國東海已是五月，三十八艘俄艦繞過半個地球，舳艫相接。

日海軍早已以逸待勞，迎頭痛擊，俄艦半沉沒，半投降。雙方在美國總統羅斯福調停下，簽訂「朴資茅斯和約」，俄國把中國東北、庫頁島和朝鮮的利益，全讓給了日本。這場戰爭過程中，以下幾點是重要的影響：

(一)日俄在簽約談判時，日方代表小村以高姿態要求俄國割地賠款，俄代表微德強硬的說：「俄國雖戰敗，尚未被征服，此項條件，不能接受，如此要脅，則不惜再戰。」其實日軍也無力短時間內再戰，只好簽約結束戰爭。像「微德」這種人才，滿清若有，應不至於亡得那麼快。

(二)日本佔領韓國後，到宣統二年（西元一九一〇年）便迫令韓國與日本合併，韓國至此乃告亡國。由此到日本第三次侵華戰爭（第一次明萬曆、第二次甲午戰、第三次民國八年抗戰），也不過二十餘年。日本就是利用這二十年，經營朝鮮半島和中國東北的戰場準備。若無這二十年準備，日軍哪有對中國發動戰爭的勝算。可見日俄戰爭雖是人家的戰爭，他家的事，但導致韓國亡國，又啟動了民國的八年中日大戰。

(三)另有一事因日俄戰爭而起，對後世影響也很大，便是「中國紅十字會」成立。時日俄在東北交戰，百姓慘遭戰禍，清廷派船搶救難民，竟遭日、俄兩國拒絕。上海士紳沈敦和、任錫芬奔走，創「萬國十字會上海分會」，以民間及國際力量搶救難民。西元一九〇七年上海分會改成「大清紅十字會」，民國後改「中國紅十字會」至今，這算是戰爭的額外「收穫」。

> 五、日俄戰爭確實爲中韓百姓帶來慘禍，所幸戰後沒幾
> 　年，滿清就垮台了，中華民族得有重生的機會。這
> 　部分就是國民革命戰爭了，大家比較熟悉，陳老師
> 　還是針對重要方面談談。

　　國父革命推翻滿清，十次失敗，最後武昌之役成功，整個過程不再重述。我要談幾則感人的故事和萬古常新的意義。光緒三十二年十月「萍鄉、瀏陽之役」，同盟會會員劉道一死難，中山先生輓詩曰：

> 半壁東南三楚雄，劉郎死去霸圖空；
> 尚餘遺孽艱難甚，誰與斯人慷慨同？
>
> 塞上秋風悲戰馬，神州落日泣哀鴻；
> 幾時痛飲黃龍酒，橫攬江流一奠公！

　　光緒三十三年，鑑湖女俠秋瑾成仁，臨刑前書「秋風秋雨愁煞人」七字。秋瑾死後，有人收其遺體，杭州西湖。遊杭州的旅人們，勿忘前往追思女俠。

　　宣統二年，汪兆銘被捕，在獄中作詩：「慷慨歌燕市，從容作楚囚，引刀成一快，不負少年頭！」

　　黃花崗七十二烈士之一林覺民的〈與妻訣別書〉，不知叫多少豪情男兒也落淚。民國成立才建碑立墓，黃克強有輓聯曰：「七十二健兒，酣戰春雲湛碧血；四百兆國子，愁看秋雨濕黃花！」。如　中山先生說：「是役，碧血橫飛，浩氣四塞，草木爲之含悲，風雲爲之變色！全國久蟄之人心，乃大興奮！怨憤所積，如怒濤排壑，不可遏止，不半載，而武昌革命以成！」。

　　宣統三年（西元一九一一年）八月十九日革命軍佔領武昌，第二天佔領漢陽，第三天佔領漢口，兩個多月全國各省響應革命軍。十一月十三日，　中山先生在南京就臨時大總統職，正式頒布國號爲中華民國，是日亦爲陽曆元年元月一日。中華民國乃誕生，武昌之役應爲中華五千年間，最重要且改變歷史的戰爭。

六、武昌起義確實是中國歷代戰爭史中，極重要的一場
　　戰役。陳老師能否較深入的談談這場戰事的歷史價
　　值，最重要的意義是甚麼？

　　武昌之役並不是一個「會戰」（Battle），只是國民革命戰爭過程中，一個規模不大的戰役（Campaigns）。但其重要性可以和五千年前的涿鹿之戰相呼應，在現代史上亦為世界三大革命之一。（三大革命：法國大革命、蘇聯共產革命、中國武昌革命。）

　　鈕先鍾先生舉中國歷史上十大決定性會戰，分別是涿鹿、牧野、城濮、長平、垓下、赤壁、淝水、薩爾滸、澎湖和黃海之戰，並未將武昌之役列入。實則是役也是改變歷史之戰，終結千年帝制，開啟現代國家之路，分以下說明。

　　㈠承接「湯武革命」精神，再次詮釋人民對腐敗政府、非法政權有革命的權力，這就是　國父「革命民權」的理論根據。歷史腳步不停向前走，數十年、百年，會有腐敗政府或非法政權再出現，這是對歷史發展的「合理判斷」。人民同樣可以用革命手段推翻那些政權，如袁世凱、曹錕。

　　㈡革命是合法的暴力，除啟動戰爭外，如　國父推翻滿清過程中，有吳樾暗殺滿清五大臣、徐錫麟刺殺安徽巡撫、熊成基謀刺載洵，汪兆銘組「七人暗殺小組」，專殺滿清政要。古今中外，凡稱「革命」者，無不利用此種神聖偉大的合法暴力，以成大業。

　　㈢二〇〇四年「三一九槍擊」，使民進黨政府成為「非法政權」，一個作弊、作假，如同袁世凱、曹錕的政權。台獨非法政府理應被「革命推翻」，但現代社會「中產階級」為主流，喪失革命勇氣，也是很悲哀的事。沉淪的台灣，人民與政府一起沉淪、沉淪、沉淪！只有兩個不沉淪的例子，桃園人賴注醒組「革命黨」將刺殺陳水扁，反台獨炸彈客高寶中的作為。就像滿清制壓革命份子一樣，此二人已受制於「殺人機器」。他們的革命精神值得歷史頌揚，也是效法的對象。

第七篇
結論：戰幕，
暫時落下

圖：

◆南京大屠殺。一群日軍正帶著冷酷的表情將南京民眾活埋。

圖片來源：李孝悌著，《高中歷史·下冊》，教育部八十四年公布，龍騰出版，頁一五○。

將中國人當作刺槍活靶,是日軍在南京大屠殺期間最普遍的「殺人遊戲」。

「那時,婦女的痛苦最大。」前日本老兵坦言。
據估計約有兩萬至八萬名南京婦女慘遭日軍強暴與凌虐。

以下五張照片來源:張純如(Iris Chang)著,蕭富元譯,《被遺忘的大屠殺—南京浩劫》,台北,天下遠見出版社,二○○一年九月十日。

◆ 戰火下家破人亡，顛沛流離。一名逃難的中國婦女，不禁悲從中來，放聲大哭。

◆ 一九三七年十二月十三日清晨，日軍的巨型坦克聲勢浩蕩地進入南京城宣示勝利。

軍事法庭檢察官挖出數千具受難者骨骸，鐵證如山。

◆ 軍事法庭檢察官挖出數千具受難者骨骸，鐵證如山。是什麼力量讓一些歷史事件流傳
　下來，又讓其餘的事件湮沒於世？「南京大屠殺」到底是如何從日本人，甚至是全世界
　的集體記憶中消失殆盡？

> 一、陳老師，中國歷代戰爭史到清代算是講完了，但民
> 國以來也還有許多戰爭，應該都算中國史的一部份，
> 為甚麼不全部講完？或選重大戰没講？

民國以來的戰史當然也是中國史的一部份，但現在講或寫還有很多爭議，尤其客觀是很難把握的。為解決這個問題，中國歷史上有通例（一種規矩），通常前代結束後，承接政權的下一代政權負責修前代史。

中國是有歷史、重視歷史的國家，歷代都有「國史館」或「實錄院」類似編制，也設有史官，專對天子與百官言動、國家大事等，負責「實錄」業務，專作「起居注」、「日曆」及「時政記」等工作，後代通常依「實錄」等文獻修前代史。如宋太祖開國之初，命同中書門下平章事薛居正，主持編修前代之梁、唐、晉、漢、周、五朝史，完成「五代史」。

滿清入關，順治之初即詔修明史，康熙十八年設「博學鴻儒科」，令群儒修明史，時主持修史的總裁徐元文。到雍正時才完成「明史稿」，至乾隆四年才完成。明史之成，前後六次重修，歷四朝，約百年，可見中國人治史之謹慎。滿清結束至今也快百年了，清史則仍止於「稿」。

戰史是歷史的一部份，民國至今「中華民國」還健在，「中華人民共和國」則在壯大。因此，這個朝代距離「結束」應該早的很。等到兩者都結束了，這個時代的人也全都「走了」，再由下一個朝代來修前代史或戰史，才能比較客觀。是故，中華民國至今沒有完整的「朝代史」或戰史，對岸也是。但我們可以談談個別戰爭史，如國民革命、八年抗戰、韓戰、懲越戰爭等。

現代史最麻煩的地方是兩岸史觀不同，詮釋完全不同，幾乎是立場相反。所以，要看到滿意且能客觀的戰史，是很久很久以後的事。要等到中華民國和中華人民共和國全都走入歷史，這個時代的人也全都「走光光」，那時一部客觀的民國以來歷史或戰史，才可能出現。

二、 雖不能講民國以來完整的朝代戰史，但可以例舉兩
　　岸爭議較少的戰爭。民國以來有多少戰爭？哪些是
　　最重要的？舉一個例子做爲講《中國歷代戰爭史》
　　的總結論。

　　首先我簡述民國以來各種戰爭，民國建立之初有平定舊勢力的討袁世凱之戰，接著　國父有東征與北伐。蔣中正先生繼續　國父的東征、北伐直到統一中國，這段時間倭國開始有侵華的「序戰」。

　　抗戰前，國共戰爭已打了很久，中蘇也有東北之戰，接著倭國啓動第三次歷史使命（侵略中國、圖霸亞洲），中國全面進入戰爭狀態達八年之久。勝利後，國共又有四年多內戰，西元一九四九年後，中國戰史分三部份發展。

　　中華人民共和國方面，有韓戰、中印邊界戰爭、中蘇邊界戰爭、中越戰爭。兩岸戰爭方面，自三十八年國軍撤退過程，有古寧頭、一江山、大陳及「八二三砲戰」。另一支國軍撤退到中緬邊區，還有很多可歌可泣的戰爭史，如元江大戰、中第一次大戰、反攻雲南、中緬第二次大戰等。鄧克堡先生著《異域》就是這段故事，目前也已拍成電視連續劇。

　　民國以來，如此多的戰爭，哪一個是最重要的，或能叫「改變歷史的戰爭」呢？很多是見仁見智的解釋。討袁戰爭若失敗呢？也許就沒有中華民國，「古寧頭」或「八二三」若失敗呢？相信就沒有後來的「台灣經濟奇蹟」了。國共戰爭中，每一場都是關鍵性戰役，但至今兩岸對國共戰史依然各有解釋，連基本觀點也不同，爭議較少的（仍有）是對日抗戰。

　　因此，我以「對日抗戰與南京大屠殺」爲題，做爲我講《中國歷史戰爭史新詮》的結論，戰幕只是暫時落下，誰知明早起床烽火是否點燃？民國以後倭國對中國的侵略暴行，對我中華兒女影響危害太大了，甚至禍及中華民族萬代子孫。

　　向亞洲大陸擴張是倭國的歷史夢想，至今倭國仍在教育他的子民，他們領土太少，中國領土太多，向中國拿一些「東西」是公平的。因，本書結論僅是戰「幕」暫時落下，未來的某一天，倭國軍隊也會和偷襲珍珠港一樣，偷襲亞洲鄰國某一戰略要點，再啓動他們的侵略機器。

> 三、說到八年對日戰爭中，最叫人遺憾、憤怒的，應該
> 　就是南京大屠殺了。人類已經進入二十世紀新時代，
> 　「戰爭法」早已頒佈，成為國際間共同的戰爭規範，
> 　為何還會發生這種事？

南京大屠殺發生至今半個多世紀，在日本刻意竄改歷史及證據不斷湮滅下，世人（國際）早已遺忘。兩件事情讓世人的記憶恢復了，其一是中國大陸南京市成立「侵華日軍南京大屠殺遇難同胞紀念館」，是全世界第一座完整保存南京大屠殺史料的紀念館，提醒生生世世的中華兒女不要忘記。

其二是美聯社、芝加哥論壇報記者的專業作家張純如（Iris Chang），在西元一九九七年出版《The Rape of Naking - The Forgotten Holocaust of World War II》，中文本蕭富元譯，《被遺忘的大屠殺——一九三七南京浩劫》（天下遠見出版社，西元一九九七年十二月五日）。該書從三個不同角度，日本人、中國受難者及當時在場的歐美人士的敘事觀點，全方位呈現整個大屠殺事件。另一方面，抽絲剝繭地檢視這段長達五十多年的黑暗勢力，探討日本政府如何處心積慮地抹煞世界對大屠殺的記憶，一步步竄改歷史，讓後世日本人不知有此事，甚至說沒這回事。這像永遠長不大的小孩，始終不肯承認錯事，拚命搖頭說「沒有」，更像無恥的政客，只會硬拗。

南京大屠殺發生在中國抗戰之初，西元一九三七年十二月十三日到一九三八年二月中旬，國軍一路向重慶大撤退，日軍佔領南京市，對平民百姓展開慘絕人寰的大屠殺，遭到集體射殺的約有十九萬多人，分散屠殺的約有十五萬多人。處決方法除集體掃射外，尚有砍頭、劈腦、刀戳、穿胸、刺腹、斷肢、碎屍、活埋、淹死、凍死、餓死，軍隊舉辦「殺人比賽」、砍頭比賽、射擊比賽。更慘的是婦女，大多先被強姦、輪姦，再加以殺害，然後褪去下體衣物，在她的「屍」上再插上異物（見本書首頁圖），只是為取樂、洩憤或擴張士兵的戰果。

南京浩劫的作者張純如小姐，於西元二○○四年十一月九日，疑因憂鬱症舉槍自殺不治，得年三十六歲（見九十四年一月十三日《人間福報》）。感佩這位有才華、有正義感的中華兒女，本書將張鳳在《人間福報》發表的〈南京大屠殺與憂鬱〉一文，收為附錄，以示對張純如小姐的推崇，並感謝張鳳小姐同意我刊用。

四、為甚麼二十世紀的文明戰爭會有這種野蠻行為？從表象看日本人彬彬有禮，卻犯下如此重大的罪行，戰後又不認錯、不道歉、不賠償，此種動機和心理深值探究。

日軍不只在南京大屠殺，在上海、蘇州也是。西元一九四一年七月，日軍在華北的司令官岡村寧次下令「三光作戰命令」，即「殺光、搶光、燒光」，日軍佔領區人口從四千萬減少到兩千五百萬人。（Bruce Elleman 著，李壯譯，《近代中國的軍事與戰爭》時英出版社，二○○二年八月）估計，被屠殺數百萬（注意！這是有計畫的屠殺。）逃亡途中死者也有數百萬。

我們再從歷史上的戰史來追，明萬曆年間，日本狂人豐秀吉啟動統一「日中朝」戰爭（即第一次侵華戰爭），日軍佔領朝鮮，每到一村鎮即行「三光」政策。朝鮮戰後有一本《亂中雜錄》的書說「喪亂之餘，民死蓋什之八九矣！」。按此推估，當時之朝鮮人被日本屠殺掉，至少也有幾百萬之眾，現在韓國人不知忘否？

第二次日本侵華戰爭，日軍在中國東北也是燒殺擄掠姦搶，還不准滿清救援難民，最後國際輿論壓力，日軍才較收斂。但佔領台灣又開始屠殺反對勢力，原住民險些被滅種，估計日本統治台灣至少屠殺百萬以上台灣人民，只是許多台灣人不讀歷史，又被日本皇民化教育洗腦，像李登輝、金美齡、辜寬敏這些「台奸」。忘了就忘了，還認賊作父，無恥之極，莫此為甚！

二次大戰期間，日軍佔領菲律賓、馬來西亞、新加坡、中南半島等地區，同樣到處屠殺平民百姓。戰後不承認，各國亦無可奈何！

是甚麼原因使日本人變得如此野蠻？動機很複雜？日本人似乎已養成屠殺左鄰右舍的生活「習慣」。鄰居要隨時小心，因為隨時會有武士刀偷襲你。

五、照理說日本文化深受中國文化影響，為甚麼會有如
　　此變態的惡行？張純如小姐在《被遺忘的大屠殺》
　　書中應有一些分析吧！

　　有，該書第一章就是〈大屠殺背後的動機〉，如武士道精神、驕傲的島國性格、天皇神話及軍事擴張政策，大概都有關係。但甚麼樣的動力，讓一個國家的人民，會在四百多年間不斷向中國大陸及亞洲各鄰國侵略，每隔數十年便發動一次戰爭？

　　我認為日本人民並沒有性本「惡」的本質，而是政客不斷「教育」宣傳的結果。就像現在台灣獨派不斷教育台灣人說「外省人多壞、你不是中國人、外省人是豬狗畜牲、國民黨是毒草……」（筆者參加一個登山會時親自聽到）。如此這般，久而久之，那些台灣人（獨派）便仇視外省人，認為外省人是豬狗不如的人種。這是多麼可怕，我從此以後未再參加那個登山會。

　　據張純如在書中提到，西元一九二〇年代日本許多政壇要人、作家，如佐藤荒木、橋本金五郎不斷宣傳，日本不該安於十多萬平方英里土地，澳洲、加拿大、美國、中國地方太大了。十九世紀美國可以向西擴展到太平洋，則二十世紀日本向中國擴張，完成統一「日中韓」不僅是宿命，也是「天上掉下來的機會」。於是軍人與政客野心勃勃，民心如火上加汽油，燒了起來，人性全走樣了。

　　美國人類學家潘乃德（Ruth Benedict）在名著《菊花與劍》（The Chrysanthemum and the Sword）的觀點，日本人天生比西方人缺乏人性，這或許就是重點。

　　對犯同樣過錯的德國，他們早已認錯、道歉，並經由法律程序對受害者賠償。日本人至今毫無悔意，篡改歷史，被戰爭法庭判決有罪的戰犯，當成神明參拜。日本是一個不知反省、缺乏人性的民族。正如諾貝爾獎得主維厄瑟爾（Elie Wiesel）曾警告，「遺忘大屠殺，就是二次屠殺。」

　　世界竟出現一個有侵略本性的民族─大和民族，數百年不斷侵略鄰國，永不認錯，永不反省，要如何處置這個民族？中國人恐怕得思考這個問題。

　　日本人至今並未忘情於統一「日中朝」，成立一個亞洲「大日本帝國」的幻想，這是一個充滿血腥罪惡而不知反省的民族。為實現他們的罪惡之夢，所啓動的行為叫「侵略」（Aggression），他們是「侵略者」（Aggressor），所

動的叫「侵略戰爭」（War of Aggression）。完全符合近代國際法、國際組織和國際會議對「侵略」的定義。

假如，日本人再次啟動第四次侵略中國戰爭或侵略亞洲鄰國。預料國際組織仍無力阻止或制裁，唯一可以永久解決「日本侵略問題」，只有中國了。到時中國應斷然摧毀日本國全部戰力，不惜動用核武及大軍征伐。其戰後所剩人口，一半遷移中國及亞洲內地分散，一半留本土，再從亞洲各國遷入部份人口，利用種族混血消滅大和民族，從此以後便無「日本問題」。

六、亞洲出現一個日本，就好像我們鄰居出現一個有暴
力傾向，甚至已成暴力習慣的住戶，隨時要防止可
能的暴力攻擊；也可能有性侵害（強綁女人當慰安
婦），以此為題，做為我們講「中國戰史」的總結。

如何防止這種事情再發生呢？基本理念還得回到「戰爭準備」的源頭上。高希均先生在《被遺忘的大屠殺》書中，有一篇〈教訓要記取，仇恨要遺忘〉說，國家不富強，終必遭人欺侮；政府不廉能，終必被揚棄；人民不爭氣，終必受人輕視。這表示，要防止類似事情（日本再侵華，另一次南京大屠殺與台灣割讓等。）唯一的方法，是要有一個強大的國家、廉能的政府與爭氣的人民。

但時局演變叫人有些「氣短」，兩岸中國人民不夠爭氣。為甚麼台灣仍受制於美國？成為美國的前線砲灰，成為美國在西太平洋圍堵中國的戰略堡壘，而美國坐享成果，還每年從台灣拿幾千億錢財。其結果便是「鷸蚌相爭，漁翁得利」，兩岸遲早爆發另一場戰爭，「中國歷代戰爭史」又多了一局。誰是漁翁？日本或美國，或第三者以外？下一個發動侵華戰爭會是誰呢？日本可能性最高。

另一個導致兩岸戰爭的是台獨，太肯定明白不過了。中國歷史上從黃帝以來，秦漢以降，歷朝歷代這麼多的戰爭，為何而戰？一言以蔽之曰「統一」，這是中國歷史的「神咒」，無解的神咒，也是神戒，不能破除。誰要破壞！誰要挑戰！便得由戰爭解決，這是台灣不敢真「獨」的原因。所以，台灣的獨派其實搞假的，欺騙人民的把戲。

不管是美國的原因或台獨，都希望不要有戰爭。希望「中國歷代戰爭史」只到現在就是「完結篇」，永遠都沒有戰史可以寫了，讓寫戰史的人全都「失業」。這有機會嗎？有，不是「天上掉下來的機會」，而是中國人自創的機會。

進入廿一世紀，中國也正崛起，只要岸回到一個中國（看是遲早的事，不出十年。）真以中華民族利益為重，定能存小異求大同，謀取雙贏。從此以後，「台灣割日」或「南京大屠殺」悲劇再也不可能重演。

當然，從此以後，陳老師也失業了，因為再也沒有新的「中國戰史」可以講了！

附　錄

二次大戰日軍罪行(台灣部份)

二戰時金瓜石的戰俘營

金瓜石戰俘營中的美軍

戰俘每日向日本神社敬禮

地獄般的金瓜石戰俘營中的美軍

本頁和上頁四張照片，為本書作者於 2006 年 2 月 26 日參觀金瓜石二戰「戰俘營」所攝。

附錄一　張鳳小姐同意轉刊〈南京大屠殺與憂鬱—全文
　　　　面〉及親筆簽名

陳先生：

Happy new year！

郟社剛轉到信，

多謝來信好說溢美之詞。

我同意您，將小文列於大作中

可否到時寄一本給我

您願意也可寄兩本

我可傳到哈佛燕京圖書館

收藏，但請一定簽名

地址如信封，

張鳳 敬上於哈佛燕京圖書館 2005/03

附錄二　〈南京大屠殺與憂鬱〉　張鳳著

　　生長在美國的ABC作家張純如（Iris Chang），二○○四年十一月九日，疑似因憂鬱症舉槍自殺不治，不容置信殘酷的兩事件，都屬華裔社群難以接受的事實，尤其各媒體醒目報導僅三十六歲的張純如，同聲惋惜一位有才華、有正義感的作者就此離世！

　　張純如出生在普林斯頓，於伊利諾州香檳—厄巴納長大。她一九八九年伊利諾厄爾巴那校區得新聞學學士，曾在美聯社和芝加哥論壇報當記者，後來約翰·霍普金斯大學獲得學作獎學金，得到碩士，並開始全職寫作和演說。成名作是挖掘日軍暴行，《被遺忘的歷史：南京大屠殺》，哈佛柯威廉序，此書獲讀書人書評（Bookman Review Syndicate）稱讚年度最佳書籍之一。該書享譽，被譯為多種語言，受國際矚目，引起歐美主流的重視，喚醒西方人的良知意識，引起日本右翼不滿，未能進入日本市場，她也贏得美國華裔婦女協會頒發的「年度優秀婦女獎」；在主流社會中樹立了良好的形像，獲邀加入「百人會」；漸成華裔美國人的聲音，她的其他作品包括《中國飛彈之父：錢學森之謎》（張定綺，許耀雲譯），都獲得好評。洛杉磯時報形容她是「頂尖歷史學家和人權鬥士」。

　　學界認為，她第一次讓世界翔實地瞭解南京大屠殺，對揭露日軍暴行有重大意義。她除了收集到前所未見的歷史照片，並且是探聽到核心資料《拉貝日記》John Rabe的關鍵人物。她向華府國家檔案庫的老友求助調查，輾轉察得拉貝的親外孫女賴因哈還活著，並與她取得聯系，這才知道納粹人物拉貝，有一封寫給希特勒的關於日軍暴行的報告書。並且因此而塵封五十九年，拉貝這本關於日軍暴行的日記影本，經由紀念南京大屠殺受難者協會前會長，任職聯合國的邵子平先生協助，現存耶魯大學神學院圖書館，她也帶回《魏特琳日記》Minnie Vautrin的片段影本，提供給南京方面。書中描述拉貝負責的南京安全區國際委員會，在救下二十五萬南京人後，多位外籍救星貝茨、史邁士、馬驥、費齊、威爾蓀等遭逢兩面不是人的隱痛。

　　就《南京大屠殺中的美國活菩薩：捨命保護中華婦女的魏特琳》言，已有胡華玲著，九歌出版的傳記。魏特琳當時是金陵女大的教務長，一九三七年女大校長吳貽芳隨校撤退武漢，魏特琳代理留守救難，心力交瘁，一九三八年得了憂鬱症，一九四○回美治療養病，一九四一年在無數次，每晨非己能操縱的

低落中，感覺一事無成，盤旋在尋短自殺的死亡邊緣，跳船、安眠藥等，終於打開煤氣，未能獲救，中毒去世。

明眸皓齒、長髮慧黠、身材高挑的張純如出身書香門第，為她傳承南京浩劫故事的外祖父張鐵君，是黨政工運要員，祖籍雲南昆明，行遍大江南北歐日，後來遷台的教授，自詡不願曲學阿世，在台自宅名：「達園、晚風亭」，許多朋友學子前去問學，聚談論道，對儒學、理則學等造詣頗深，創《學園》雜誌，晚年僑居紐約孔子大廈，著作等身，約有一千四百萬字如《陽明學說在今日》、《國父民生史觀疏義》、《理則學》、《楹聯學》等五十種。

其父母是台大留學生。張氏夫婦在普林斯頓大學讀碩士班，張純如出生。她還有一個弟弟，目前在舊金山，是電腦工程師。其父張紹進當年是台大物理系「狀元」，到美國哈佛大學留學，取得博士學位以後應聘到伊利諾斯大學香檳分校任物理學教授，一九八八年發表的專著《量子場論》在美國理論物理學術界頗有影響。張純如的母親張盈盈一直從事生物化學的研究工作，曾義務擔任過中文學校校長，現在夫妻倆都已退休，常在加州與子女們共享天倫之樂。

早年曾以筆名菱子等，為中華日報等作編寫，後移居紐約的作家張菱舲是她的大阿姨，菱舲曾在文星出版小說《紫浪》和再寫散文《聽！聽！那寂靜》、《琴夜》，是待我極好經常馳書之前輩作家，趙淑俠大姐陪我曾去探望她，感覺她亦似陷於憂鬱，難以步出悲情，舊識張錯也有同感，惜乎年前因病過世。

張菱舲生在南京，大屠殺時才一歲，幸虧先隨母避難外婆家，再經千辛萬苦，跟母家與父重逢得以逃離。父母在純如孩提時，對她講述這段南京的慘事，形容成千上萬中國民眾，被日兵強姦和斬殺幾段的恐怖，長江滿佈屍體，堵塞得水泄不通，江水幾乎被血染得鮮紅……她稍長小學時，在美國鱗次櫛比的圖書館中，卻找不到資料可以供大眾瞭解這個事件。婚後一九九四年，在「亞洲保存二次世界大戰歷史世界同盟」贊助的會議上，於聖荷西郊區庫帕提諾會場，看到南京大屠殺史料展覽，這是她首次有系統地看到相關的紀錄和照片，在震驚憂國之餘，決定寫書，記取過去的教訓，不要漠視歷史，不要遺忘了大屠殺，讓悲劇重演。

大約在半年前，張純如全心投入最新作品赴肯塔基州，從事為前美軍戰俘的訪錄，這工作令她身心疲憊崩潰。她在研究中遇到困難，十分煩惱，因此返回聖荷西家中，情緒低落抑鬱，原因不明。不得不住院，住院治療後，憂鬱一直沒有復原，繼續抗爭。長期太認真投入這些不歡的議題，悲劇情節的寫作中，又屢深受觸動，多少會對她的情緒起負面作用，也可能與她自殺有關聯

她生命的最後時刻，彷彿像柏克萊加大亞裔美國人研究中心王靈智教授所讚：愛憎分明、思路清晰。能以電腦打字列印的方式，交代臨終心情？留下短箋在家中，表示希望記住生病以前的她，那個認真生活，為寫作，目標和家人真誠奉獻，充滿希望、獻身於事業的她……。

她夫婿是思科公司的電腦工程師。凌晨二點最後看到妻子，清早五點三十分發現她失蹤不知去向，看到遺言，向聖荷西警局報告。近日情緒低落的她，上午九點，在洛斯蓋多斯南一條偏僻路口，她駕駛的一九九九年 Oldsmobile sedan 汽車停在十七號高速公路附近貓餐館 Cats 的水塘邊，一名路人發現她躺在這輛汽車內，頭部中彈而亡。

也有質疑自殺的真實性，懷疑是他殺，是出於對她和家屬的關切心情，隨意想像，甚至有人認為是因第四本書挖掘二戰日軍暴行、美軍戰俘在菲律賓巴丹半島死亡行軍，被囚日本集中營戰俘遭受虐的史實，而招來殺身之禍，遂成絕響。

女子飲彈自殺的作法不合常情，雖說躁鬱的亢奮和麻木的病情，可能造成邪門的勇氣，一槍致命結束了自己的生命。但看近期描寫南京大屠殺的日本漫畫，因屈服右翼政客壓力，誣為捏造「實際上不存在」的事，而刪除大屠殺。駭然！

個人生活確是私秘之事，她向來低調不論，此時更應對家屬的隱私尊重，同情張純如這一走，父母情何以堪？先生和身後留下兩歲的幼子，所蒙受到的莫大創痛。她母親希望愛護她就不要再對她如何死亡抱持好奇，要以她所寫的方式來懷念那個認真生活，為寫作目標和家人真誠奉獻，充滿希望、獻身於事業的她。

忖其甘冒不韙奮不顧身，打破砂鍋問到底，寫這些書完全是出於一種憤怒，夜闌人靜沉哀揣度，家家有本難念的經，往事怎能不驚風雨泣鬼神？

我父親單挑兩房家業，在上海念完大學不久，就被祖母由北京吳佩孚的教育參贊位置上召回家鄉，天澹雲閑的教起書來，不料青天霹靂日軍發動侵華戰。

日軍在華中沿杭州灣北岸，由全公庭，金山衛和我家鄉平湖縣的東方大港乍浦……登陸。迂迴猛攻江蘇松山……我軍雖奮戰松滬，但日機進擾，兵荒馬亂中「金平湖銀嘉善」，煙飛江南全都變色。爸只得掩藏書籍珍寶，護衛家小，逐車催船逃奔浙西義烏隱居行醫，不數年又遭日本生化瘟疫細菌，親人感染而逝，家破人亡的悲憤中，才投筆從戎，投靠正在安徽第九戰區司令作戰的舅舅黃家楨將軍，再經表哥魏大銘將軍，幾重安排方光化等護送，由贛桂黔

而入川從軍抗日。

　　約莫二十年前，紀剛、劉大任等作家，就提到日本關東軍七三一魔鬼部隊，在哈爾濱近郊平房縣—海拉爾、孫吳、林口、海林及北京、長春、南京、廣州亦有，所作的大解活人實驗，據左翼學者森村正一《飽食的惡魔》一書，揭發日軍每兩天三個解剖活活的中國人（馬路大），惡形惡狀觀察活人吸進氰酸瓦斯毒氣、吼叫、腦袋落地……張狂的死亡反應；或只供麵包七天吐血而亡，光給飲水，其苟延殘喘七十天，乾烤活人，再測比重不同，或綁上電椅做大小電流電擊實驗到焦黑，澆潑滾水的燙傷或冰凍，把人看作「猶如一條魚，魚鱗可當肥料，魚身可做各菜餚，剩下的東西還能用來熬湯」為軍國主義得勢，做生化攻擊，在部隊掩護下，多次用飛機將鼠疫、霍亂、炭疽、傷寒等菌苗投撒在浙江、廣東、重慶等地。尚可稱慰的是，侵華日軍細菌戰受害者訴訟案，已審理第二十九次開庭，還有許多訴訟團。南京再重修侵華日軍南京大屠殺遇難同胞紀念館。尹集鈞著《南京大屠殺—歷史照片的見證》畫冊也出版了。

　　了解到這些無所不用其極的罪證，又見猶太作者和導演，再三成功的演繹屠殺受害的史實，我寫〈期待中國的史匹柏〉一文在世界週刊，已近十年。當時不禁大聲疾呼：中國作者和導演呢？我們雖當免去冤冤相報，當時國愁家恨已六十年，都還是與這個接受了我們以德報怨的日本有關，為何要再忍天下之不能忍，看日人還在那吞吞吐吐地不乾脆承認罪行道歉賠償；中國潛艇潛航日本領海二小時，卻要求道歉，親遭戰爭之痛的老一輩，幾乎凋零殆盡。我們怎能再等待，那些可歌可泣真實的歷史，怎能不寫下來，不演出來，作為後世的殷鑑？

　　幸好就有這些義正辭嚴的研究寫作，她幾次來衛斯理和塔虎斯演講。各地華僑不斷在紐約有對日索賠中華同胞會，紀念南京大屠殺受難者協會，紀念抗戰勝利五十週年紀念音樂會，日軍化武罪行展；在大波士頓區中華文化協會辦過《中國人》、《紀念抗日戰爭勝利五十週年特刊》和音樂會；在華府多次為日本教科書更改史實抗議，大屠殺的史實，入印馬裡蘭州蒙郡公立學校的歷史課本，總部在加州的抗日戰爭史實維護學會也在華府成立了分會，敦促美方朝野正視日軍暴行並支援要求日本道歉賠償，組織起基金會等等；二○○一年九月七日，由南京大屠殺索償委員會和柏克萊加大族裔研究系共同主辦的「抵賴戰爭罪行五十年，日本及其戰爭責任」在舊金山開幕，開幕式上郭麗蓮法官還向張純如頒發獎盃。

　　張純如英文新著 The Chinese in America《美國的華人：一部敘述史》，比

書後熱賣，登上《紐約時報》，非文學類暢銷書榜。這本書記錄了一百五十年來華裔在美國從社會最低層奮鬥到今天，各行各業的華人。華美銀行特購四百本，捐贈加州將近四百所中文學校……贈書儀式，還特別邀請張純如參加，但是多次聯繫，都沒有回音。跟她過去熱心參與社區活，樂意發揮影響力的個性完全不同。

　　現代人的壓力愈來愈大，罹患憂鬱症者增加，五人就有一人，如她這樣有名氣，又力求完美之史家，堅持不懈在慘無人道之主題寫，更易不自控，面臨多重秋困，若不連續醫治服藥運動，坦誠發洩面對自我，與憂鬱症奮戰的內心煎熬，獲得周密關照，是可能難見天光，度過自殘。有點怪誕，他離世了，彷彿天賜之木鐸，今生來示警，發揮其反殘暴，呼喚和平的警世，行畢，就回太虛歸位。

　　初秋再赴北大，北師大，清華演講前，我過滬先接返故鄉的浙江大學，派車再送蘇州大學，兩場熱講完畢，正逢九一八，不意目睹一大群人正於鬧市遊行，走近詢之，要來一面小紅旗，也隨加入走了一會兒才散去，欣見旗上白字：「不忘國恥抵制日貨興我中華。」帶在身邊回美，在這地球上，隨處可見日本物品，哈日風潮的追逐聲中，將做我永恆的警惕。

　　在空與夢迴旋的人生中，唏噓追思天不假年倏爾撒手遽去的張純如，以及他所研究的南京英靈。＜本文原刊，人間福報，94.1.13.＞

附錄三、旅順大屠殺

原著：木森，縮寫：莫萬

甲午戰爭之後，日本取得制海權，立即決定把戰火引向中國大陸。

1894 年 11 月 17 日，日軍開始向旅順發動攻擊，經過幾天的戰鬥，萬餘日軍攻陷了這座耗資數千萬，經營十多年的北洋第一要塞。要塞配有的新式克虜伯重炮及一百四十餘門各式大炮，還有水師營、魚雷營、船塢等軍事設置及大批彈藥都成了侵略者的戰利品。

日軍攻陷旅順口的當天，至 24 日，進行了滅絕人性的大屠殺。在這場浩劫中，中國百姓遇難人數達六萬多人，全城只有三十六人倖免於難。這些人是日軍特意留下來抬扛屍體的。一位英國海員記錄下了當時的野蠻行徑：「只見池塘那岸邊，立滿了日本兵，趕著一群逃難的人，把他們逼進池塘裡去，弄得他們擠滿了一池。只見水裡人頭鑽，忽沉忽，日本人遠的開槍打，近的用刺刀刺。那水裡斷頭的、腰斬的、穿胸的、破腹的，攪作一團。池塘裡的水攪得通紅一片，日本兵站在岸上歡笑狂喊，快活得不得了，……那狹弄裡死屍堆積如山，竟塞斷了路，不能行走。只可憐這死的都是無辜平民。」

天后宮一直是人們燒香求神，祈求上天保佑的地方。但是在喪失人性的日軍面前，聖潔的殿堂也成了血腥的屠殺場，一群日軍破門而入，舉槍朝大殿樑上一陣亂射。一日軍軍官用戰刀抵著七十高齡的元君道長，逼他為日軍陣亡的將士做道場。元君道長不應，日軍架來一道徒於元君道長跟前，舉刀迎面劈下，從肩到腰斜著劈成了兩半。元君道長依然紋絲不動。日軍又把四個道徒用鐵釘穿其手掌釘在了圓柱上，然後扒下他們的褲子，讓士兵們排成一行比賽射擊，看誰能打中這些道徒的生殖器。元君道長仍不為其所動。日軍抱來乾草堆放在元君道長的四周，點起火來。

距離天后宮不遠的靜樂庵的五個尼姑也難逃厄運。一名叫妙空的尼姑由於反抗日軍的奸淫，被日軍扒光衣服，將她架到削尖的樹樁上，讓樹樁尖對準她的陰部，猛地狂吼一聲，把妙空活活穿插在了樹樁上。

十幾名日本兵闖進了一家客店，將店內十幾名旅客槍殺之後，用刺刀逼店主在屋內的爐灶上燒了滿滿一大鍋開水，等水燒開後，日本一少尉用陰險的語調對店主說：「我們要用你燒開的水給你兒子洗個澡，讓他死之前享受你的父

愛。」憤怒的店主怎麼也不會想到日軍如此殘暴，他一頭撞向少尉，一聲槍響他已倒在血泊之中。店主十三歲的兒子也被日軍拋到滾燙的開水鍋裡活活燙死了。

馬慶本家是旅順口城裡數得著的名門望族，四代同堂，男男女女總共有二、三十人。馬慶本的曾祖父已七十高壽，積善行德，是遠近聞名的大善人。十歲的馬慶本是家族唯一的香火繼承人。日軍佔領馬家後，搜出的男人一律就地殘殺，搜出來的女人一律扒光衣服趕到正房。並強迫馬大善人親眼看著日軍強姦馬家女人，如果馬大善人眨一下眼，就殺死馬慶本。

在一個肉舖，日軍將店主綁起來，然後用掛肉用的勾子插進他脊背的肉裡，店主是矮胖的男子，當他被幾名士兵掛上那個掛肉的橫木桿子上時，發出慘怖的殺豬一樣的嚎叫聲。一軍官將店主妻子衣服脫光，要她赤裸著去燒水。水燒開了，軍官拿著尖刀走近店主說：「殺豬的，今天我們要嚐嚐你的肉好吃，還是你殺的豬的肉好吃？」這軍官把店主身上割下一塊塊肉，丟在滾開的水裡，過了一會，挑出來，逼士兵們吃下去，一名士兵還沒嚥下，便大吐起來，直到把膽汁也吐出來。

血洗後的旅順口，只有三十六個人活下來，他們的帽子上都豎釘著白條，臂上也圍一塊白油布，上面均寫著「勿殺此人」，旁邊還加蓋著日本軍事善後委員會的印章。他們組成了一支特別的隊伍，是人類歷史上空前絕後的抬屍隊，任務是將死難同胞的屍體，用木車拉走，集中在一起，澆上煤油焚化。

一個抬屍隊員陳晉升走進自己熟悉的家門。看見父母、妻子、兩個年幼的孩子，還有姐姐、弟弟的屍體被砍得血肉模糊。妻子戴著鐲子的手被砍去了，母親的耳朵被割去了，她耳朵上戴著兩個很大的金耳環，他看不下去，想找一條床單將妹妹的身體蓋上，背後的日本人就用刺刀扎進他的肩膀，他轉身，發出撕心裂肺的叫聲，向那個日本兵撲過去。槍響了，屋裡又多了一具屍體，三十六人的抬屍隊又少了一名。

抬屍隊的人花了二個月，才把旅順口內的屍體拉完。這些屍體在指定的地點被澆上煤油焚燒了五天。

1895 年 11 月 8 日，由於俄、德、法三國干涉，日本同清政府簽訂了《中日遼南條約》，中國以三千萬兩白銀「贖回」遼東半島。清政府接管旅順後，在焚屍的地方修了一個墓，石碑上寫著「萬忠墓」。

1904 年日本和沙俄在旅順打了一場兩個強盜爭奪殖民地的戰爭。日軍的總指揮，正是當年參與指揮屠城的日本將軍乃木希典，此時，他已升任中將。日

軍在付出慘重的代價後，終於將沙俄人趕跑了，於是，又開始日本統治旅順四十年的悲慘歷史。

日軍再次侵佔旅順後，雖多次指使人欲將萬忠墓搬遷，但終未得逞。萬忠墓記下了一段過於沉重悲壯的歷史，是任何人想抹也抹不去的。

每年清明時節，不僅旅順口的人民來此祭奠亡靈，許多死難同胞居住在外地的親屬也都紛紛前來上墳，當他們跪倒在萬忠墓前，燃香焚紙時，沒有一個人會忘記昨天那悲慘的一幕。

（本文轉載自遠望雜誌，2005/2，第 197 期）

附錄四、〈悼念猶太大屠殺，全歐首度同步〉

轉載自《中國時報》2005/01/27　　　蔡筱穎／巴黎報導

悼念第二次世界大戰時期納粹德國對猶太人的大屠殺事件，這一星期從聯合國到歐洲各地都在盛大舉行，而廿七日在波蘭舉行的奧許維茨集中營光復六十周年活動將最具代表性，這也是歐洲聯盟擴大後第一次整個歐洲一起紀念這個日子，將有一萬人，包括五十位總統、總理和各國政要、退伍俄國士兵及當年倖免於難者到場參加紀念活動。

今年的紀念活動規模較十年前龐大，原因之一是見證這段歷史的人逐漸凋零，許多歐洲國家的年輕人已不清楚這段終結猶太歷史的記憶；另一方面，歐洲許多國家都面歐反猶太和種族主義日益興盛的問題，所以承繼記憶的迫切性，使得歐洲國家都有必須擴大紀念的共識。

這也是歐盟擴大後，廿五個成員國第一次共同參予這個紀念活動。十年前，德國剛完成統一，東德還未走出共產主義政權意識型態的宣傳陰影，而冷戰雖然結束，但一九九五年的歐洲還有南斯拉夫大屠殺，而波斯尼亞戰爭分散了歐洲外交，使其無力阻止戰爭，當時的歐洲根本無法舉行悼念大屠殺的典禮，向世人指出「不再有戰爭」。

當時的歐洲對這個歷史浩劫也有不同的看法。華勒沙成為波蘭總統後，認為悼念活動的意義應該是緬懷波蘭人在德國統治下的苦難，而非針對波蘭也是納粹猶太殺手共犯的反省，天主教要在奧許維茨集中營設教堂遭到猶太人反對，而華勒沙在大學演講時也避不用猶太字眼，在華勒沙和猶太社群間有著激烈的論戰，並出現兩種紀念儀式，而許多國家並不想淌入波蘭的政治性渾水，選擇不去參加。

江靜玲/倫敦報導

歐洲聯盟刻正推動一項禁止配戴和公開展示納粹十字標幟的運動，這是繼英國哈利王子周前在一個私人化裝宴會上，穿著納粹軍裝，並於臂上配戴納粹十字標幟，引發全球關切後，歐盟同意考量採取的新手段。

據英國媒體報導，包括德國的國會議員、歐洲議會議員均同意推動這項禁令。歐盟司法委員法南迪則在上周表示，願意朝向推動禁止納粹十字標幟的可能性行進。目前擔任歐盟倫值主席的盧森堡昨天保證將重新評估歐盟有關防止種族歧視，以及仇外排外的長期計畫策略。盧森堡希望可以在下個月舉行的歐盟司法部長會議中，將這項整體計畫列入議程。

不過，一名盧森堡官員強調，這個計畫，是有關整個歐盟的種族問題，範圍相當廣大，非僅只是納粹十字標幟而已。

圖：德國總統悼猶太死難者

◆德國總統柯勒正在以色列進行四天訪問。他一日特別前往耶路撒冷的「雅德瓦希姆大浩劫博物館」，在猶太人社區紀念碑前放下鮮花，向納粹大浩劫的死難者致意。(94.2.3. 人間福報)

◆引發東亞國家強烈抗議的日本新版歷史教科書已在日本部分初中使用，此書的國際風波目前仍在擴大中，最近北韓也加入了批判行列，並罵日本是「政治侏儒」。

附錄五、日本篡改二戰史實及南北韓反應

南韓親日教授　高麗大學將公布

學生總會成立清算委員會，調查「韓奸」清除校內日本殖民殘渣

轉刊自《人間福報》2005/03/14

　　南韓高麗大學學生總會日前宣布，高麗大學名譽教授韓昇助發表美化日本殖民統治的文章，已造成朝野輿論沸騰，決定於月底以前，與其他團體聯合公布明顯有親日「韓奸」行為的學校前任及現任教授名單。

　　南韓著名的私立高麗大學學生總會，十一日成立以學生總會會長為委員長的「日本殖民殘渣清算委員會」，並決定與研究親日（韓奸）問題的教授及民族問題研究所等社會團體共同合作，從十四日起，開始接受對學校的前、現任教授及教職員等親日人士的檢舉，並進行調查，二十八日左右公布親日「韓奸」的名單，及他們有關的具體親日內容。

　　高麗大學學生總會的一名負責人說：「我們進行親日殘渣清算運動的原因，在於校方對韓昇助教授的風波，態度消極，它僅以『基於個人信仰問題，學校不便干預』為理由加以搪塞，實在令人十分失望。」

　　學生總會強調，這次公開親日「韓奸」教授及教職員名單的運動，目的在於以韓昇助風波事件作為契機，徹底清除校內的日本殖民殘渣，糾正被歪曲的歷史。同時，今後將更加重視大學的歷史教育，以防止出現「第二個韓昇助」。

　　韓昇助日前在日本雜誌《正論》撰文強調，日本殖民統治朝鮮是不幸中的大幸，在日俄戰爭中如果日本敗北，那麼在俄國統治下的朝鮮，勢將難逃共產主義赤化的命運。他的這篇文章，受到南韓朝鮮輿論群起口誅筆伐。

　　此外，日本一個極右團體「扶桑社」新編寫的歷史教科書，宣稱日本在統治朝鮮期間，對朝鮮現代化做出很大的貢獻，歪曲歷史的不實內容，引發輿論喧騰，在南韓再次引發反日風潮。

　　南韓一位官員說，如果韓日關係繼續惡化，南韓有可能召回駐日大使。

　　四年前，日本竄改教科書引發風波時，南韓曾經召回駐日大使九天。

附錄六、日本禁止學生參觀亞洲各國二戰紀念館

右翼掩飾侵略史實，擔心學生了解眞相，下令禁到南京大屠殺等紀念館

轉載《人間福報》2004/11/23

日本當局由於擔心前往中國大陸旅行的日本學生，在參觀南京大屠殺紀念館等抗日戰爭紀念館後，可能會對日本歷史觀產生「誤導」作用，下令禁止學校帶學生參觀各國的抗戰紀念館。

日本是最早開展修學旅行的國家之一，每年都有二十萬名青少年到周邊國家做修學旅行。目前又到了日本學生修學旅行的旺季，最有人氣的國家是南韓和中國，很多學校還選擇參觀南京大屠殺紀念館等抗戰紀念館，使日本右翼大爲緊張。

日本外務大臣町村信孝稱，組織修學旅行的有關方面不可選擇南京大屠殺紀念館、中國抗日戰爭紀念館等記述日本侵略歷史的場館，而應當安排學生參觀歷史文化遺產。町村還表示，他將「要求中國方面修改這些紀念館中的展覽內容」。

日本國內一些右翼勢力，一直千方百計篡改和迴避侵略歷史，使許多日本學生得不到正確的歷史教育，對日本侵略亞洲的事實一無所知。但在到亞洲鄰國進行修學旅行的過程中，一些日本青年學生首次接觸日本軍的犯罪史實，十分震驚。

許多日本學生開始反思過去的歷史觀，一些有良知的學生，甚至在南韓獨立運動紀念碑前下跪。日本右翼勢力對此十分恐懼，擔心未來一代在了解眞相後，會使他們苦心經營數十年閹割和篡改歷史的企圖徹底毀滅。

爲此，日本右翼不斷詆毀鄰國的抗戰紀念館誇大虛假，還向一些日本教授、學者威脅，要求他們不得再編寫和出版揭露日本歷史陰暗面的書籍。

有日本媒體說，中國一些控訴日本侵略罪行的展覽，其資料就出自日本學者及報紙雜誌，日本右翼政客稱，這些學者在幫助中國進行宣傳，簡直是「無恥地醜化自己的國家」。

現在，日本右翼團體又使出禁止學生到鄰國參觀抗戰紀念館的招數。日本九州的鹿兒島議會在右翼勢力的壓力下，已經於二○○二年七月通過決議，禁止高中學生在中國修學旅行時參觀南京大屠殺紀念館。

有分析認爲，日本學生參觀鄰國抗戰紀念館的修學旅行肯定會愈來愈少，但如果日本右翼政客認爲，他們這樣做就能抹殺日本侵略的歷史，那簡直在做夢。

本書參考書目的說明

本書參考書目除內文所列，有三套工具書為必讀之基本背景知識叢書。

第一套是黎明文化出版公司出版，中國歷代戰爭史編纂委員會編，《中國歷代戰爭史》十八冊，出版時間概在民國七十四年到八十三年間。本書所繪作戰圖大多依據本叢書，部份作戰圖直接引用。

第二套亦黎明文化出版公司出版，陳致平著，《中國通史》十二冊，出版時間從民國七十五年到七十八年。

第三套是波斯大史學家、伊兒汗國宰相拉施特（Rashid al - Din Fadl Allah）主編的《史集》四冊，對蒙古帝國、各汗國及各大汗有詳細記述。《史集》乃旭烈兀的曾孫、第七代伊兒汗合贊（西元一二九五年十一月至一三○四年五月在位），命他的宰相拉施特所完成的蒙古史。拉施特生於西元一二四七年，卒於一三一八年。

《史集》有多種語文版本，本書為中國大陸余大鈞、周建奇依蘇聯科學院出版社一九五二年版翻譯，北京商務印書館於一九九七年出版。